# CONNECTEZ-VOUS AVEC JÉSUS ET SA PAROLE

Cliquez - Connectez-Vous Avec Jésus et Sa Parole
Leçons d'éducation chrétienne pour les jeunes et les jeunes adultes
Livre #2

Le Titre original est en Espagnol: Clic
Connecté à Christ et à sa Parole

Leçons d'éducation chrétienne pour les adolescents et les jeunes

Droit d'auteur © 2018

Traduit par: Absolu Kesner

Cette edition est publiée par les Ministères de la Formation de Disciples - Région Mésoamérique Eglise du Nazaréen

www.MedfdiRessources.MesoamericaRegion.org

discipleship@mesoamericaregion.org

ISBN: 978-1-63580-077-7

Publié aux Etats-Unis

## CLIQUEZ

### LES LEÇONS DE L'ÉDUCATION CHRÉTIENNE

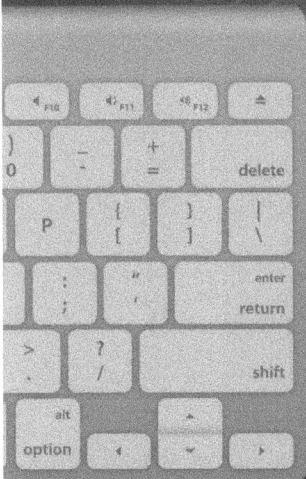

**LIVRE 2**

**IL COMPREND:**

52 Leçons, ressources pour l'enseignement de chaque leçon et les réponses aux activités des feuilles de travail des élèves.

# Table des Matières

## Cinquième Unité • La vie de relation

## Sixième unité • Différents concepts à la lumière de la Bible

## Septième Unité • Dates spéciales

# Présentation

Nous commençons une nouvelle année et nous continuons le travail extraordinaire de l'enseignement; nous travaillons avec l'aide de Dieu,

Il vous aidera à défier la vie, des adolescents et des jeunes que Dieu vous a confiés pour qu'ils soient saints dans toute leur mode de vie.

Cela n'est pas une tâche facile, les adolescents et les jeunes d'aujourd'hui appartiennent à une nouvelle génération qui n'accepte pas les absolus, ni ils ne veulent pas des conseils. Une génération qui ne veut pas les règles et chacun fait, agit et pense selon son bon plaisir. Malheureusement, cette philosophie de vie entre dans l'église et subtilement introduit dans les enseignements. Que ferez-vous à ce défi?

Nous croyons que peu importe combien de temps qui passe, ni comment la pensée humaine change, la Bible et ses enseignements ne changent pas. Jésus a dit: «Le ciel et la terre cessera d'exister, mais mes paroles durent éternellement» (Luc 21:33). La Parole de Dieu est l'unique qui reste pour toujours et qui donne une orientation à l'être humain dans leur vie quotidienne.

Par conséquent, il n'y a pas d'autre solution que d'enseigner, enseigner et enseigner la Parole de Dieu sans fatiguer.

Quel défi d'enseigner la Parole de Dieu comme la seule vérité, quand le monde et même de nombreux chrétiens, disent le contraire !

Comprendre le défi qui nous attend, nous avons donné la tâche de développer le présent livre Clic dans le but pour vous aider à présenter la Parole de Dieu dans la forme dynamique, actuel et pertinente pour la vie des adolescents et des jeunes d'aujourd'hui. Dans ce livre, nous abordons diverses questions à la lumière de la Bible pour vous aider à laisser les principes clairs dans la vie de tous les adolescents et les jeunes. Pour aucune raison quelconque, arrêter d'enseigner la Parole de Dieu dans la forme sérieuse, stable et solide. Rien ne doit pas changer les principes qui ont été établis par notre Dieu et Seigneur. Votre obligation en tant que disciple de Christ c'est d'enseigner ce que vous avez reçu à ceux qui arriveront, en formant ainsi de nouveaux disciples. Nous espérons que ce livre vous aidera à atteindre ce commandement hérité du Seigneur.

Clic a été écrit par des gens de différents pays de notre continent et de l'Espagne qui apportent une grande richesse d'étude, tout en donnant la lumière, la gravité et des bases bibliques à des sujets traités.

Cette année, avec le Clic nous allons étudier: Les défis de la vie chrétienne, vivre le salut, étant et de faire des disciples, intendants de la création, la vie de relation, des dates spéciales et différents concepts à la lumière de la Bible. Parmi les 52 leçons, vous trouverez une unité spéciale pour utiliser des dates dans les occasions appropriées. Nous incluons une leçon pour le dimanche des Rameaux, résurrection, Pentecôte, Noël et Nouvel An, vous pouvez utiliser pour chaque dimanche qui correspond à chaque célébration.

Pour faciliter l'enseignement, nous avons développé deux livres supplémentaires pour les élèves, qui sont adaptés à leur âge, un pour les élèves âgés de 12 à 17 ans et un autre pour les élèves de 18 à 23 ans.

Nous espérons que vous jouissiez le matériel autant que nous avons aimé le faire et à travers de lui, vous pouvez remplir fidèlement le ministère que Dieu vous a donné. Cliquez ! Et poursuivre son travail de faire des disciples à l'image de Christ.

**Patricia Picavea**
Rédacteur en Chef, Publications Ministérielles

## Pour l'enseignante et l'enseignant

L'enseignement est l'un des cadeaux donnés par l'Esprit qu'apôtre Paul mentionne dans Éphésiens 4:11. Au verset 12 du même chapitre l'apôtre dit que cela est l'un des cadeaux qui aide à «perfectionner à les saints « pour qu'ils fassent le ministère qui leur est confié. Ce don est important pour l'édification de l'église.

Pour ce motif, nous ne devrions pas lui sous-estimer, au contraire, il faut l'utiliser avec l'aide de Dieu et toujours prêt à répondre à l'objectif, « perfectionner les saints » (Éphésiens 4:12) de vivre une vie qui plaît au Seigneur toujours et à tous égards (1 Pierre 1:15).

Enseigner n'est pas non seulement transmettre des connaissances, ni raconter des histoires, ni rapporter les expériences. Lorsque nous parlons de l'enseignement nous parlons de transformer, de produire des changements dans la vie des élèves, de les préparer pour ce qu'ils vont vivre au jour le jour.

La compréhension de cela c'est que nous préparons ce livre. Nous souhaitons de tout cœur, de vous aider à enseigner la Parole de Dieu à leurs aux élèves dans la pratique, actuelle et dynamique, en laissant en eux l'impression que personne ne peut effacer.

## Dans chaque leçon, vous trouverez les sections suivantes:

- L'objectif de la leçon. Ce qui devrait être atteint ou atteint d'ici la fin.
- La section «Connecter», qui est l'introduction au sujet. Voici la dynamique d'introduction pour chaque âge.
- La section «Telecharger» Est le développement de la leçon.
- La section «Révisez / Application» est l'endroit où vous trouverez l'activité pratique. Dans ce livre, vous avez les réponses à chaque activité. Nous sommes conscients que grâce à cette activité, vous serez en mesure de donner votre avis et de fixer le principe fondamental dans l'esprit et le coeur de vos élèves.
- Enfin, au début de chaque leçon, vous trouverez une boîte avec un avertissement. Ca vous aidera à suivre la section Défi a présenté la leçon précédente.

## Préparation de la Leçon

En comprenant que ce qui va être un ministère axé sur les adolescents et les jeunes, demandez à Dieu de vous donner la grâce pour arriver dans ses vies. Priez pour que chaque leçon puisse atteindre le cœur de ces élèves et de les laisser le message de Dieu clairement. Voici un guide pour préparer la leçon:

1. Trouvez un endroit et un moment avec le livre et votre Bible pour lire et réfléchir dans la leçon.
2. Il est conseillé d'avoir des versions différentes de la Bible et un dictionnaire Français et d'autres références bibliques. Ces ressources seront très utiles dans le ministère de l'éducation.
3. Commencez à lire l'objectif de la leçon avec soin, afin que pendant toute la leçon vous sachiez où vous allez.

4. Mémorisez le verset de la section « Pour mémoriser, » cela va vous aider dans la leçon et motivera les élèves de le mémoriser aussi.

5. Lisez la leçon «Télécharger » autant de fois que nécessaire pour connaître le sujet approfondi. Cela vous donnera plus de confiance lors de l'enseignement de la leçon.

6. Regardez la Bible et lire chaque citation qu'elle indique. Pratiquez la lecture, en particulier les passages qui ont des mots difficiles à prononcer.

7. Assurez-vous de comprendre exactement ce que le passage a apporté dans la leçon. En cas de doute à propos de quelque chose, découvrez avec votre pasteur avant de l'utiliser.

8. Si bien le livre contient le développement de la leçon, il est bon que vous fassiez votre propre résumé pour guider dans la classe. Écrivez dans une feuille le nom de la leçon, les principaux points et développez un résumé conforme que vous allez étudier dans la leçon. Mettre en évidence les Écritures qui lisent dans la classe. Tout cela donnera plus de sécurité lors de la livraison de la leçon.

9. Le livre est conçu pour les deux groupes d'âge: les adolescents de 12-17 et les jeunes 18-23 ans. Lisez donc la dynamique introduction dans la section « Connecter » pour le groupe que vous avez sous votre responsabilité. Pratiquez-la pour assurer que vous la comprenez et c'est possible de la faire. Vérifiez si vous avez besoin de prendre un peu de matériel de classe supplémentaire.

10. Examinez le livre de l'élève en fonction de l'âge qui lui correspond. Soyez prudent que le livre de l'élève coïncide avec le groupe que vous avez en charge.

## Présentation de la leçon

1. Soyez le premier à venir dans la classe et organisez le lieu de forme créative. De temps en temps essayez de changer l'emplacement des chaises, le bureau, l'ardoise et la décoration. Cherchez la façon de créer une atmosphère propice et agréable. Et commencez à l'heure indiquée.

2. Donnez la bienvenue à vos élèves. Cela vous permettra de créer une atmosphère d'étude agréable. Connaissez le nom de chacun, cherchez des moyens pour retenir le nom des nouvelles personnes.

3. Lancez la classe avec une prière, en demandant l'orientation et la direction du Seigneur.

4. Commencez par la dynamique d'introduction, cela vous aidera à entrer dans le thème.

5. Écrivez le titre du point 1 et commencez à l'expliquer. Continuez ainsi avec les points suivants. Ceci est utile pour que ses élèves le suivent dans le développement du thème.

6. Utilisez le tableau comme ressource pédagogique pour enregistrer les conclusions, les mots importants, des citations bibliques, faites des diagrammes, etc.

7. Permettez la participation de tous les élèves dans la classe avec des opinions, des questions et des suggestions. Ne critiquez pas les interventions, cependant, soyez conscient et toujours guidez les réponses dans la Parole de Dieu.

8. Encouragez la classe à inviter leurs amis qui ne connaissent pas le Seigneur.

9. Terminez la classe par la prière, vous pouvez demander à un élève de prier.

## Autres suggestions

1. Vous pouvez offrir une simple prime pour ceux qui arrivent à:
   - Avoir son livre chaque jour, remplissant les activités de la section «télécharger»
   - Être ponctuel dans l'assistance.

2. A la fin du livre, nous incluons une unité appelée Dates spéciales. Ces leçons sont contenues dans les 52 leçons de l'année. Vous devez les partager dans les dates appropriées. Les leçons sont :
   - Pour le dimanche des Rameaux.
   - Pour le dimanche de Pâques.

- Pour la Pentecôte (50 jours après le dimanche de Pâques).
- Pour la Noël.
- Pour la Nouvelle Année.

3. Assurez-vous d'utiliser les dynamiques d'introduction qui vous aideront à:
   - Capter l'attention des élèves.
   - Demander au groupe de participer.
   - Assurer que la classe est liée.
   - Encourager les adolescents et les jeunes qui arrivent tôt pour y participer.
   - Une classe qui est plus dynamique.

4. Décorez la salle de classe avec des images en fonction de l'âge des élèves. Si vous ne savez pas comment vous pouvez demander des suggestions à la classe et le décorer ensemble.

5. Prenez le temps d'apprendre le texte « Pour mémoriser ». Inclure le texte dans la leçon de sorte que les élèves comprennent le sens, cela aidera votre mémoire. Pour faciliter la mémorisation qui peut effectuer certaines activités suivantes:

   a. Divisez le groupe en équipes égales. Donnez à chaque équipe de magazines d'intérêt général, peu importe qu'ils soient anciens ou récents. Chaque groupe doit couper les mots justes pour former le verset et les coller dans une feuille. Après environ cinq minutes, enlevez les magazines. L'équipe qui termine en premier gagnera. Assurez que tous le terminent et collez les feuilles dans le mur de la classe. Le fait d'aller à la recherche des mots vous aidera à les mémoriser.

   b. Demandez pour qu'ils s'asseyent en cercle. Tout le monde doit choisir un fruit différent (par exemple, pomme, raisin, banane, etc.). Quand vous mentionnez le nom de tous les fruits, comme la pomme, celui qui a choisi ce fruit droit continuer en disant le texte jusqu'à la fin ou jusqu'à où vous avez finalisé antérieurement. En le faisant à plusieurs reprises vous aiderez le groupe à le mémoriser.

   c. Divisez la classe en deux ou trois groupes de trois ou quatre personnes chacun. Écrivez le texte biblique en morceau de papier. Chaque mot doit aller dans un rôle différent. Faites autant de textes des groupes formés. Mettez les textes dans un sac sombre et placez les deux ou trois sacs à la fin de la classe. Puis demandez que les élèves (un de chaque groupe) de l'un qu'ils marchent vers le sac correspond à votre groupe et retirent un papier avec un mot du texte et le mettent dans l'ordre qui doit aller selon le texte. Puis vous passerez une autre et ainsi de suite jusqu'à ce que vous armiez le texte intégral.

   Les groupes doivent faire cela en forme simultanément. Le groupe qui termine au premier et dit le texte par cœur sans le lire, gagne. Si quelqu'un termine en premier et ne le connais pas tous par cœur doit donner l'occasion au groupe qui a terminé en deuxième lieu. Si en faisant l'activité ils le répètent donc à la fin ils l'auront mémorisé.

   d. Placez le groupe assis en cercle. Donnez une petite boule ou un citron à l'un des jeunes.

   Ensuite, Mettez un disque compact avec quelque chanson ou chantez vous-même. L'idée c'est que les jeunes passent le citron ou la balle pendent que la chanson sonne. Pendant cet arrêt, celui qui a la répétition de balle ou le citron doit répéter le texte par cœur. En le faisant à plusieurs reprises aidera le groupe à le mémoriser.

   e. Divisez la classe en deux ou trois groupes. Donnez à chaque groupe un citron ou d'une orange ou une mandarine. Le groupe doit peler le fruit et le partager aux membres du groupe et avant de manger sa tranche chacun doit dire le texte. Enfin, tous les membres du groupe doivent dire le texte par cœur et en même temps. En le répétant et l'écoutant à plusieurs reprises vous aiderez à les mémoriser.

# Dans les mains de Dieu

**Objectif:** Que l'élève comprend que Dieu est en attente de lui et il doit Lui obéir à partir de ce stade précoce de la vie.

**A mémoriser:** « Garde-moi, ô Dieu ! Car je cherche en toi mon refuge» Psaumes 16: 1.

> **Avertissement**
> À un moment marqué au sein de la classe, posez des questions concernant le défi. Et ce qu'ils ont fait en tant que pèlerins responsables.
>
> *Accepter*

## Connecter | Télécharger

### Introduction dynamique (12-17 ans).

- Matériels: Papier et crayon.
- Instructions: Donnez à chaque participant les matériaux nécessaires et écrivez au tableau les questions suivantes: C'est quoi ça être rassuré? Quelle personne qui vous fait sentir vraiment en sécurité?

Pourquoi croyez-vous que vous vous sentez en sécurité avec cette personne? Donnez un délai raisonnable pour que les jeunes répondent aux questions suivantes et permettent que quelques uns, partagent leur réponse.

Enfin, dites- les que les gens qui nous font sentir sécurisé sont ceux qui nous aiment ou avec lesquels nous sommes liés de plus près comme les familles ou amis.

### Introduction dynamique (18-23 ans).

- Matériels: Un couple de mouchoir et chaises.
- Instructions: Demandez qu'ils forment des paires et permettez à chaque jeune de choisir la personne avec qui il se sent plus en sécurité. Couvrez les yeux de l'un d'eux. Puis avec des chaises désordonnées. Indiquez que le partenaire qui n'a pas les yeux bandés devrait guider au partenaire avec les yeux bandés à marcher entre les chaises seulement avec sa voix et sans les toucher.

Dans la fin de l'activité, demandez à la personne qui a été guidée: Avez-vous senti en sécurité d'être guidé par votre partenaire? Pourquoi vous choisissez à votre partenaire pour qu'il soit celui qui vous guidera?

Pourquoi vous sentiez-vous plus en sécurité avec lui qu'avec un autre camarade de classe?

## Connecter | Télécharger

Si nous ne nous sentons pas sûr que Dieu nous veille, ou nous ne pensons pas sentir que nous sommes effective-ment dans les mains de Dieu, alors nous devrions aller à la racine du problème.
Comment est ma relation avec Dieu? Seulement nous confions à ceux que nous percevons qui nous aiment.

## 1. Dieu vous connaît et Il est avec vous

Le Psaume 139: 1-18 nous dit que Dieu nous connaît et nous comprend. D'après ce passage, est- que Dieu a intérêt dans la vie de chaque jeune? Demandez-les qu'ils mentionnent quelques versets du passage lit qui leur fait penser cela. Bien sûr que Dieu a intérêt dans la vie de chaque personne, comme le psalmiste nous devrions crier, « Quel amour incroyable que Dieu a pour moi ! Il est si merveilleux de le savoir ! Je ne peux pas vraiment le comprendre, mais il est réel »(Psaume 139: 6 La paraphrase de l'auteur).

Il y a des centaines de passages dans la Bible qui nous enseignent que Dieu nous aime et que nous pouvons vivre en confiant en Lui. La Bible nous dit que Dieu est notre rocher, notre forteresse, comme une poule qui prend soin de ses poussins, notre bannière et beaucoup d'autres métaphores qui nous invitent à connaître Dieu comme notre protecteur, père amoureux, un ami à qui nous pouvons nous tourner avec sécurité. Dieu m'aime ceci est l'attribut de Dieu à partir du quel tout le reste suit. Plus qu'une caractéristique de sa personnalité, la Bible nous dit que « Dieu est amour» et non « Dieu a l'amour.» La question suivante que nous devons nous poser c'est : Est- ce que je connais le Dieu d'amour?

Il y a une histoire d'un jeune homme qui a quitté ses parents et quand les choses ont commencé à aller mal, il n'a pas eu le courage de les affronter. En arrivant dans sa maison, son père lui a remis une lettre, mais il l'a ignoré, et lui seul a emballé avec d'autres choses. Cet homme vivait dans l'extrême pauvreté, il se sentait coupable et il n'avait pas le courage d'ouvrir la lettre que son père lui avait donné, de peur de trouver dans cette lettre des mots de reproches et de mépris similaire dans lesquelles il avait osé de dire avant de laisser. Un jour, après une longue période et en se trouvant très malade, il a décidé d'ouvrir la lettre qu'il avait gardé comme un grand trésor. La lettre a dit: « Je vous aimerai toujours, retourne à la maison.»

Ainsi, comme ce père de l'histoire, c'est Dieu. Dans son livre, la Bible, Il nous a laissé des milliers de mots d'amour, qui n'ont pas de valeur à moins que nous les découvrions à travers la lecture. L'invitation que Dieu nous fait c'est la même que le père a fait à son fils, « Venez donc, avec confidence au trône de la grâce pour obtenir miséricorde et pour trouver grâce pour l'aide opportun dans» Hébreux 4:16.

La seule façon que nous pouvons confier en Dieu, c'est répondre à son invitation en approchant vers Lui pour Lui connaître personnellement.

## 2. Dieu veut que vous Lui cherchiez

Tout comme dans la dynamique d'initiation, dans laquelle ils ont choisi la personne la plus digne de confiance selon lui, seulement nous allons développer la confiance en Dieu dans la mesure où nous lui connaissons. Comment faisons-nous pour connaitre une personne? Il suffit de passer du temps avec elle. Comment pensez-vous que vous pouvez passer du temps avec Dieu? Vous devez avoir un rendez-vous avec Dieu chaque jour, « Écoute, Seigneur, à mes paroles; Considère ma méditation. Il est attentif à la voix de mon cri, mon Roi et mon Dieu, par- ce que à toi je prierai. Oh, Jéhovah, dans le matin, tu entendras ma voix; Dans le matin je présenterai devant toi, et j'entendrai « Psaumes 5: 1-3. Rappelez-vous de connaitre Dieu signifie beaucoup plus qu'une simple connaissance intellectuelle, il implique une connaissance relationnelle. Dieu a des fervents souhaits pour vous de venir à sa rencontre, parce qu'il a toujours été en attente de vous, « Il a toujours frappé votre porte» (Apocalypse 3:20 paraphrase personnel). Qui ne veut pas être dans les mains de quelqu'un qui l'aime? Qui nous aime, nous ne voulons pas le mal. La Bible nous enseigne que Dieu n'a que de bonnes choses pour ses enfants, comme dit le prophète Isaïe dans le chapitre 26: 3: «Tu garderas dans une paix parfaite dont l'esprit est resté sur toi; par ce que en toi il a confié.

## 3. Dieu vous aime, Il veut que vous marchiez dans ses voies

Demandez aux jeunes: Avez-vous déjà résisté dans votre vie à vivre sous le règne de Dieu? Avez-vous déjà senti comme si la vie chrétienne est une vie restrictive? Peut-être, ceux qui sont des chrétiens de très faible dans quelque moment donné, nous l'avons fait, mais à mesure qu'ils grandissent on se rend compte à quel point nous avons joué la vie chrétienne et surtout, à quel point nous interprétons les attributs de Dieu. À ce stade, j'ai appris que la vraie liberté nous obtenons dans la vie est d'être sous la protection de l'amour de Dieu. (Utilisez la feuille de travail avec le groupe des 12-17 ans). Ainsi comme toute discipline ou restriction que les parents imposent les enfants c'est parce qu'ils les aiment et essayent d'éviter qu'ils transitent de mauvaises façons, (tel comme ils l'ont fait eux-mêmes ou quelqu'un qu'ils connaissaient); Dieu nous donne également des normes de vie parce que de la même façon Il veut le meilleur pour ses enfants. Parfois, nous percevons Dieu comme le père de la fiscalité, limitant et dépassé. Nous résistons à lui obéir parce que nous voyons au-delà de la prétendue limitation. Nous ne sommes pas en mesure de voir son amour et sa protection pour nous. Pourtant, c'est intéressant la liberté que Dieu nous donne dans sa Parole. (A ce stade, utilisez la feuille de travail avec le groupe des 18-23 ans). Dieu veut que nous lui obéissions volontairement, comme une réponse de confiance lors de la révélation de son amour dans notre vie. Il nous indique que même s'il existe la liberté, nous devons exercer le discernement de différencier ce qui nous convient de ce qui ne convient pas. Mais Dieu nous exhorte toujours à prendre le meilleur chemin et le meilleur chemin c'est celui de l'obéissance.

Savez-vous pourquoi Jésus pouvait résister aux tentations qui venaient dans sa vie? Jésus a résisté à la tentation parce qu'il savait clair qui était Dieu (son père en qui Il confiait), qui Il était (son fils bien-aimé) et quel était son but dans la vie (accomplir la mission de son père) Avons-nous cette clarté aujourd'hui? Avons-nous cette passion de plaire à Dieu, cette conviction qu'il n'y a pas d'autres mains dans lesquelles nous pouvons déposer notre présent et avenir avec confiance?

Jésus n'a pas cédé ses propres désirs naturels qui ont L'invité à faire quelque chose qui n'est pas agréable à son père. Et cette attitude, nous devrions également imiter aujourd'hui.

Seulement nous pouvons développer si nous choisissons de vivre dans le chemin de l'obéissance. Ce fut le chemin que Jésus a marché, ce fut son but dans la vie, et cette assurance de sa mission Lui maintenu à l'obéissance même dans les moments les plus difficiles, comme nous le lisons dans l'histoire du Jardin de Gethsémani: « Alors Jésus fut avec ses disciples à un lieu appelé Gethsémani, et Il les dit: « Asseyez-vous ici pendant que je vais là-bas pour prier.» Jésus prit avec lui Pierre, Jacques et Jean pour l'accompagner. Puis il a commencé à se sentir très triste, et Il les dit: « Je suis très triste, et je sens que je vais mourir; Restez ici avec moi et ne vous endormez pas. « Jésus s'éloigna d'eux et Il se mit à genoux et se prosterna à terre avec son front et il pria Dieu: « Père, Comme je veux que vous me libériez de cette souffrance ! Toutefois, non pas ce que je veux, mais ce que vous voulez ... »Matthieu 26: 36-39.

Nous rappelons que Dieu aime chacun de nous avec un amour éternel. Il veut avoir un rendez-vous continu avec chacun de ses enfants pour révéler sa volonté. Nous pouvons nous abandonner entre ses mains, reposer dans Sa Parole, ne pas craindre et lui obéir. Seulement dans les mains de Dieu, nous sommes vraiment assurés !

## Révisez / Application:
Encouragez une conversation informelle entre les élèves avec les questions suivantes : Est-ce que tu as obéis tes parents en tout? Pourquoi le fais-tu ou pourquoi ne le fais-tu pas ? Y a-t-il quelque chose que tu veux faire et que tes parents ne te laisseront pas faire? Pourquoi penses-tu que tes parents t'imposent des restrictions ou des limites, ou te refusent la possibilité de participer à quelque chose que tu veux vraiment faire? Comment est-ce que tu appliques cela envers Dieu ?

## Défi:
Encouragez les élèves à commencer ou à renforcer le temps de silence. Pensez à des façons de les aider avec cet aspect important.

# Créé selon un modèle

**Objectif:** Que l'élève comprenne que l'être humain a été créé par Dieu à son image et à

sa ressemblance, cela lui rend plus responsable devant son Créateur.

**A mémoriser:** « Dieu créa l'homme à son image, Il le créa à l'image de Dieu, Il créa l'homme et la femme» Genèse 1:27.

*Avertissement*

*Vous pouvez commencer le cours en posant des questions sur la vie dévotionnelle. S'ils n'ont pas encore commencé, encouragez-les.*

*Accepter*

## Connecter | Télécharger

### Introduction dynamique (12-17 ans).

- Matériels: grandes photos, comme celles des almanachs ou magazines montrant des paysages différents. Certains récipients contenant de peinture, les déchets de décharge ou des liquides. Assurez-vous qu'ils sont des choses qui tachent.

- Indications: Placez les photos sur lesquelles les élèves peuvent les apprécier et demandez-les de commenter la beauté des images. Demandez-les ensuite de renverser sous des photos un récipient avec de déchets, liquides peinture de coloration. Puis demandez-les d'opiner de ce qu'ils viennent de faire et comment ils se sentaient pendant qu'il le faisaient. Enfin expliquez-les que Dieu a créé le beau monde, il a placé sa création ultime, l'homme et la femme pour qu'ils en profitent et administrent, mais le péché a battu et tout a changé.

### Introduction dynamique (18-23 ans).

- Matériels: Faites trois figures humaines de différentes couleurs et de la même taille. Une couronne de taille de la tête silhouette. Écrivez le mot « corps» dans une silhouette, « Âme» sous une autre forme et « Esprit» dans la troisième figure.

- Indications: Demandez deux volontaires des élèves à organiser les figures selon son critère (premier et puis l'autre). Demandez-les d'exposer à la classe le critère qu'ils utilisent pour l'organisation et que les élèves pensent. Expliquez enfin que, peu importe l'ordre par ce que nous sommes une unité. Mettez les trois figures ensemble et la couronne sur sa tête. Ces silhouettes qui contiennent et intimement liés, représentent ensemble l'être humain créé à l'image de Dieu.

## Connecter | Télécharger

L'être humain ne peut pas créer quelque chose à partir de rien. Seulement il est capable de construire avec des matériaux déjà existants. Un charpentier peut construire un meuble en utilisant du bois; un cuisinier peut faire un repas avec la farine, le beurre, les œufs, etc. Mais Dieu a tout créé à partir de rien de parfait. Il a commandé et il a fait ! La Bible enseigne que Dieu procède l'univers et la vie, il a conçu les cieux et la terre. Il a créé les étoiles et bénis les êtres vivants. Il a formé l'homme et la femme à son image et à sa ressemblance. Dans le livre de Genèse se répète jusqu'à six fois la phrase, « Et Dieu vit que cela était bon» (Genèse 1: 10, 12, 18, 21, 25 et 31) montrant le plaisir de Dieu sur toute la création.

## 1. L'homme et la femme furent créés à l'image de Dieu

L'être humain fut créé à l'image de Dieu, qui en fait le seul être avec dignité en tant que personne (Genèse 1 :26a). Il est un être physique et spirituel, esprit et la matière forment une nature, ils ne sont pas deux natures unies, mais leur union forme une seule nature. L'histoire biblique explique que Dieu forma l'être humain de la poussière et devint un être vivant (Genèse 2 : 7). Pour une meilleure compréhension nous allons aborder l'image de Dieu en décrivant l'être humain en catégories, mais nous rappelons que c'est juste une façon de l'étudier, car l'homme est inséparable en nature. Dans les premiers siècles du christianisme circulaient certains courants qui disaient que le corps était quelque chose de mal, pour cette raison au lieu de le soigner on l'a puni, car on croyait que le péché était dans le corps. Cependant, le corps de l'homme participe à la dignité de l' « image de Dieu », précisément parce qu'il est animé par l'âme spirituelle. D'autre part, le temple de l'Esprit c'est toute la personne humaine (1 Corinthiens 6 :19). Par conséquent, il n'est pas permis à l'homme de mépriser sa vie corporelle, mais, au contraire, il doit tenir compte que son bon et digne corps est à l'honneur comme il a été créé par Dieu. À travers le corps l'homme est lié avec son extérieur. Notre corps est un don de Dieu que nous devons prendre soin de façon responsable et essayer de façon sage, car il n'est pas les nôtres. L'âme est le siège des émotions, les désirs et affections. Grâce à l'âme, l'homme a la conscience de lui-même. Dans la Bible, le mot « âme » se réfère à la vie humaine (Matthieu 16 : 25-26). Mais elle décrit aussi la plus intime de l'homme (Matthieu 26 : 38 ; Jean 12 :27) et la valeur en elle (Matthieu 10 :28), de sorte qu'il est particulièrement l'image de Dieu : « l'âme » est le principe spirituel de l'homme.

Souvent le terme « esprit » se réfère à tout l'être humain (Galates 6 :18 ; 2 Timothée 4 :22). Cela confirme le caractère indissociable de la nature humaine, mais parfois se réfère également aux émotions ainsi que le terme « âme » (Luc 1 :47 ; Jean 11 :33 ; 1 Corinthiens 04 :21), se réfère également au centre de la réflexion, la raison, la volonté et les intentions (Matthieu 26 :41 ; Luc 1 :80 ; Actes 18 :25 ; 1 Corinthiens 02 :11 ; 2 Corinthiens 2.13). L'apôtre Paul dit que l'esprit de la personne se rapporte à Dieu (Romains 8 : 15-16 ; 1 Corinthiens 6 :17). Cette différence des autres êtres donne des privilèges et des responsabilités qui devront répondre à son Créateur. L'homme et la femme ne sont pas l'aveugle produit de l'hasard, comme le déterminisme matérialiste affirme. La vie humaine n'est pas non seulement un tas de molécules qui jouent aux lois de la physique et de la chimie. Mais non plus nous ne sommes pas des anges déchus, des surhommes ou des demi-dieux tels que certains mythes ont proposé tout au long de l'histoire des anges. Exalter la créature humaine au niveau de Dieu et la dégrade au niveau le plus bas n'est pas chrétien. La dignité radicale de tous les êtres humains, croyants ou non, a son fondement ultime en Dieu par ce qu'ils ont créé à son image. « En se référant à l'image de Dieu dans sa création implique que l'homme reflète en quelque sorte une « ombre » de certaines des caractéristiques de son Créateur. L'être humain est un « réflexe d'ombre » dans le sens intellectuel, émotionnel, moral à l'égard de la volonté (Commentaire Biblique Hispano-Amérique en Genèse, Esteban Voth, Caraïbes, 1992, p.35, partie I). Accepter Cela signifie :

• La personne humaine doit toujours être traitée comme un individu, sans distinction de sexe, de race ou de la couleur de sa peau et elle ne doit jamais être traitée comme un objet ou comme être inférieur.

• Le respect fondamental pour la vie. Le corps humain ne doit pas être compris seulement comme un ensemble d'organes et de fonctions, comme les animaux, mais que la partie physique par laquelle une personne manifeste.

• « ..., Et que j'ai créés pour ma gloire, que j'ai formés et que j'ai faits » (Esaïe 43 : 7). Authentique de la finalité de la création n'est pas en l'homme, mais en Dieu Lui-même. « L'homme est un être sacré. » C'est intéressant que celui qui a inventé cette phrase ne soit pas un croyant mais le philosophe Sénèque. Il voulait censurer et interdire l'utilisation de l'être humain pour des événements publics qui lui fait face avec des fières ou contre l'autre être humain dans la lutte entre les gladiateurs. Il est important d'affirmer la valeur de chaque être humain et de condamner toute forme de violence, d'abus ou dégradation de sa dignité.

## 2. Les deux ont été pris pour gérer ce que Dieu a créé

Les êtres humains furent créés à l'image de Dieu avec le privilège de partager avec Lui la responsabilité de prendre soin de la création. L'amour et l'attention soigneuse de Dieu soutiennent chaque chose qui existe, il revêt l'herbe des champs (Luc 12 :28), Il le préoccupe jusqu'à ce qu'il tombe à terre pour un oiseau (Matthieu 10 :29). Dieu a mis l'homme et la femme dans le jardin pour l'apprêter et cultiver (Genèse 2 :15). Alors que Dieu est le Seigneur qui nous envoie de « Jésus Christ » en son nom et qui nous a créés à son image et la capacité de faire des liens corrects. De là est née l'idée de « l'intendance chrétienne » qui est la bonne façon d'utiliser et de gérer la propriété de Dieu. En tant que créatures faites à l'image de Dieu, nous avons la capacité qu'il nous a donnée pour découvrir, la conception et la mise en œuvre de nouvelles possibilités de mettre dans l'ordre ce qu'il a créé. Nous sommes appelés à louer le Créateur en l'union à la création (Psaumes 148) et à coopérer avec Dieu en tant que partenaires actifs dans le développement et la protection de la création. A quoi se réfère le psalmiste dans le Psaume 8 :6-8 ? Dans le plan de Dieu, l'homme et la femme sont appelés à « dompter » la terre (Genèse 1 :28). Dieu possède tout, mais délègue des responsabilités à l'homme en les faisant administrateur et gouverneur de la terre et de lui-même. L'homme est responsable c'est pour cela qu'il fait avec son corps. Dieu veut être glorifié par l'usage saint du corps humain (1 Corinthiens 6 :20). Demandez : Pourquoi est-il important de comprendre que Dieu a créé l'homme et la femme à son image ? Car il soulève l'être humain au-dessus de toute la création. Par conséquent, l'être humain est responsable de donner le témoignage de Dieu et il devrait faire connaître la révélation de l'existence et la magnificence de Dieu, le Créateur vivant, le Créateur du monde. En outre, en parlant d'une espèce faite à l'image de Dieu, se rapprochant de Lui, ses plans et ses desseins parfaits. Nous avons le devoir moral de préserver et de cultiver ce qu'il nous a confié depuis dans les mains du Créateur. Toute créature, tout ce qui existe, parle du Créateur et donne gloire à Lui, c'est – à -dire toute chose crée, contribue pour refléter la perfection et la beauté divine. L'être humain, cependant, est destiné pour parler de Dieu d'une manière la plus profonde. Il est nécessaire que l'être humain donne honneur au Créateur en offrant l'action de grâce et de louange, tout ce qu'il a reçu (Psaumes 8 : 4-7).

## Révisez / Application: Associez les questions aux versets bibliques.

1. Quelles étaient les instructions que Dieu a données à Adam sur la façon de prendre soin de la planète ?

2. Quel était le plan de Dieu en créant l'homme et la femme ?

3. Le but authentique de la création ne se trouve pas dans l'être humain, mais en Dieu lui-même en réalité.

A. Genèse 1:27

B. Genèse 2:15

C. Esaïe 43:7

### RÉPONSES

1. B Qu'il le cultive et le soigne.

2. A Que l'homme et la femme soient à l'image de Dieu.

3. C L'être humain est la gloire de Dieu.

## Défi: Partagez avec eux différentes manières de montrer l'image de Dieu en eux.

# C'est quoi vos émotions ?

**Objectif :** Les élèves doivent comprendre que les émotions font partie de l'image de Dieu dans l'être humain.

**A mémoriser :** « Garde ton cœur plus que toute autre chose, car de lui viennent les sources de la vie » Proverbes 4 :23.

**Avertissement**

x

Discutez des différentes activités qu'ils ont menées pour montrer l'image de Dieu en eux.

*Accepter*  !

## Connecter | Télécharger

### Introduction Dynamique (12-17 ans).

- Matériels : feuilles, crayons et un récipient.

- Instructions : Chaque jeune va prendre un morceau de papier et écrire une émotion, il va doubler le papier et le mettra dans le récipient. Ensuite, chaque jeune va passer devant de la classe, il va prendre une feuille de papier et avec mimique (signes, gestes) il va transmettre l'émotion qui est écrite sur le papier. Les autres devront découvrir quelle est l'émotion qui est représentée.

- Cela vous aidera à savoir tout d'abord ce que les élèves ont appelés les émotions, et d'autre part que les expressions faciales ou corporelles qui représentent une émotion. Nous pouvons dire beaucoup d'entre eux se représentent presque de façon universelle.

### Introduction dynamique (18-23 ans).

- Matériels : Tableau et des marqueurs pour le tableau.

- Instructions : On ouvre une table ronde, un espace pour dialoguer. L'enseignant va poser les questions suivantes : C'est quoi les émotions ?

- Quelle est son importance pour nous ? Qu'est ce qui caractérise une émotion ? Comment, nous les chrétiens nous émotionnons -nous? (L'enseignant peut poser plus de questions pour enrichir la discussion). Les élèves doivent participer en apportant leurs réponses, tandis que l'autre élève va noter dans le tableau les points forts et les points dans lesquels la majorité coïncide.

- La dynamique va faire réfléchir soigneusement dans la classe sur le concept de l'émotion.

## Connecter | Télécharger

Ils sont parfois rares étant que chrétiens, nous parlons des émotions, il est plus courant de se concentrer sur la rationalité ou la volonté. Mais c'est quoi les émotions ? Qu'est- ce qu'il y en a dans notre vie comme chrétiens? Les émotions font partie de chaque être humain, penser à une personne sans émotion c'est de penser à une classe de Robot. Comme la création de Dieu, nous savons que nous sommes une création parfaite. Notre corps, pensée, cœur et esprit ont une fonction merveilleuse contemplée dans une totalité.

## 1. L'émotion : Qu'est-ce que je tiens à exprimer ?

Quand nous essayons de définir ce que sont les émotions, nous confondons sur le chemin, c'est quelque chose que je ressens ? Est-ce que c'est une réaction à une situation ou à une personne ? Il est vraiment difficile de parvenir à une notion, principalement parce qu'elle est étroitement liée à d'autres notions comme le sentiment, le caractère et la conduite. Le terme émotion « vient du latin emotioônis qui signifie l'impulsion qui induit l'action » (Émotion «Wikipedia, l'encyclopédie libre http://es.wikipedia.org/wiki/emociones Voir : ... Novembre 2009). Cependant, l'émotion est bien plus qu'une impulsion. Psychologiquement les émotions sont des moyens d'expression, puisque étant affective, elles indiquent les états humeurs et internes des personnes : les sentiments, les besoins, les désirs.

Les aversions et même les objectifs. Les émotions accompagnent le discours ou des actions, parfois seul, pour exprimer ce que chaque personne expérimente dans son intérieur. Les formes qui montrent les émotions sont étroitement liées aux composants physiques tels que les tremblements, rougir, transpiration, augmentation du rythme cardiaque et de comportement comme les expressions faciales, les actions et les gestes. Ainsi, nous voyons que l'émotion se reflète physiquement et comportemental, étant la façon dont nous pouvons remarquer les diverses émotions que nous vivons et voyons dans les autres.

Dans l'étude des émotions, les professionnels du domaine ont identifié six catégories basiques telles que la peur, la surprise, le dégoût, la colère, le bonheur et la tristesse. (« Articles : Les émotions » Copyright © 1998-2009 psychoactive ® en ligne http://www.psicoactiva.com/emocion.htm [consultez : Novembre 2009].). Ces caractéristiques reflètent ce qui se passe à l'intérieur de nous, souvent ils dirigent notre comportement, ils nous montrent comment nous évaluons et jugeons les différentes situations que nous vivons, dans des occasions, ils nous aident à prendre des décisions et ils facilitent notre adaptation à l'environnement. Ainsi que avant une situation de danger, l'émotion que nous vivons peut-être la peur. Cela devient notre façon de nous protéger et de nous empêcher de prendre des risques inutiles, dans ce sens l'émotion a une manière positive (par exemple, avant un vol nous gardons le silence et elle nous fait du mal). Mais si la peur nous paralyse et nous n'essayons pas faire ce que vous pourriez avoir besoin, l'émotion devient un facteur négatif (par exemple, en voyant un accident cela nous donne la peur et nous n'aidons pas à ceux qui l'ont besoin).

## 2. Crée à son image : Est- ce que Dieu est émotionnel ?

Selon Genèse 1 : 26-27, Adam et Ève furent crées à l'image de Dieu, mais, qu'est-ce qui est arrivé quand Adam et Ève ont chuté ? Est-ce que l'être humain a perdu l'image de Dieu ? Permettez aux élèves de penser. La Bible nous dit à maintes reprises que Dieu le Père a montré ses émotions. Dans Genèse 6 : 6, nous voyons la tristesse de Dieu, une émotion qui a montré sa repentance pour avoir créé l'homme. Dans Sophonie 03 : 17 Dieu a parlé à travers le prophète, en citant son motif de joie. Dans ces deux passages, nous réalisons l'expérience de l'émotion de Dieu, ce qui nous montre que Dieu exprime à travers les émotions qui sont communs à tous les êtres humains. En Jésus Christ, nous percevons des émotions différentes et Il est notre meilleur point de comparaison, car Il est Dieu incarné. Dans Marc 3 : 5 Il nous dit que Jésus a sentit la colère et la tristesse pour les pharisiens, pour ces hommes qui étaient incrédules et arrondis, et Il a été troublé. Il y a des moments ou des situations difficiles, comme la perte d'un être cher, qui vaut la peine d'être triste et pleuré. Le Pleur est un moyen de soulagement que le même Dieu a mis en nous. Dans Jean 11 : 33-36, nous voyons que Jésus est bouleversé et ému de peine en voyant la souffrance des autres et à la perte de son ami. Dans le verset 35, il nous dit que Jésus pleura. Et ce qui peut se ressembler à un signe de faiblesse, est simplement un moyen d'extérioriser la douleur, quelque chose bénéfique pour notre santé émotionnelle. Toutefois, cela a prouvé l'émotion, il y a une coopération de manière correcte et loyale qui existe, Dieu n'a jamais déplacé par ses émotions, parce qu'il l'a fait de nombreuses fois, il a détruit l'homme dans sa totalité. D'autre part, Jésus a ému par ses émotions qui ne seraient pas mortes pour nos péchés.

## 3. Mes émotions avec Dieu

De nombreux groupes en psychologie ont conclu que les émotions ne sont pas ni bonnes ni mauvaises. Souvent les émotions que nous exprimons dépendent de ce que nous avons connu. Par exemple : deux personnes vont dans un parc de jeu mécanique, l'une a beaucoup de peur pour les jeux parce que dans le passé il a vu un jeu qui a été brisé et qui a produit une tragédie. Alors, qu'il le perçoit comme un dangereux et il le fait effrayant. L'autre personne dans les jeux a passé de merveilleux moments avec sa famille et lui donne de la joie. Avant que Dieu vienne à nous, nous étions hors de contrôle dans tous les aspects de nos vies. Par conséquent, nous avons fait une mauvaise gestion de nos émotions, nous sommes bouleversés et en colère, nous avons attaqué, nous avons aimé quelque chose ou quelqu'un et la joie nous a fait réagir euphoriquement sans tenir compte des conséquences. Dieu ne veut pas ce gens de chose en nous, Il ne veut pas que nous soyons des volatiles axés par les émotions (2 Timothée 1 : 7). Maintenant, nous ne sommes pas seuls, nous sommes plus forts et capables avec Dieu par l'Esprit Saint. Dieu réclame en nous que nos vies prédominent une émotion : La joie (1 Thessaloniciens 5.16), le bonheur a ancré en Lui. Autre part Il a désapprouvé la colère (Jacques 1 : 19-20). Principalement toute notre joie doit être fondée sur Dieu, qui ne veut que nous réjouissions en marchant avec Lui « Servir Jéhovah avec joie. ; venir dans sa présence avec joie « Psaume 100 : 2. Ressentir la colère, la tristesse, la surprise, le dégoût et la peur est normale toujours de manière contrôlée, mais ces émotions vont être temporaires parce que notre joie sera en Dieu et durable.

## Révisez / Application: Donnez-leur quelques minutes pour répondre aux questions suivantes. Ils peuvent le faire individuellement, à deux ou en groupe.

1. Que sont les émotions et à quoi servent-elles ? *(Ce sont des techniques d'expression, qui indiquent ce qui est à l'intérieur de nous, comme les désirs, les sentiments, les besoins, les dégoûts, etc.)*

2. Nommez les catégories de base des émotions : *(Peur, surprise, colère, dégoût, joie et colère.)*

3. Pourquoi disons-nous que Dieu est émotif ? Citez quelques textes qui mentionnent les émotions de Dieu. *(Parce que le Père et Jésus-Christ ont montré leurs émotions dans des circonstances différentes : Genèse 6:6 Dieu triste et désolé pour la création de l'homme. Jean 11:35 Jésus pleura de douleur à la perte de son ami.)*

4. Comment faire bon usage de nos émotions ? *(Laisser Dieu prendre le contrôle d'eux et nous laisser guider par ce que Dieu nous dit, montrant la peur, la colère, la joie, etc., mais tout à sa juste mesure. Ne pas laisser les émotions nous contrôler.)*

5. Quelle émotion doit prévaloir en nous et pourquoi ? *(Bien-être et joie parce que Jésus qui est le Christ nous a rachetés et marcher et servir dans l'obéissance à Lui apporte une joie durable.)*

## Défi: Passer en revue comment sont les émotions dans votre vie.

# Chair vs. Esprit

**Objectif :** Les élèves vont comprendre la lutte constante entre la chair et l'Esprit dans leur vie et la solution que Christ donne.
**A mémoriser :** « Il n'y a donc maintenant aucune condamnation pour ceux qui sont en Jésus-Christ, ceux qui ne marchent pas selon la chair, mais selon l'Esprit » (Romains 8 : 1).

*Avertissement*
Demandez-leur comment ils ont géré les émotions pendant la semaine. Parlez des émotions découvertes ces derniers jours.
*Accepter*

**Connecter** | **Télécharger**

## Introduction Dynamique (12-17 ans).

- Matériels : Un ballon par élève, laine, tableau noir, marqueur ou (craie, plâtre) et deux blocs feuilles de papier de format lettre sans ligne.

- Instructions : Avant de commencer la classe coupez les feuilles de la lettre en 10 parties égales chaque feuille. Dans 10 pièces écrivez la lettre C (chair) et autres 10 E (Esprit). Pliez-les autant de fois que vous pouvez et entrez un petit papier dans chaque ballon. Gonflez-les avec la laine qui amarrage les ballons au plafond ou aux murs de la salle de classe de sorte que lorsque les élèves arrivent et vous êtes prêt. Dans le tableau dessine les quatre marqueurs suivants :

### Chair vs. Esprit

| Équipe No. 1 | | Équipe No. 2 | |
|---|---|---|---|
| E | C | E | C |

Divisez la classe en deux équipes et demandez à chaque équipe de former un cercle. Expliquez-les qu'ils vont trouver des rendez-vous bibliques et la personne du groupe qui les trouve en premier aura le droit de choisir l'un des ballons. Puis elle éclatera le ballon et cherchera le morceau de papier qui contient dan le ballon. Selon la lettre que vous allez placer une marque sous la lettre E ou C dans les quatre marqueurs. Expliquez à ses élèves que E signifie Esprit et C la chair. Enfin, réalisez le comptage et l'équipe qui a trouvé plus de E est le gagnant.

Dites : Au cours de la vie vient un moment où nous devons choisir entre vivre dans l'Esprit et de vivre selon la chair, et dans ce cas ce ne sera pas un jeu, mais un choix personnel.

## Introduction Dynamique (18-23 ans).

- Matériels : environ 10 cercles de papier rouge et 10 cercles verts (environ 5 cm de diamètre), ruban adhésif et tableau de classe.

- Instructions : Au début de la classe dessine sur le tableau noir ou le tableau le case suivant.

### Le super classique

| Équipe No. 1 | | Équipe No. 2 | |
|---|---|---|---|
| E | C | E | C |
| | ••••••• ••• | | ••• •••••• |

Dans la colonne « C » de chaque équipe collez 10 cercles rouges avec du ruban adhésif. Divisez la classe en deux groupes et demandez-les de s'asseoir en groupe. Expliquez-les que les cercles rouges sont des mauvais points et pour pouvoir les échanger par des bons points (verts), ils trouveront rendez-vous bibliques que vous pouvez les indiquer et le premier qui la trouve, laissera le cercle rouge de la colonne C (chair) du tableau et le remettra à vous. En retour, vous recevez un point vert qui a placé dans E (Esprit) dans son équipe. Jouez avec ses élèves le temps que vous jugez qui est approprié, enfin l'équipe qui obtient plus de points verts gagne. Dites : Le péché qui habite en nous est représenté par les points rouges qui ont été attribués à chaque équipe au début du jeu. Quand nous recevons le Seigneur Jésus comme notre Sauveur et nous consacrons à Lui ces points négatifs qui disparaissent et nous donnons place à l'œuvre de l'Esprit qui a représenté par des points verts.

# 1. La chair et l'Esprit

Le mot chair, vient du grec Sárx. Ce terme signifie, en premier lieu, la corporéité matérielle de l'homme. Cependant, non seulement vous pouvez désigner le corps charnel que nous touchons et voyons, mais aussi la « charnalité » comme l'être humain dans le terrain dans son humanité avec toutes ses faiblesses et limites, ou ce qui est le même, dans son opposition à Dieu (Romains 8 : 7-9).

« Dans Romains 8 : 8 nous voyons, surtout, que la sphère de la « chair » peut aussi être vu comme le pécheur, qui est en opposition à Dieu et que dans la mesure où les tendances sont contraires à Dieu » (Rudolf Bulmann, Editorial suis-moi, théologie du Nouveau Testament, 1981, pp.286-293). Paul a utilisé ce terme pour décrire l'être humain, sans la grâce de Dieu, « ... Il représente l'homme naturel dans le contrôle (égocentrisme- et inclinations sensuelles). Cette « chair » est l'antithétique » (c'est- à- dire opposé) » à l'esprit aux Romains 7 :25 et contraire à l'Esprit dans Galates 5. Il est dans la nature humaine sous la domination du principe du péché hérité » (théologique Beacon, Editorial CNP, USA, 1995, p.117).

« Dans le Nouveau Testament, le « concept de l'Esprit « ne doit pas être compris comme platonicienne contraste de sens avec le corps. L'Esprit est la puissance surnaturelle de Dieu qui est en contraste avec tout l'humain. Ce qui appartient à la sphère de l'existence humaine, il est limité par le temps et la finitude, et toujours meurt. Donc, celui qu'il vit « selon la chair » (Romains 8 : 4), à savoir, il centre ses affections dans l'ordre humain et de l'ordre naturel, Il est condamné à mort. En fonction de l'esprit (Romains 8 : 4), c'est- à-dire, Il centre son cœur en Dieu et en ce qui est spirituel, en accord avec le Saint-Esprit, c'est celui qui connaît la vie et de la paix parfaite » (Dictionnaire, théologique Beacon, Editorial CNP, USA, 1995, pp.259-260). Fondamentalement vivre dans l'Esprit c'est que pour le moment nous restons comme humains, l'Esprit de Dieu contrôle et oriente notre esprit afin que notre tendance ou approche soit toujours à Dieu, l'amour pour les autres et les valeurs du Royaume.

# 2. Le pourquoi la lutte

La Bible affirme que l'homme a désobéit Dieu (Genèse 3), et donc le péché et ses conséquences sont entrés dans le monde par un seul homme. Dans Romains 5 :14 Paul dit que la mort règne même chez ceux qui n'ont pas péché par un acte extérieur de désobéissance d'Adam. Ainsi la mort est une conséquence du péché comme la nature, aussi comme un acte de désobéissance qui passe à tous les hommes (Romains 5 :19).

Christ a affirmé que la plupart des mauvaises tendances ont pour origine le cœur des hommes (Marc 7 : 20-

23). Paul utilise le terme « chair » dans un sens moral pour référer à la nature déchue de l'homme (Romains 8 : 5,8-9). Tous ces passages et d'autres nous enseignent que cette inclination au péché appartient à la nature humaine déchue, le péché originel ou dépravation héréditaire. Donc, nous avons d'abord besoin le pardon pour nos actes de désobéissance et d'autre part nous avons besoin d'être libérés de la chair ou de mauvaises tendances.

La Bible nous dit que le sang de Christ a une solution pour ce double problème, d'abord le sang de Christ nous libère de la culpabilité de nos actions et nous accorde le pardon pour elles. (Jérémie 31 :34). Étant qu'église, nous affirmons que le sang de Christ a le pouvoir et l'autorité pour nous débarrasser de cette tendance ou inclination au mal. Nous avons accès au pouvoir pour vivre, pas dans la chair mais selon l'esprit.

# 3. Vivre dans l'Esprit

Galates 02 :20 et 5 :24 nous dit que la personne qui est en Christ vit dans la chair humaine mortelle, mais elle entre dans un nouveau mode de vie. Avant les préoccupations de la « chair » du monde, de la vie naturelle étaient le point central et la fin primordiale de son existence ; dans le nouveau domaine, les choses de Dieu sont devenues leur amour primordiale (George Eldon Ladd, théologie du Nouveau Testament, p.642). Cet amour est un amour saint qui est donné à l'homme par le Saint-Esprit (Romains 5 : 5). Demandez

: Comment puis-je changer cette nature de mauvaises tendances ? Comment puis-je être victorieux au milieu de cette lutte ? Comme il est quelque chose que Dieu a fait pour nous, que devons-nous faire alors ?

Lisez Romains 12 : 1-2 et demandez : Comment pouvons-nous dire ce que dit Paul dans nos paroles ? Permettez que les jeunes répondent.

Ce que l'apôtre dit c'est ce que nous appelons consécration. Il ne se traite pas le pardon et la délivrance de la culpabilité, ici il parle aux croyants qui ont besoin d'être libérés de la tendance pécheresse. L'apôtre Jean dit : « Si nous marchons dans la lumière, comme il est lui-même dans la lumière, nous sommes mutuellement en communion, et le sang de Jésus-Christ son Fils nous purifie de tout péché » (1 Jean 1 : 7).

Nous ne parlons pas ici de la croissance, sinon d'un acte complet et instantané, qui se reflète par son fruit (Galates 5.22). La volonté de Dieu c'est que nous vivons de victoire en victoire, et la route est la sanctification (1 Thessaloniciens 5.23), qui nous délivre de notre chair (de tendance naturelle au mal). Cette victoire a été remportée par Christ, qui, par sa grâce nous permet de vivre selon l'Esprit (Romains 8 : 3-4). Dans cette nouvelle vie que nous découvrons tous les jours comme marcher sous le contrôle du Saint-Esprit, car Il vous dira quand une certaine attitude n'est pas conforme aux valeurs du Royaume.

## Révisez / Application:
Demandez-leur de former des paires ou des trios et de choisir un des versets suivants : Galates 5:16-17 ; Galates 5:1 ; Jean 8:31-32; 1 Pierre 2:16; Matthieu 26:41 et réécrivez-le dans vos propres mots. Exemple : 1 Pierre 2 :16. Libre mais pas pour escamoter, falsifier, consommer de la drogue, mais pour faire la volonté de Dieu en servant dans le domaine que le Seigneur nous guide.

## Défi:
Je vous invite à faire un exercice de réflexion. Écrivez les attitudes dont l'Esprit vous a prévenu qu'elles sont des attitudes "selon la chair" et écrivez ce que devrait être l'attitude "selon l'Esprit". C'est bien de le faire, car souvent nous ne nous rendons pas compte que nous agissons ou réagissons selon notre chair et non selon l'Esprit.

# Tu m'as fait libre !

Edgar Corzo y Nelly Valadez • Mexique

**Objectif :** L'élève va comprendre que Jésus est celui qui nous libère de l'esclavage du péché pour que nous vivions dans les limites de sa volonté.
**A mémoriser :** « ...Vous connaîtrez la vérité, et la vérité vous rendra libres » Jean 8 :32.

**Avertissement**

Une bonne façon de commencer serait de parler des attitudes correctes et incorrectes que chacun a eues la semaine dernière.

Accepter

## Connecter | Télécharger

### Introduction Dynamique (12-17 ans).

- Matériels : Tableau noir, un récipient, ruban adhésif, une série de cartes écrites avec les mots suivants : la vérité, l'égalité, la justice, la rédemption, l'indépendance, la joie, le privilège, l'asservissement, le travail forcé, la condamnation, le joug, la tyrannie, la peur et l'humiliation.

- Instructions : Diviser le tableau noir avec une ligne et écrire d'un côté la « liberté » et l'autre « l'esclavage ». En retournant des cartes dans le récipient, demandez aux élèves de passer un par un pour prendre l'une des cartes pour la coller avec du ruban adhésif sur le côté du tableau noir ou un tableau qui lui correspond. En fin, chaque élève va présenter pourquoi certains mots sont identifiés avec la « liberté » et d'autres « esclavage ».

  Cette dynamique nous permet de voir graphiquement le contraste entre la liberté et l'esclavage.

### Introduction Dynamique (18-23 ans).

- Instructions : Demandez aux élèves de rappeler un moment dans leur vie où ils ont connu la liberté et quelque autre épisode dans lequel ils se sentaient l'absence de la liberté.

  Organisez le groupe afin que chaque élève passe pour présenter devant la classe les moments qu'ils ont sélectionné, en expliquant la différence dans les sentiments en jeu dans les deux situations.

  Cet exercice aidera les élèves à se rappeler la façon dont vous avez utilisé la liberté et dans quelles situations spécifiques vous avez trouvé la faute. Cela vous aidera également à analyser quelle situation vous préférez et pourquoi.

## Connecter | Télécharger

Demandez : C'est quoi la liberté ? « L'état de celui qui n'est pas un esclave ou prisonnier, par conséquent il ne souffre aucun empêchement ni contrainte, car il compte sur le pouvoir et la capacité de décider de lui-même » (Le Petit Larousse. Mexique, 1998). Cela peut nous donner comme résultat une série de mots vides de sens, si nous considérons que la liberté peut être un fait normal dans l'espace et le temps dans lequel nous vivons. Alors qu'aujourd'hui, contrairement à d'autres moments, certains termes comme « serviteur » ou « esclave » ne sont pas utilisés par les personnes dans le monde qui ne bénéficient pas de la liberté complète.

## 1. La vérité nous rend libres

Lisez Jean 8 : 31-34. A Quelle liberté se réfèrent les Juifs ? Ils pensaient dans la liberté du corps, tandis que Jésus leur a parlé de la liberté de l'âme. Il est possible que nous demandions : C'est quoi la liberté De l'âme ? Comment pouvez-vous obtenir ? Pour enseigner cette vérité Jésus a fait un jeu de mots, en utilisant deux paires d'antonymes. Il a utilisé « libre » vers ses « esclaves » et « vérité » et « péché ». Si nous analysons cette référence dans ces quatre mots, nous voyons que Jésus les associe par paires, c'est-à-dire, Il unit la liberté avec la vérité, et l'esclavage avec le péché. La façon dont Jésus a fait le lien entre la vérité et la liberté est : « ... Ils connaîtront la vérité, et la vérité les rendra libres » (Jean 8 :32). Ensuite, il est légitime de nous demander : Qu'est-ce que la vérité ? Le gouverneur romain Ponce Pilate a posé cette même question. Alors qu'il interrogeât Jésus si Il était le roi des Juifs, cela a révélé deux grands principes : Le premier c'est qu'il est venu dans ce monde pour rendre témoignage à la vérité, et deuxièmement, que tous ceux qui sont sur le côté de la vérité écoute sa voix (Jean 18 :37). Qui nous donne le privilège de nous appeler ses disciples, nous réjouissons, avec Thomas, la réponse la plus claire et plus belle de Jésus par rapport à cette question : « Je suis la vérité » (Jean 14 : 6), ainsi que nous devons rester avec la question de Pilate, mais nous pouvons profiter le plaisir pour connaître qui est la vérité. Le chemin de la liberté c'est de connaître la vérité, et la vérité est Jésus-Christ ; Il est celui qui nous rend libres (Jean 8 :36).

## 2. Pourquoi nous avons besoin d'être libéré ?

Une fois que nous avons réfléchit sur la liberté que Jésus veut pour nous et comment nous l'avons obtenu, il est important de nous demander, de quoi mon âme a besoin d'être libéré ? Est-ce que les Juifs ont formulé une question pareille ? Définitivement c'était quelque chose qu'ils ne pouvaient pas comprendre, puisque ses lignées n'ont pas été considérées comme esclaves de personne. Cependant, ce que Jésus eu à l'esprit n'était pas l'esclavage physique, mais l'esclavage du péché. L'idée de pratiquer le péché signifie l'avoir comme une habitude. La plupart de servitude de l'être humain n'est pas l'esclavage politique ou économique, mais une soumission au joug spirituel de rébellion contre Dieu, qui est ce qui nous emprisonne vraiment dans les cellules de peur, la confusion et l'incertitude et elles nous conduisent à la mort.

Christ nous libère de la condamnation du péché, comme nous le lisons dans Romains 8 : 1-2. Nous jouissons cette liberté exemplaire de la puissance des ténèbres (Colossiens 1.13). Merveilleux ! Il a une valeur incalculable ce que Jésus a fait dans nos vies pour nous donner sa grâce et son pardon. Par conséquent, la réponse à notre question, de quoi nous avons besoin d'être libéré ? C'est : De l'esclavage du péché et de la mort.

## 3. Les Limites de ma liberté en Christ

Jésus nous a fait libre du péché par Son sang sur la Croix, et Il nous a apporté tous les avantages déjà mentionnés que la liberté de l'âme suppose. Cependant, ce n'est pas pour cela que nous allons utiliser notre liberté comme excuse pour prendre un comportement irrégulier, vous pouvez faire place pour des désirs qui ne sont pas agréables à Dieu ou qui peuvent donner lieu à encombrer la foi de ceux qui nous entourent (1 Corinthiens 8 : 9). Il est important de reconnaître, alors, les limites de la liberté en Christ.

Dans Galates 5 :13, il est affirmé que les disciples de Jésus ont été appelés à être libre ; mais il a fait aussi l'observation et d'alerte que nous ne devons pas utiliser cette liberté pour livrer à nos passions charnelles. Cela signifie que même si nous ne sommes pas liés, nous éviterons de marcher sur un terrain où gouverne le mal. L'apôtre Pierre résume pour agir comme des gens libres, il ne prévalait pas de la liberté pour cacher comme le mal, mais il vit comme des serviteurs de Dieu (1 Pierre 2 :16). Paul nous invite à ne pas être asservis à nouveau par le joug du péché mais il nous ordonne de le fuir, et à sa place il nous invite à être « esclaves de Christ » (1 Corinthiens 7 :22). La grande différence de cet esclavage c'est qu'il est volontaire ; Il représente un acte d'amour sur le fait que Jésus a payé un prix élevé pour nous. La liberté est un engagement actif envers Dieu. Alors, comment pouvons-nous faire à l'utilisation de notre liberté comme les serviteurs de Dieu ? Nous sommes libres de marcher selon sa volonté. Nous sommes libres pour démontrer les fruits et le résultat de ce que l'Esprit de Dieu a fait en nous (Galates 5 : 22-23), et surtout nous sommes libres pour obtenir le salut par Christ et pour proclamer par notre comportement agréable la conduite de la foi que nous avons en Lui.

Jésus a affirmé qu'il est l'alpha et l'oméga ; Il est le commencement et la fin de tout, même notre liberté. La limite de notre liberté en Christ, nous pourrions dire que c'est tout ce que Dieu ne glorifie pas, ce que nous devons faire en secret, ce que Jésus ne ferait pas s'il était à notre place. Jésus-Christ est la vérité qui nous libère de l'esclavage du péché pour vivre comme les serviteurs de Lui, dans sa volonté.

Nous rappelons ce qui dit dans 2 Corinthiens 3 :17 et nous tournons vers la présence de Jésus, et là où est l'Esprit du Seigneur, là est la liberté.

## Révisez / Application: Donnez-leur du temps pour répondre aux questions suivantes.

1. De quoi Jésus qui est le Christ nous libère-t-il ? (Romains 8:1-2). De la loi du péché et de la mort.

2. À quoi devrions-nous utiliser notre liberté ? (1 Pierre 2:16). Pour servir Dieu.

3. De quoi le pécheur est-il esclave ? (Jean 8:34). Du péché.

4. A quel joug ne devons-nous pas nous soumettre ? (Galates 5:1). Au joug de l'esclavage.

5. Qu'est-ce qui nous rend libres ? (Jean 8:32). La vérité.


## Défi: Avez-vous déjà réfléchi aux limites de votre liberté ? Essayez de reconnaître dans votre vie quotidienne quelles actions sont dans la volonté de Dieu et, si oui, lesquelles ne le sont pas.

# Qui domine ?

**Objectif :** L'élève va comprendre que l'Esprit de Dieu nous donne la maîtrise de soi pour gérer les émotions.

**A mémoriser :** « Car ce n'est pas un esprit de timidité que Dieu nous a donné, mais un esprit de force, d'amour et de sagesse » 2 Timothée 1 : 7.

**Avertissement**

Repassez le défi de la semaine dernière.

Accepter

---

**Connecter** | Télécharger

## Introduction dynamique (12-17 ans).

- Matériels : Un récipient et plusieurs cartes avec les paroles de certaines humeurs : La peur, la surprise, la colère, la rage, le désespoir, la panique, etc.

- Instructions : Pliez les cartes et les placer dans le récipient. Chaque participant, à son tour, doit prendre un carte jusqu'à ce qu'il n'en reste plus.

  Choisissez un message précédemment, comme exemple « le chien de votre tante Canuta est morte »

  Le groupe va s'assoir en cercle et chaque personne prendra l'une des cartes et transmettra le message à la personne à sa droite, avec l'état d'esprit qui signale la carte. Encouragez-les à bien faire la démonstration. Une fois que toutes les cartes humeurs ont terminé, la dynamique se termine.

  Invitez les participants à lire ensemble 2 Timothée 1 : 7.

## Introduction dynamique (18-23 ans)

- Matériels : Un récipient et plusieurs cartes avec les paroles de certaines humeurs : La peur, la surprise, la colère, la rage, le désespoir, la panique, etc.

- Instructions : Mettez les cartes pliées dans le récipient. Un volontaire doit prendre une carte et présenter cette émotion. La personne qui découvre l'émotion qui représente, doit remplir l'exercice en partageant quelque expérience de sa vie où elle a connu cette émotion. La même instruction se poursuivra jusqu'à ce que toutes les cartes aient disparu.

  Nous avons tous connu les émotions que nous avons mentionné dans la dynamique, certains plus que d'autres, mais ceux-ci ne sont pas étrange pour nous.

  Invitez un participant de lire 1 Timothée 1 : 7 à haute voix.

---

Connecter | **Télécharger**

Souvent nous confondons les émotions en- soi avec les conséquences d'agir émotionnellement. Parfois cataloguons les émotions aussi mal que si elles étaient notre ennemi avec lequel nous devons lutter tous les jours. Bien sûr, il y a des risques quand nos décisions sont fondées uniquement sur ce que nous ressentons, de la même manière qu'il existe un risque énorme quand on décide d'utiliser seule la raison.

Les émotions sont un don de Dieu et font partie intégrante de l'être humain. De par leur conception, elles sont bonnes, parce que nous les avons reçues de Dieu. En termes de moralité elles ne sont ni bonnes ni mauvaises, mais les réactions naturelles à travers de laquelle se manifeste notre organisme, notre personnalité et enfin les intentions de notre cœur.

Voilà où nous devons être prudents. Déjà, les émotions font partie de notre propre nature, il est crucial de comprendre l'importance de savoir comment elles sont, comment nous pouvons les connaître et à les apprécier. À certains égards, il est similaire à la façon dont nous avons appris à connaître notre corps et de répondre aux besoins physiologiques tels que la faim, la fatigue par le repos, la toilette, etc.

# 1. Regarder à l'intérieur

Parler de nos émotions n'est pas une pratique courante dans notre vie. Une raison importante c'est par ce que, étant une réaction naturelle de l'être humain, nous pensons qu'il ya pas quelque chose que nous pouvons faire à ce sujet et souvent être justifié avec l'expression, « je suis comme ça... », « Je suis tellement en colère, » ou « Je suis tellement nerveux. »

L'une des raisons c'est que depuis l'enfance on nous conseille de ne pas obéir aveuglément nos émotions, mais nous analysons toujours exactement ce que nous sentons. Ensuite, nous agissons selon les dogmes que nous avons appris, mais pas avec ce que nous sentons, par exemple : « Les hommes ne pleurent pas. » Cette idée a été infiltrée dans l'église, ce qui nous conduit à la fin de réprimer nos émotions, par exemple : « Les chrétiens ne pleurent pas. »

N'essayez pas de vivre par et pour les émotions, essayez de reconnaître le rôle d'elles, comment elles se rapportent à ce que nous croyons et apprenons, comment on assure à la volonté de Dieu et comment elles se manifestent dans notre vie quotidienne.

Le dictionnaire de l'Académie royale de la langue espagnole définit l'émotion comme « intense perturbation de l'humeur et transitoire, agréable ou douloureux, qui est accompagné par un choc somatique ». En d'autres mots, les émotions sont des réactions à des événements qui nous touchent, affectent, reflètent extérieurement comme pleurer, rire, la colère ; ou les changements physiologiques à l'intérieur et de l'agitation, l'accélération du rythme cardiaque, les désirs de manger, etc. Les émotions nous permettent d'interagir avec notre environnement, à travers d'elles, nous approuvons ou non ce qui nous arrive.

Spécialement à l'étape de l'adolescence commence le processus conscient et volontaire de nous connaitre et définir qui sommes-nous, comment est notre relation envers les autres, qui nous serons, etc. C'est également à ce stade que certains changements hormonaux se produisent dans l'organisme qui affecte également la façon dont nos émotions se manifestent, en créant une certaine confusion, la frustration, le stress et même la maladie. Pour toutes ces raisons, il est important d'aider les jeunes à comprendre que les émotions font partie du plan de Dieu (Genèse 1 : 26-31), et que d'avoir une relation personnelle avec Lui, nous avons reçu un cadeau supplémentaire de Lui qui est le fruit de l'Esprit (Galates 5 : 22-23). Il est précisément que l'Esprit Saint nous permet d'avoir la maîtrise de soi dans l'utilisation de nos émotions (2 Timothée 1 : 7).

# 2. Esprit de la maîtrise de soi

La maîtrise de soi est décrite comme l'une des caractéristiques du fruit de l'Esprit. La maîtrise de soi ne se limite pas certain âge ou le sexe, il est le produit de l'Esprit Saint dans nos vies. Vous pouvez avoir la maîtrise de soi et d'agir avec maturité et donc nous assurons que les émotions expriment ce qui est dans notre cœur. Il est à noter que la maturité n'est pas formée pour gérer les émotions. Elle n'est pas non plus consiste pour ne pas dire de mauvais mots quand nous sommes attaqués, sourire souvent de prétendre que nous sommes heureux, non fumer, etc. La maturité est par-dessus tout, un état du cœur, à la suite de notre relation avec Dieu. Par conséquent, seulement le Saint-Esprit peut nous aider avec cette attitude du cœur qui reflétera un mode de vie qui cherche le bien des autres, que vous pensez qui plaire à Dieu plutôt que d'être guidé par une impulsion humaine.

La maîtrise de soi requiert une œuvre surnaturelle de l'Esprit Saint, qui nous aide à exprimer la joie avec plaisir et satisfaction, et de limiter la colère quand il y a une situation d'injustice. C'est l'Esprit Saint qui nous donne la force de se déplacer loin des situations et des lieux qui nous ont mis dans une position de risque pour pécher ou pour que nos émotions nous mettent en difficulté. Le Saint-Esprit produit en nous un désir profond de faire bon usage de nos émotions.

# 3. La maîtrise de soi dans la pratique

Une personne avec la maîtrise de soi apprend de reconnaître ses points faibles et de demander aide. Quand vous pensez en soi même indique clairement, l'humilité et la dépendance de Dieu (Romains 12 : 3). Par exemple, dans le domaine de la fréquentation, les gens ont tendance à tomber rapidement de se connaitre par quelqu'un qui se soucie d'eux, en se sentant physiquement attiré, et par le fait que l'engagement dans une relation amoureuse satisfait leur besoin d'acceptation sociale.

Puis, dans une situation de vulnérabilité qui peut les amener à prendre des mauvaises décisions avec des conséquences inattendues. Facilement ils commencent une relation amoureuse juste parce que « elle se sent bien ». Ils devraient demander : suis-je prêt pour une relation amoureuse ? Dois-je avoir la maturité affective et économique de maintenir une relation ? Est-ce qu'avec cette personne je peux grandir dans ma relation avec Dieu et avec les autres? Est-ce que c'est la personne avec qui je vais passer le reste de ma vie ?

Il est important de demander de l'aide non seulement avec des amis du même âge, mais avec des adultes qui peuvent nous guider. Cette attitude nous aidera à prendre la bonne décision, qu'elles soient liées avec la relation, la carrière, la famille, le travail, etc.

Si bien tout ce que Dieu a créé est bon et a été fait pour que nous les apprécions sainement et avec reconnaissance (1 Timothée 4 : 4), Paul nous avertit que « ... nous ne devons pas être maîtrisé par rien » (1 Corinthiens 6 :12). La grâce de Dieu en nous est nécessaire pour assurer la maîtrise surnaturelle de soi, quelles que soient les tendances innées de notre personnalité. Le mot clé ici est « dominer ». Ce qui me domine : Les désirs de la chair et les désirs de l'Esprit ? Nous devons rester toujours engagés dans les désirs de l'Esprit. Occupés à connaître la volonté de Dieu à travers la prière, la lecture de la Parole, le service aux autres, le témoignage, pour répondre aux devoirs, au travail et à aider à la maison, etc.

## Révisez / Application:
Supportez le dialogue entre les participants à travers l'exercice suivant, en cherchant à leur faire prendre conscience que les émotions font naturellement partie d'eux, et qu'il est important d'en faire bon usage (maîtrise de soi).

Nous allons faire appel à notre mémoire à court terme, à travers l'exercice suivant :

1. Décrivez la dernière fois où vous avez ri jusqu'à ce que votre estomac vous fasse mal à force de rire. Qu'est-ce qui vous a fait rire si fort et qu'avez-vous ressenti après avoir ri comme ça?

2. Décrivez la dernière fois que vous vous êtes mis en colère. Qu'est-ce qui vous a mis en colère et jusqu'où cette colère est-elle allée?

3. Comment et quand avez-vous été très triste pour la dernière fois ? Qu'est-ce qui vous a aidé à faire disparaître la tristesse?

4. À quand remonte la dernière fois que vous avez pris une décision que vous regrettez, parce que vous l'avez prise à un moment où vous ne vous êtes pas arrêté pour bien réfléchir à savoir si cela plaisait à Dieu, ou aux conséquences ?

5. Selon vous, que signifie "maîtrise de soi" ?

## Défi:
Faites une liste personnelle des domaines où vous pensez être le plus émotionnellement vulnérable. Sélectionnez un domaine spécifique et déterminez une action qui, au cours de la semaine, vous occupera et vous aidera en même temps à développer cette graine de maîtrise de soi qui nous a été donnée par le Saint-Esprit.

# Ennemi de Dieu ?

**Objectif :** L'élève doit comprendre l'importance de ne pas être moulé par les influences autour de lui dans le monde.

**A mémoriser :** « Celui donc qui veut être ami du monde se rend ennemi de Dieu » Jacques 4 : 4b.

*Avertissement*

*Il serait très essentiel que chacun dans la classe parle quelques instants de la maîtrise de soi et expose des situations particulières.*

*Accepter*

## Connecter | Télécharger

**Introduction dynamique (12-17 ans).**

- Matériels : bonbons de formes différentes suffisantes pour chaque élève, et un moule différemment à biscuits. Le moule peut être plus petit. En tant que moule, vous pouvez utiliser un récipient pour faire la glace, bouchons gazeux, etc.

- Instructions : Soumettez un bonbon à chaque élève et placez le moule dans le centre de la pièce sur une table ou une chaise. Demandez-les d'essayer d'introduire dans le bonbon de moule. Demandez aux élèves qui doivent faire pour que le bonbon adapte. La réponse attendue c'est qu'ils doivent briser le bonbon. Ensuite, demandez s'il est possible d'introduire le bonbon dans le moule sans se rompre. Certes, ils vous diront qu'on ne peut pas. Enfin, vous pouvez laisser qu'ils mangent le bonbon s'ils le souhaitent.

En tant que chrétiens nous avons une forme déterminée qui est l'image de Christ. Mais le monde veut que cette façon parfaite se brise pour pouvoir nous conformer à lui. Pour fixer dans le moule du monde, nous devons détruire notre véritable image de Jésus-Christ en nous.

**Introduction dynamique (18-23 ans).**

- Matériels : feuilles de format lettre multicolore et un marqueur, grosse plume ou fibre pointe large.

- Instructions : Coupez les feuilles de papier en deux morceaux. Écrivez dans chaque morceau un mot du verset à mémoriser. Faites deux jeux égaux.

  Divisez la classe en deux groupes. Le groupe qui organise le premier le verset avec succès gagnera. Une fois organisée ils doivent le mémoriser. Demandez-les, selon le verset, qui se constitue des ennemis de Dieu et que cela signifie pour eux être un ami du monde ?

## Connecter | Télécharger

Dans le Nouveau Testament, « monde » se définit comme tout ce que les gens pensent et font quand ils ne savent pas la volonté de Dieu ; tout ce qui est contraire à ce que Dieu veut pour leurs enfants. En tant que chrétiens, nous devons apprendre à vivre de vies qui rejettent pas toute sorte d'amitié avec le monde qui nous entoure et qui nous éloigne de Dieu. Les exigences et les influences du monde sont nombreuses et nous pouvons même en venir à penser qu'il est impossible de vivre de vies qui ne sont pas conformes aux exigences du monde. Jésus-Christ a vécu dans le monde comme nous et en lui nous avons trouvé des lignes directrices qui nous aideront dans notre marche chrétienne.

## 1. Nous sommes dans le monde

Dans Jean 17 : 15-16, nous voyons une demande très spéciale de Jésus : « Je ne te prie pas de les ôter du monde, mais de les préserver du mal. » Il a poursuivi : « Ils ne sont pas du monde, comme moi je ne suis pas du monde » (v.16). La demande était que les disciples ne sont pas retirés du monde et vivent toujours une vie digne d'être appelé ses disciples, en continuant le travail que Jésus avait commencé. Pour Jésus, il est important que nous restions aussi dans le monde. Il devait partir, mais avant de partir Il nous a laissé son exemple et des lignes directrices. Dans les versets 21 à 23 dit : « Je vous demande de rester unis entre eux, et que, tout comme vous et moi sommes ensemble, ils ont également resté uni à nous. Ainsi, les gens de ce monde croiront que tu m'as envoyé. Je donne à mes disciples la même puissance que vous me donniez, afin qu'ils restent unis. Pour cela, ils doivent rester attachés à moi, comme je suis uni à toi. Et l'unité entre eux sera parfait, et ce monde comprendra que vous m'as envoyé et que tu les aimes autant que Je t'aime » (TLA). Jésus a laissé à ses disciples dans le monde, mais ils devraient être un avec Lui et avec le Père, pour faire une différence et que le monde croie. Il est essentiel de reconnaître la différence entre rester bien et appartenir. Rester est synonyme de continuer ou être tandis que appartenir implique se convertir ou être d'origine un … … En vivant en dehors de mon pays d'origine je suis venu à mieux comprendre cette implication. Vivre dans un endroit ne signifie pas être de cet endroit. Par conséquent, bien que nous soyons dans le monde, nous devons apprendre à vivre comme des citoyens du Royaume.

## 2. Les influences et exigences du monde

Nous avons dit que le monde implique tout ce qui est contraire à ce que Dieu veut pour nous. Puis, Nous comprenons que ce que le monde nous demande ou exige est contraire à ce qui plaît à Dieu, cela peut nous mettre dans des situations stressantes lorsque nous voulons adapter dans les deux royaumes. Rappelez-vous : Vous n'êtes pas de ce monde, même si vous êtes dans ce monde.

Chaque fois que je vais dans un pays qui n'est pas le mien et je cherche à intégrer dans la culture en essayant de passer inaperçu, je me retrouve à faire des choses absurdes qui me rendent encore plus clairement. Je conclus que je suis le plus authentique quand j'ai l'intention de tenir dans quelque chose que je ne suis pas vraiment.

Puis, étant le royaume des cieux, c'est absurde de prétendre que nous sommes dans ce monde, en prenant la même attitude que prend le monde. Nous sommes vraiment authentiques en tant que citoyens du Royaume. Certes, les influences et les exigences qui nous entourent sont fortes. Parfois, il semble que nous avons d'autre choix que de céder à elles. Mais cela me permet de penser que toutes les pressions que je passe, Jésus les a également passé et Il a remporté la victoire à chacune d'elles. Avec son aide, nous pouvons aussi prendre la victoire.

## 3. Dieu aime celui qui donne avec joie:

Rejeter tout ce que le monde nous offre, qui est tout à fait contraire à la volonté divine, c'est consacrer nos vies et de transformer notre esprit à la ressemblance de Christ. Dieu veut que nous apprenions à savoir les influences du monde qui nous entoure et que nous ne devons pas conformer à elles, et nous ne sentons pas à l'aise avec elles. Nous conformons pas c'est de rejeter les influences du monde, en adoptant une posture de transformation de notre compréhension ; en permettant à Dieu de façonner nos esprits de l'intérieur (Romains 12 : 1-2). En tant que chrétiens, nous ne devons pas céder aux influences qui veulent nous façonner à l'image de ce qui nous entoure, plutôt, nous devons nous efforcer chaque jour un changement dans la direction opposée. Cela devrait être considéré dans tous les domaines de notre vie à la fois internes (pensées, désirs, etc.) et externes (vocabulaire, robe, des lieux que je fréquente, etc.). Dans Jacques 4 : 4 dit, « Adultères que vous êtes ! Ne Savez-vous pas que l'amour du monde est inimitié contre Dieu ? Celui donc qui veut être un ami du monde se rend ennemi de Dieu ». Ce passage nous invite à prendre une décision de choisir entre Dieu et tout ce qui n'est pas pour le chrétien. Donc, si vous appartenez à Dieu, nous devons abandonner complètement l'amitié avec le monde même si nous vivons dans le monde. Mais si nous fusionnons sur une mauvaise voie, estimant comme un ami, nous devenons ennemis de Dieu en brisant toute relation salvatrice avec Lui. Cela est le combat que nous avons pendant notre temps dans un monde qui ne nous appartient pas.

La clé du succès : « Offrir nos corps comme sacrifice vivant, saint, agréable à Dieu » Ceci est une transformation complète qui est « … par le renouvellement de nos esprits. »

## Révisez / Application:

Demandez-leur de calculer les demandes ou les influences du monde qui les affectent couramment. Ici, nous mettons quelques exemples, mais laissez-les mentionner ceux qu'ils connaissent.

1. *Pornographie.*

2. *Drogues.*

3. *Alcool.*

4. *Cigarettes.*

5. *Désobéissance aux parents.*

6. *Sexualité hors du mariage.*

7. *Jeux d'argent.*

Pensez aux choses qu'un bon ami de Dieu ferait. Ici, nous mettons quelques exemples, mais laissez-les mentionner ceux qu'ils connaissent.

1. *Divertissement sain.*

2. *Obéissance à Dieu.*

3. *Lecture biblique.*

4. *Évangélisation.*

5. *Services.*

6. *Adoration envers Dieu.*

7. *De bons conseils.*

## Défi:

Un chrétien authentique n'est pas celui qui se laisse emporter par les modes et les exigences que le monde offre, juste pour s'insérer dans une société à laquelle il n'appartient pas. Notre vraie citoyenneté est au paradis. Cette semaine, cherchez des moyens pratiques et authentiques de montrer que vous êtes un citoyen du ciel et non du monde. Ne détruisez pas votre forme en Christ en essayant de vous intégrer dans une société à laquelle vous n'appartenez pas.

# Opération de Sauvetage

**Avertissement**
Revoyez le défi de la semaine dernière sur notre véritable citoyenneté.
*Accepter*

**Objectif :** L'élève confirme ou prend la décision de reconnaître Jésus-Christ comme son Sauveur personnel.

**A mémoriser :** « Car Dieu a tant aimé le monde qu'il a donné son Fils unique, afin que quiconque croit en lui ne périsse point, mais qu'il ait la vie éternelle. » Jean 3 :16.

## Connecter | Télécharger

### Introduction Dynamique (12-17 ans).

- Matériels : Morceaux papiers, ruban adhésif et crayons.

- Instructions : Commencez la classe en donnant à chaque élève un morceau de papier avec du ruban adhésif. Chacun va écrire la punition qu'il pense qu'il devrait recevoir ce qui perd dans le jeu et de s'y tenir dans sa chaussure droite sans que personne ne le voit. Lorsque vous avez terminé, ils vont assoir en cercle, ils retireront la chaussure droite et ils pourront la mettre dans le centre, sans que personne ne voie la punition. L'enseignant participera également, en écrivant comme punition, « La mort éternelle ». Au compte de trois, chaque participant prendra une chaussure au hasard et il va la mettre comme sienne, (personne ne met sa chaussure). Le dernier qui met la chaussure perd et devra se conformer avec la punition qui dit que le morceau papier dans cette chaussure. Si la peine est offensive, vous devez attribuer une punition différente ou tout simplement lui pardonner.

Ensuite, demandez à chaque participant de lire la punition qui lui a touché dans sa chaussure. Laissez pour la fin la chaussure dans laquelle vous avez écrit le châtiment : « La mort éternelle ».

Contrairement à cette dynamique, la désobéissance d'Adam et Ève n'était pas un jeu. Ils savaient qu'ils avaient des règles dans leur relation avec Dieu, mais ils ont décidé de les désobéir. La conséquence de cette rébellion était la mort spirituelle, c'est -à - dire la séparation avec Dieu. Cependant, même si la peine était une conséquence juste pour leur désobéissance, Dieu a fourni un plan pour l'être humain pour éviter la punition. Au cours de cette leçon, nous allons savoir quel est le plan de Dieu pour sauver l'homme.

### Introduction Dynamique (18-23 ans).

- Matériels : Feuilles et crayons.

- Instructions : Chaque jeune assumera le rôle de journaliste « Journal Rouge, » Le journal sensationnaliste de sa ville.

Avant la réunion vous allez écrire sur les feuilles, certaines professions ou certains personnages (par exemple : police, banquier, joueur de football, femme au foyer, maçon, étudiant, vétérinaire, etc.), lesquels vous donnerez aux participants afin de commencer la classe( une feuille par personne).

Chaque élève devra rédiger un caractère attribué sur le personnage assigné, dans lequel vous devez être tragique et drôle à la fois. Après trois minutes, ils devront lire les nouvelles à haute voix et choisir ensemble celui qui devra aller sur la page principale du journal, comme une histoire de couverture.

Chaque jour, nous savons les histoires tragiques qui se produisent autour de nous. Nous en entendons parler dans les médias et par des gens que nous connaissons. Nous pouvons être une partie de ces histoires. Cependant, aucune comparaison avec l'histoire de l'entrée du péché et de la mort dans l'histoire humaine, une histoire qui a affecté et continue à nous toucher tous.

Malgré la tragédie de cette histoire, Dieu a mis en branle un plan de sauvetage pour l'être humaine et de donner une fin heureuse à l'histoire de ceux qui acceptent l'aide de Dieu. Au cours de cette leçon, nous allons savoir quel est ce plan.

Aucune histoire ne peut comparer à celle observée dans les premiers versets dans Genèse 3 : La chute. La décision d'Adam et Ève a signifié la séparation spirituelle de l'homme avec Dieu, qui a donné également la rentrée à une réalité imminente, la mort éternelle.

La désobéissance a laissé l'être humain dans un état d'incapacité pour rapporter à Dieu pour ses propres forces. Mais Dieu a eu pitié et Il vous a donné une promesse de salut, qui a permis à de nombreuses personnes dans tout le monde et dans tous les temps déclarent qu'elles ont le don du salut.

## 1. Christ est le seul moyen de salut

La conception originale de Dieu impliquait une pleine communion avec l'homme, cependant, la désobéissance les séparait. Mais même au milieu de cet acte de rébellion, Dieu a montré son amour pour sa création par une promesse (Genèse 3 :15). Cette promesse a été accomplie par Jésus-Christ et Il a donné sa vie en rançon pour ceux qui ont cru en Lui (Jean 3 :16).

Jusqu'à que ce moment est venu, Dieu a fourni un système dans lequel les gens pourraient demander à Dieu le pardon pour tous leurs péchés en offrant un animal en sacrifice (Lévitique 5). Cet animal devait être sans défaut et doit être offert par un prêtre, qui symboliquement a prié pour les péchés du peuple, en les transférant à l'animal. Le sang de l'animal a été offert à Dieu comme une offrande pour le péché, en reconnaissant que le salaire du péché est la mort. Cependant, ce système de sacrifices était seulement provisoire. Ce fut la façon dont Dieu a préparé les gens pour le jour où Jésus serait livré comme l'Agneau de Dieu qui enlève le péché du monde, parce que l'effusion de son sang, est suffisante pour ceux qui demandent pardon pour leurs péchés, Il est reconnu comme Sauveur et ils reçoivent une nouvelle opportunité de la vie.

## 2. Recevoir le pardon de Dieu

Mais , de quoi la mort et la résurrection de Jésus nous sauve ? La conséquence du péché commis par Adam et Ève, et de nos propres péchés, c'est la mort éternelle, c'est-à-dire, être séparé éternellement. Par conséquent si le salaire du péché est la mort, il était nécessaire pour que quelqu'un paiera ce prix ; quelqu'un pour prendre notre place pour porter notre punition. C'était le Fils de Dieu qui a pris notre place servant comme médiateur entre Dieu et l'homme (1 Timothée 2 : 5). Nous ne méritions pas, mais Dieu dans son grand amour a envoyé son Fils. Ce fut le grand don de Dieu (Éphésiens 2 : 8). Pour recevoir ce cadeau, il est nécessaire de montrer notre repentance, ce qui signifie une douleur profonde pour les actions et les pensées contraires à la volonté de Dieu et l'engagement de ne pas échouer à nouveau. Quand nous la faisons Dieu nous pardonne (Psaumes 103 : 11-12).

La barrière du péché qui se trouvait entre nous et Dieu a été détruite par le sacrifice de Jésus (Éphésiens 2 : 13-16). Grace à son sacrifice nous pouvons être affranchis du péché, nous recevons la vie éternelle et nous avons la communion avec Dieu, étant adoptés comme ses enfants (Jean 1 : 12). La mort de Jésus a payé pour nos péchés et Sa résurrection est ce qui nous donne l'espoir de la vie éternelle avec Dieu.

## 3. Un changement de vie donne comme résultat

À la suite de la rémission de nos péchés, nous avons été réconciliés avec Dieu et nous jouissons la vie éternelle. En outre, nous avons un nouveau mode de vie (2 Corinthiens 5 : 17). Cela signifie une vie qui plaît et honore Dieu.

Le salut est un don de Dieu, c'est un miracle intérieur de la vie spirituelle qui se passe dans la vie de toute personne qui reçoit ce don par la foi. Cette nouvelle naissance exige de vivre selon le dessein que Dieu a préparé pour ses enfants. Dans Éphésiens 2 :10, nous lisons que « nous sommes créés en Jésus-Christ pour de bonnes œuvres. » Nous pouvons dire que les bonnes œuvres ne nous sauvent pas, mais elles donnent témoignage du salut. Nos actions sont un exemple du fruit de la repentance qui naît dans nos cœurs au moment où nous demandons pardon à Dieu (Matthieu 3 : 8) et qu'elles doivent tenir cohérente dans l'engagement fidèle pour plaire à celui qui a donné son propre fils en rançon pour nous.

Qui nous a fait reconnu Jésus comme notre Sauveur, nous avons toutes les raisons pour célébrer. Nous sommes pardonnés, libérés de la punition éternelle et nous pouvons jouir une communion éternelle avec Dieu. Pour toute personne qui n'a pas encore décidé de reconnaître Jésus comme son Sauveur, offrez-les la possibilité d'accepter ce don que Dieu offre aujourd'hui et à profiter de la vie éternelle avec Lui. La Bible nous rappelle que celui qui croit au Fils de Dieu a la vie éternelle, qui est le désir le plus profond du cœur de Dieu (Jean 3 : 16-18).

## Révisez / Application: Christ seul moyen de salut

1. Selon Jean 1:29, qu'est-ce que Jean-Baptiste a dit à propos de Jésus qui est le Christ? *Qu'il était l'Agneau de Dieu qui ôte le péché du monde.*

2. Pourquoi Jésus est-il comparé à un agneau ? *Parce que les Juifs avaient un système sacrificiel dans lequel un agneau sans défaut était sacrifié pour le pardon des péchés.*

3. Quelle est la fonction d'un médiateur ? En quoi Jésus est-il un médiateur entre l'homme et Dieu (1 Timothée 2 :5) ? *Le péché a créé un abîme entre Dieu et l'être humain, donc un «pont» était nécessaire, Jésus est ce pont par lequel nous avons accès à Dieu.*

4. Donnez quelques exemples de ces actions qui caractérisent la vie de la personne qui a fait l'expérience du salut en Jésus, le Christ :

   a. *Aider ceux qui sont dans le besoin*

   b. *Partager le message du salut*

   c. *Encourager les autres et traiter notre prochain avec dignité et respect*

   d. *Dites la vérité*

   e. *Agir honnêtement*


**Défi:** Dieu a organisé la plus grande opération de sauvetage qui n'ait jamais existé. Cette opération comprenait l'envoi de son propre Fils pour donner sa vie à votre place. Si vous avez reconnu Jésus-Christ comme votre Sauveur par la foi, l'opération a été un succès dans votre vie. Donc, vous avez une très grande raison de célébrer. Si vous n'avez pas encore pris cette décision pour Christ, n'attendez plus. Jésus a donné sa vie pour que vous puissiez être libéré du péché et avoir une nouvelle vie.

Cette semaine, priez pour quelqu'un qui a besoin de la rédemption de sa vie et partagez le message du salut.

# Sauvé

> **Objectif :** L'élève doit comprendre la signification de la rédemption et l'importance pour sa vie.
> **A mémoriser:** «Israël mets ton espoir en l'Eternel ! Car la miséricorde est auprès de l'Eternel, et la rédemption est auprès de Lui en abondance ; C'est Lui qui rachètera Israël de toutes ses iniquités » Psaume 130 : 7-8.

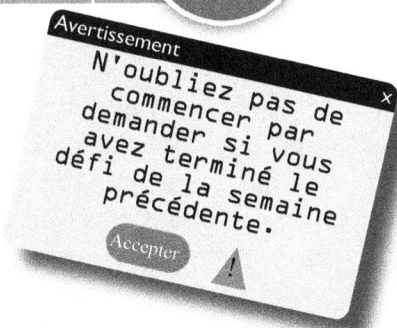

**Avertissement**
N'oubliez pas de commencer par demander si vous avez terminé le défi de la semaine précédente.
Accepter

## Connecter | Télécharger

Avez-vous entendu le mot rédemption ou racheté ? On dit que Jésus est notre Rédempteur, qui nous a rachetés, cependant, comment nous avons clairement le concept du mot rédemption ?

### Introduction dynamique (12-17 ans).

- Matériels : Un quart de feuille de papier à lettre, un crayon, stylo.

- Instructions : Après avoir lu l'introduction à cette dynamique, partagez les papiers et demandez qu'ils écrivent en trois mots ce qui pour eux signifie la rédemption. Donnez quelques minutes pour qu'ils réfléchissent et écrivent leur concept de la rédemption. Une fois qu'ils terminent, demandez à l'un pour lire ses trois mots. Si quelqu'un met moins ou plus de trois mots, demandez qu'il entre ensemble pour qu'ils l'aident à écrire le mot qu'il manque ou de résumer son idée en trois mots. Lorsqu'ils terminent, demandez qu'ils mettent leur nom dans la feuille et ensuite collez- les sur le tableau ou sur le mur et laissez-les là. À la fin de la leçon faite que chacun prenne

  Sa feuille et vérifiez son concept de la rédemption.

### Introduction dynamique (18-23 ans).

- Matériels : Un quart de feuille de papier à lettre, crayon, stylo.

- Instructions : Après que les élèves lisent la brève introduction, demandez-les s'ils savent ce que signifie vraiment la rédemption et demandez à chacun d'écrire sur la feuille de papier, deux synonymes du mot rédemption ou racheté. (Certains synonymes du mot racheter, salut, délivrance, sauvetage, récupération, recapture, l'émancipation. Certains synonymes de racheter. Sauver, libérer, liberté, récupérer, sauvetage, soulager, pardonner, régénérer).

  En fin, Ils vont comparer les réponses et ils vont faire une liste.

## Connecter | Télécharger

Comme les gens de Dieu que nous cherchons, nous devons être clairs sur le concept de la rédemption et surtout connaitre le but d'elle-même.

Avez-vous quelle que fois acheté une paire de chaussure de mauvaise qualité à un prix exagéré, mais ils l'aimaient tout en payant le prix demandé pour eux ? ou avez-vous quelque fois aidé à quelqu'un pour régler une dette en la payant, vous ? Jésus a fait quelque chose pareille pour nous ce que nous appelons la rédemption.

## 1. C'est quoi la rédemption ?

Le mot rédemption se mentionne dans l'Exode 08 :23, mais dans l'Exode 6 : 6, nous trouvons le mot racheter. En lisant ce passage nous pouvons réaliser le dessein de Dieu pour libérer son peuple de l'esclavage.

Alors que nous pouvons remplacer le mot racheter par sauver, libérer sans altérer le sens du passage parce que racheter est synonyme de sauver et libérer. Voici quelques définitions du mot rédemption : 1. Résultat de racheter ou libérer quelqu'un d'une mauvaise situation ou de douleur : La rédemption des péchés. 2. Délibérer celui qui est en captif en payant une quantité pour cela (Word référence -online dictionnaires de langue. Dictionnaires en ligne http://www.wordreference.com/definition / racheter% C3% B3n Voir : ... Le 22 Octobre, 2009).

Le dictionnaire de l'Académie royale espagnole définit racheter comme suit : Délibérer ou sortir de la servitude en captif par prix. Acheter quelque chose qui avait été vendu, possédé pour quelque raison ou titre. En qui annule son droit ou qui obtient la libération : laisser quelque chose hypothéquée, mis en gage ou soumis à un autre privilège. Débarrasser d'une obligation ou la résilier. Mettre un terme à l'humiliation, douleur, souffrance ou autre difficulté ou tracas (Dictionnaire de la langue espagnole. Vingt-deuxième édition en ligne. Http://buscon.rae.es/drael/SrvltGUIBusUsual?TIPO_HTML=2&TIPO_ BUS = 3 & LEMA = racheter. Consultez : Le 27 Janvier 2010).

Ces définitions permettent encore plus claire la signification biblique. Seul Dieu qui peut payer, acheter, libérer et mettre un terme à notre situation spirituelle de condamnation éternelle en servant d'esclave à l'ennemi de Dieu.

## 2. Seulement en Christ nous avons la rédemption

Depuis l'Ancien Testament, Dieu a promis la rédemption à son peuple. Déjà dans le Nouveau Testament, tout rédemption a été attribuée à Jésus-Christ qui est venu pour sauver l'humanité. Dans Romains 3 :23, nous lisons que tous sont péchés et donc nous sommes privés de la gloire de Dieu. Nous utilisons souvent ce verset pour partager Christ aux autres personnes. Imaginez être privés de la gloire de Dieu, qu'il n'y avait pas de remède à cette condamnation que nous étions pécheurs sans une option de salut. Mais quand nous lisons le verset suivant : « ... étant justifiés gratuitement par sa grâce, par le moyen de la rédemption qui est en Jésus-Christ » (Romains 3.24). Quel soulagement ! Il y a une façon de revenir à la gloire du Tout-Puissant. La rédemption en Christ est la seule solution pour le pardon des péchés parce que Jésus a payé le prix pour notre libération.

Tenons compte les différences entre l'Ancien et le Nouveau Testament. Rappelons que le peuple d'Israël a offert des sacrifices pour leurs péchés, mais cette action n'a pas pu les racheter, c'est-à-dire, il ne les sortait pas dans l'esclavage du péché, pendant un certain temps, il devrait offrir un autre sacrifice. Contrairement au sacrifice du Christ, qui a payé un prix aussi élevé qui est suffisant et il n'a pas besoin de réaliser de nouveau. Dans Éphésiens 1 : 3-7, Paul bénit Dieu par ce qu'il choisit les Éphésiens depuis avant le commencement du monde pour être saints (v.4). L'apôtre dit que cela est possible par Jésus-Christ (v.7). Nous voyons ici un échantillon clair de ce don immérité de Dieu qui nous rend acceptable et restaure complètement la relation avec Dieu. Encore une fois, nous trouvons le mot rédemption et il est claire que nous l'avons seulement par la grâce abondante de Dieu. Gloire à Dieu pour son amour ! Béni soit par ce qu'il ne nous laisse pas mourir dans le péché. ¿En fait, nous apprécions que Jésus, étant Dieu, ait décidé de porter toute notre culpabilité et mourait condamné comme le pire délinquant pour nous délivrer de la mort éternelle ? Nous devons donc être définitivement, grâce à lui, nous pouvons vivre libres, sans aucune dette à payer.

Pour poursuivre la lecture de la lettre aux Éphésiens, nous constatons que dans le chapitre 4, Paul leur a instruit à propos de la vie chrétienne en donnant des indications spécifiques de ce qu'il faut faire en tant que peuple racheté. Parmi les choses qu'il demande, nous trouvons : « N'attristez pas le Saint-Esprit de Dieu, par lequel vous avez été scellés pour le jour de la rédemption de l'identité que Dieu a mis en vous pour reconnaître quand le jour arrive ce sera pour toujours vous serez libres du péché » (Éphésiens 4 :30).

Nous voyons clairement l'ampleur du sacrifice, qui a atteint le jour où nous serons libres du péché pour toujours. Autrement dit, nous sommes rachetés non seulement notre vie actuelle sur la terre, mais pour affecter notre éternité. Et aux Éphésiens, Paul a également écrit aux Colossiens sur ce sujet (Colossiens 1 : 13-14).

# 3. Engagement pour donner valeur à ma rédemption

Il est temps qu'il faut donner l'importance en raison de la signification profonde de ce mot tel qu'il est utilisé dans nos congrégations. Nous sommes bénit par Dieu par ce qu'il nous a rachetées à un prix aussi élevé.

Inclure le psalmiste quand il a parlé de la volonté d'être entendu par Dieu, et était conscient que seulement par la grâce de Dieu et Sa miséricorde, nous avons la rédemption abondante du péché (Psaume 130 : 3).

Rappelons toujours que la rédemption est seulement par la grâce de Dieu, par sa miséricorde infinie et par son amour désintéressé. Cette rédemption précieuse est dans le but de changer notre avenir, notre état spirituel, il nous bénit « avec toute bénédiction dans les lieux célestes » (Éphésiens 1 : 3).

Si nous ne sommes pas encore été rachetés, demandons pardon à Dieu pour nos péchés et par moyen Jésus-Christ Il changera notre présent et notre éternité. Nous n'avons plus de doute et nous avons ce don qui est gratuitement à notre portée de main. Rappelons que si nous n'avons pas demandé pardon à Dieu, nous demeurons dans le péché. Peut-être que nous ne sommes pas des voleurs ou des assassins, mais nous sommes des pécheurs, car, comme le dit dans Romains 3 :23, « Tous ont péché et sont privés de la gloire de Dieu. » La seule solution à notre situation spirituelle actuelle est le sacrifice de Jésus.

Prenons le temps pour réfléchir et remercier notre Père céleste pour notre rédemption. Prions ensemble et faisons un engagement pour prendre au sérieux, à partir de maintenant, ayant été rachetés.

## Révisez / Application: Laissez-leur du temps pour résoudre les mots croisés en lisant les indices.

### Horizontal

1. Avantage, concession donnée gratuitement. (Privilège)

3. Résultat de la libération d'une personne d'une mauvaise situation. (Rédemption)

6. Libération d'un danger, d'un dommage ou d'un obstacle. (Salut)

7. Inclination à la compassion envers les souffrances ou les erreurs des autres. (Miséricorde)

9. Mettre quelqu'un en liberté. (Libérer)

10. Protéger, faire sortir du danger. (Sauver)

### Verticales

2. Reconnaître, estimer la valeur ou le mérite. (Valoriser)

4. Temps après la mort. (Éternité)

5. Libérez quelqu'un d'une situation difficile. (Racheter)

8. Libérer quelqu'un de ses fardeaux, de ses obligations ou de sa culpabilité. (Exempter)

Défi: Au cours de la semaine prochaine, demandez à votre famille et à vos amis s'ils connaissent le sens du mot rédemption, qu'ils soient chrétiens ou non, ils l'ont tous entendu. Dites-leur ce que vous avez appris et invitez-les à apprécier ce que Dieu a fait pour nous.

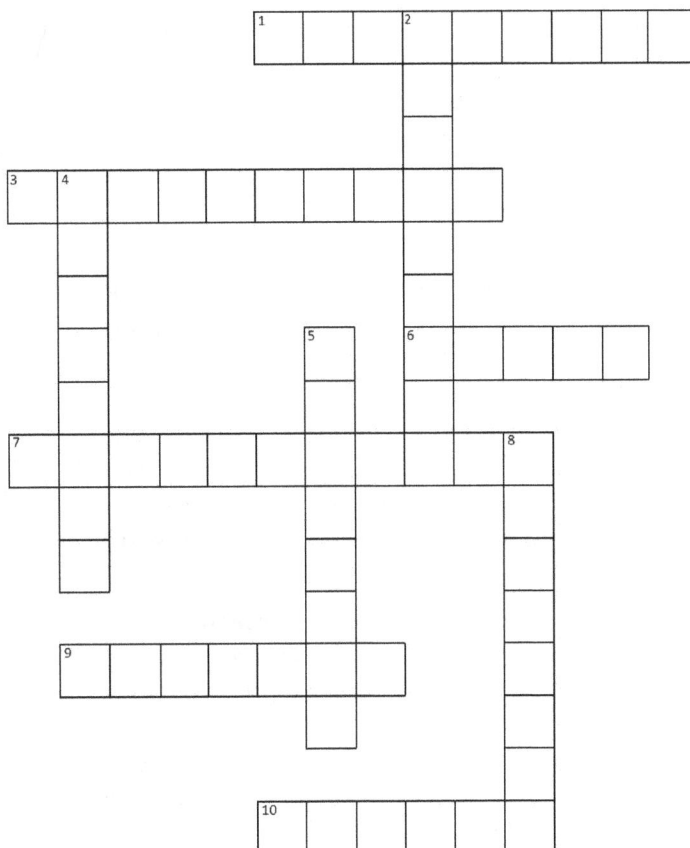

# Est-ce que je suis Juste ?

**Objectif :** L'élève doit comprendre la justification comme le résultat de la foi en Dieu.

**A mémoriser :** « justifié, puis, par la foi, nous avons la paix avec Dieu par notre Seigneur Jésus-Christ ... » Romains 5 : 1 (RVR95).

**Avertissement**
N'oubliez pas de revoir l'activité de la semaine dernière sur la rédemption.
Accepter !

## Connecter | Télécharger

### Introduction dynamique (12-17 ans).

- Matériels : Crayons et l'histoire Martin et Mario.

- Instructions : Lisez l'histoire suivante : Martin et Mario étaient deux jumeaux identiques. Seulement dans leur apparence physique qu'ils se ressemblaient. Martin obéi à ses parents, il avait de bonnes manières, était studieux et faisait du bien à son voisin. Mario a toujours désobéi à ses parents, il a donné de mensonges et a combattu avec tout le monde. Les différences ont augmenté avec eux. Martin a terminé sa carrière universitaire et a créé une entreprise prospère. Mario, a continué à prendre des décisions qui l'ont mis dans un tas d'ennuis. Il est entré et sortit dans la prison jusqu'à ce qu'il a été reconnu coupable d'assassiner et condamné à la chaise électrique. La veille de l'exécution, Martin est venu pour visiter Mario. Le garde laissa les deux frères seul dans une pièce. Martin et Mario ont échangé leurs vêtements justes à temps avant le retour du garde et il emène «Mario» dans sa cellule.

Le lendemain, Martin a été transporté à la chaise électrique à la place de Mario et il est mort. Mario était libre, mais il a dû prendre une décision : Continuer en vivant sa vie comme avant, ou d'imiter la vie de Martin qui a décédé à sa place. (Convertis et adapté de « Martin et Morgan, » Jim Burns et Greg McKinnon, illustrations, histoires et pour accrocher votre message sur. Gospel Light, 1997, pp. 11-12).

Demandez : Quelle décision pensez-vous que Mario a pris ? Pourquoi ? Connaissez-vous une autre histoire où une personne a pris la place de quelqu'un qu'on allait punir ? Seriez-vous prêt à donner votre vie ? Cet échange est venu juste à temps que le gardien est venu et a apporté Mario hors de la cellule en pensant qu'il était Martin.

### Introduction dynamique (18-23 ans).

- Matériels : journal (quotidien) et les magazines, ciseaux, crayons, papier.

- Instructions : Divisez en groupes égaux. Chaque groupe aura tout le matériel exigé. Demandez aux groupes d'examiner les journaux et de découper le nombre de nouvelles possible, images, la presse ou la publicité exemplifiée le concept de justice, être juste ou la déclaration d'innocence. Une fois qu'ils ont ces coupes, les groupes devront discuter et écrire les réponses aux questions suivantes : Qu'est ce que ces coupures vous enseignent -elles sur la justice, ou être juste ou la déclaration d'innocence ? Comment ces situations se ressemblent dans le concept biblique de la justice ? Ensuite, demandez à chaque groupe de partager ses commentaires. Soyez sûr de donner à chaque groupe un exemple des coupures.

La justice humaine est difficile pour trouver autour de nous. Cependant, ces petits exemples de justice ressemblent aux intentions de notre Dieu en voulant rétablir une relation avec l'homme tout en nous déclarant justes par Jésus-Christ.

Selon le quotidien argentin Clarin : « Au Japon sont résolus environ 96% d'homicides qui se commettent. En France, 73%, et les États-Unis, 64%. Dans certains pays d'Amérique centrale il n'atteint pas 10%. En Argentine ... on peut estimer que la proportion d'événements éclairés est inférieure à 50% » (http://www.clarin.com/diario/2005/05/22/policiales/g-06001.html Consultez : Le 10 novembre 2009].

L'impunité que nous vivons dans notre continent peut obscurcir notre compréhension de ce que signifie la justice, d'être « juste » et être déclaré « non coupable ». La justification, en ce qui concerne notre relation avec Dieu, comporte trois éléments principaux : a. L'initiative de Dieu ; b. La réponse de l'homme ; c. Les résultats de la connexion rétablie.

Lisez Romains 5 : 1-11. Si c'est possible dans différentes versions.

## 1. L'initiative de Dieu

Dieu, dans son grand amour, veut rétablir sa relation avec les humains. C'est-à-dire, Dieu commence un processus par lequel l'être humain a le droit d'être en relation pleine et directe avec Lui.

La justification est définie comme suit : « ... cet acte gracieux et judiciaire de Dieu par lequel Il accorde le plein pardon de toute culpabilité, la rémission complète de la peine pour les péchés commis et l'acceptation comme justes de ceux qui croient en Jésus-Christ et ils L'ont reçu comme Sauveur et Seigneur » (Manuel, Église du Nazaréen 2009-2013, CNP, 2010, p.29). Nous comprenons que nous avons péché et mérité la mort, mais si nous demandons pardon à Dieu, il va nous pardonner et va nous rendre irréprochable (justification). Par la justice divine nous avons trouvé l'innocence, nous sommes acceptés comme justes devant Dieu par la foi en Jésus-Christ et non par un travail que nous avons fait. Paul a identifié cette initiative divine pour nous déclarer juste et pour nous permettre de venir dans sa présence avec amour (Romains 5 : 8). Posez la question : Est-ce qu'il y a quelqu'un dans votre vie qui vous a montré le véritable amour ? Qui est ? Comment il a montré son amour pour vous ?

## 2. Comment répondre à l'initiative divine ?

Une fois que nous avons reçu l'initiative de l'amour de Dieu par son Fils Jésus Christ, nous confrontons avec la grande question. Quel impact a eu la justification dans ma vie ? La mort du Christ a fait partie de l'initiative du Père afin que tous aient la pleine relation avec lui. Cette relation est caractérisée par la possibilité de répondre dans l'amour et l'obéissance. C'est-à-dire, une fois l'amour de Dieu a été montré et remis, il doit y avoir une réponse de ceux qui reçoivent cet amour. Souvent, même les chrétiens continuent de vivre comme si la mort de Jésus n'avait pas d'impact dans notre vie quotidienne. Les nouvelles que nous entendons tous les jours de personnes qui meurent nous sensibilisent à la douleur et la perte qui implique la mort. Jésus est volontairement mort pour nous pour nous faire juste, mais : Qu'est-ce que cela signifie pour nous d'être juste ? Qu'est-ce que Dieu exige de nous ? Demandez aux élèves de trouver les réponses dans les Écritures suivantes : Michée 6 : 8 ; 1 Pierre 4 : 1-2 et 1 Pierre 4 : 7-11. Pour savoir et expérimenter la justice de Dieu qui est l'unique qui répond dans l'amour, l'obéissance et la fidélité aux fins du royaume de Dieu.

## 3. Les résultats d'une relation restaurée

Romains 5 : 1, identifie le grand avantage d'être en relation avec Dieu par Jésus-Christ. Lorsque Paul faisait allusion à cette paix qu'il voulait tenir compte du fait que, en Jésus-Christ, nous avons une nouvelle identité. Par la foi en Jésus-Christ nous venons à Dieu de sorte que nous ne sommes plus des étrangers ou à son insu, mais nous sommes appelés enfants de Dieu (1 Jean 3 : 1). Le Père céleste pour prendre l'initiative de venir dans le monde nous donne l'occasion d'être juste. De cette façon, nous avons été déclaré aptes à jouir d'une relation complète avec Dieu. Nous avons donc commencé une aventure quotidienne de la transformation et de la maturité et nous sommes engagés à rencontrer Dieu d'amour d'une manière intime et dynamique.

Révisez / Application: Donnez-leur le temps de réfléchir et de répondre. Demandez-leur ensuite de partager leurs réponses avec le groupe.

1. Après ce qui a été vu dans la leçon, comment définiriez-vous la justice avec vos mots ?

2. Avec quel exemple expliqueriez-vous la justice divine ?

3. A votre avis, quel est le résultat d'une vie qui a été justifiée ?

Défi: Alors que nous sommes déclarés justes devant Dieu, comment pouvons-nous vivre la justice de Dieu dans nos quartiers, nos écoles, nos familles et nos églises ? Au cours de cette semaine, réfléchissez et rédigez une liste de domaines dans lesquels vous pouvez servir votre communauté pour montrer la réconciliation et la restauration au nom de Dieu.

# Nouveau départ

**Objectif :** L'élève doit comprendre ce qui est la régénération et l'importance pour sa vie.

**A mémoriser :** « Revêtez l'homme nouveau, créé dans la justice et la sainteté de la vérité de Dieu » Éphésiens 4 :24.

**Avertissement**

Passez en revue les listes de zones que vous avez proposé de desservir pour montrer la réconciliation. Lui donner de l'accompagnement.

Accepter

## Connecter | Télécharger

J'ai entendu que quelqu'un avait filmé la naissance de sa deuxième fille. Cet après-midi, il est allé pour jouer avec sa fille aînée au parc et elle est enregistrée en jouant. Dans la nuit, en désirant voir son travail cinématographique, elle a découvert que lors de l'enregistrement de sa fille aînée dans le parc, il avait effacé la naissance de sa deuxième fille. Certes, ce père souhaite que sa fille nouvelle-née retourne à naître ! Est-ce possible ? Pouvons-nous Renaître ?

### Introduction Dynamique (12-17 ans).

• Matériels : deux chemises ou jackets deux chapeaux et deux paires de gros gants.

• Instructions : Divisez la classe en deux groupes. Choisissez deux jeunes pour qu'ils soient les arbitres (ils n'appartiendront pas à aucun groupe). Demandez aux groupes pour qu'ils placent dans la rangée, un groupe contre l'autre. En face le premier qu'on trouve la rangée de chaque groupe pour mettre une chemise, un chapeau et une paire de gants. Demandez-les de maintenir en ordre chaque rangée pour placer le vêtement, puis elle doit être retirée, en donnant la place à l'autre dans la rangée de son groupe. Le premier groupe qui termine, gagne.

Les arbitres seront ceux qui vont décider si chaque participant ont mis et pris le vêtement correctement.

Tout le monde a fait un bon travail en mettant et en retirant le vêtement rapide. Jésus peut faire la même chose dans notre vie. Il enlève l'ancien et le péché a détruit dans notre vie et Il remet de nouvelles choses. Quand nous Lui recevons dans nos cœurs, nous naissons de nouveau.

### Introduction Dynamique (18-23 ans).

▪ Matériels : Vous n'avez pas besoin de matériel.

▪ Instructions : commencez à parler avec les jeunes sur ce qu'ils entendent par régénération. Partagez l'exemple d'une personne qui entre en prison pour purger une peine parce qu'il a commis le crime. Demandez-les :

Pour qui sont les prisons ? Pour que les personnes « payent » leurs dettes / erreurs et soient réhabilitées.

De nombreux détenus quittent la prison en disant qu'ils ont été remis en état, cependant, en sortant ils doivent continuer à faire les mêmes choses qu'ils porteront en prison. Est-ce qu'ils montrent des signes de réhabilitation ? Non.

Quel genre de vie mène une vraie personne réhabilitée ? C'est une nouvelle personne qui commence une nouvelle vie. Arrêtez de faire ce qu'il fallait pour payer une condamnation et vit de forme différente.

Comment est la vie d'une personne qui a été régénéré par le sang de Christ ? Permettez-les de penser.

Commencez par la lecture ou demandez à chacun de lire un verset du passage dans Jean 3 : 1-16.

Nicodème vint à Jésus dans la nuit parce qu'il avait peur d'être vu avec Jésus. Le fait c'est que Jésus lui a reçu, et Il est toujours prêt pour nous recevoir quand nous venons à Lui-même dans la nuit et il est honte d'être vu avec Jésus). Nicodème était un dirigeant et un homme pieux, il a accompli la loi en détail. Mais il n'est pas venu à Jésus pour parler sur la loi, mais les intérêts de sa propre âme et salut.

Jésus a parlé sur la nécessité de la nouvelle naissance, mais Nicodème ne comprenait pas. Alors Jésus a expliqué et a souligné l'auteur de ce travail, le Saint-Esprit. Ce n'est pas notre travail, mais la puissance de l'Esprit (Jean 3 : 5).

## 1. C'est quoi la régénération ?

Le mot de régénération signifie littéralement « recréer » ou renaître ou né de nouveau. Ceci se rapporte à l'acte par lequel le pécheur est recréé dans une condition qui vous permet d'avoir la communion avec Dieu. C'est-à-dire, renaître à une relation nouvelle et parfaite avec Dieu. La naissance est le début de la vie. C'est d'avoir une nouvelle nature, nouveaux principes, nouvelle vie. Naître de nouveau c'est recommencer à vivre. Depuis notre première naissance, nous sommes corrompus, formés dans le péché, nous devons être faits de nouvelles créatures, complètement différentes de ce que nous étions. Cette nouvelle naissance vient du ciel, Il est au-dessus. C'est un changement total effectué dans le cœur du pécheur par la puissance du Saint-Esprit. Ce travail se fait en nous et pour notre avantage, et c'est quelque chose que nous ne pouvons pas faire pour nous-mêmes. La rédemption, la justification et la régénération sont maintenant le résultat du salut en Jésus-Christ. Si bien nous les étudions séparément pour comprendre clairement la signification de chacune, tout cela se passe au moment où nous sommes sauvés par Jésus-Christ. L'auteur de la Lettre aux Éphésiens nous parle de mourir dans un mode de vie qui ne plaît pas à Dieu, et nous invite à renouveler pour une nouvelle création selon les desseins de Dieu (Éphésiens 4 : 22-24). Ce nouvel homme symbolise la nouvelle nature régénératrice qui nous permet de vivre une nouvelle vie de justice et de sainteté. Cela se produit uniquement par la puissance de Dieu.

## 2. Comment travailler dans nos vies ?

Toute la Bible est en accord sur ce point : Sans la nouvelle naissance, il n'a point de salut ! Alors, que doit faire une personne pour « naître de nouveau » ? Comment travaille la régénération dans nos vies ? La régénération est un phénomène spirituel qui se produit à l'intérieur de la personne. Elle est un livre céleste où Dieu prend l'initiative (Tite 3 : 2-7). La régénération n'est pas pour les œuvres de justice que nous pouvons faire nous-mêmes. En d'autres termes, il n'y a rien que nous puissions faire pour gagner le salut, ni le droit d'être né de nouveau. C'est par sa miséricorde, Dieu nous purifie de tout péché et nous sauve. Grâce au travail de régénération du Christ sur la croix du Calvaire et sa grâce justificative qui nous fait participer dans une nouvelle vie en Lui. C'est son amour qui a déplacé à étendre sa grâce à ceux qui croient par ce qu'ils ne perdent pas et qu'ils expérimentent d'une vie pleine, sainte et éternelle en Lui (Jean 3 :16). Tout cela a lieu, quand nous convertissons, quand nous reconnaissons notre condition pécheresse et notre besoin de Dieu et dans la prière, nous vous demandons de nous faire une nouvelle créature.

## 3. Quels sont les bénéfices pour nos vies ?

Avec la régénération, un nouvel ordre de vie est ouvert pour le croyant. Dans ce passage, Jésus utilise la figure de la « nouvelle naissance » pour indiquer trois choses ou trois avantages:

**Dans la nouvelle naissance il y a une nouvelle relation avec Dieu**

En premier lieu, la nouvelle naissance commence notre relation avec Dieu. Dans Jean 14 : 6, Jésus déclare qu'il est le chemin, la vérité et la vie ; Nul ne vient au Père que par Lui. Cela nous dit que si nous n'acceptons pas ce chemin, la vérité et la vie par la nouvelle naissance, nous ne pouvons pas avoir une relation avec Dieu. Ceci est le principal avantage de la régénération, le pouvoir d'avoir la parfaite communion avec Dieu. Une communion qui est impossible pour notre propre moyen, parce que le péché qui habite en nous, nous sépare de Dieu. Être capable d'avoir un accès direct à Dieu est le plus merveilleux miracle que nous pouvons expérimenter. Nicodème ne savait pas cela, alors il est allé au près du Maître dans la nuit, peur d'être vu avec Jésus. Cela indique que Nicodème n'a pas confié en Jésus ni cru entièrement qu'il était le Messie, par conséquent, il ne pouvait pas approcher de Jésus librement. Il ne pouvait pas avoir une relation parfaite avec Lui. La nouvelle naissance nous donne cette liberté, la liberté de rencontrer et d'interagir avec le Maître sans crainte.

### Avec la nouvelle naissance nous voyons le royaume de Dieu

La nouvelle naissance nous donne une nouvelle perspective, une nouvelle vision. Nous voyons le « Royaume de Dieu » tel que, dans Jean 3 : 3. La nouvelle naissance nous ouvre les yeux à la Parole de Dieu et nous fait expérimenter le travail du Saint-Esprit dans nos vies. Dans 2 Corinthiens 3 : 15-18, Paul explique ce phénomène en le comparant avec le voile matériel de Moïse qui représente le voile spirituel qui nous empêche de lire et de comprendre la Parole de Dieu et nous empêche de voir la gloire de Dieu qui est en Christ. Si nous ne sommes pas nés de nouveau, cela est impossible. La nouvelle naissance dévoile nos yeux et nous permet de voir à nouveau, voir la réalité.

### Par la nouvelle naissance nous rentrons dans le royaume de Dieu

Grâce à la nouvelle naissance nous sommes littéralement introduits une nouvelle sphère céleste. Nous convertissons en partie du royaume de Dieu sur terre, et cela nous prépare pour notre salut éternel (Jean 3 : 5). La nouvelle naissance nous ouvre les portes au royaume de Dieu. Il nous rend héritiers d'un « héritage incorruptible ... nous a réservé dans les cieux » pour nous (1 Pierre 1 : 4).

Ce magnifique travail de régénération est disponible pour chacune et chacun d'entre nous. C'est le travail du Saint-Esprit dans nos vies. Jésus compare l'Esprit avec le vent (Jean 3 : 8), de sorte que nous comprenons que le vent ne sait pas d'où il vient, mais ce que nous avons entendu, et nous savons qu'il est là, tout comme l'influence du Saint-Esprit dans nos vies.

Révisez / Application: Demandez-leur d'écrire dans leurs propres mots comment ils expliqueraient à un ami ce qu'est la régénération, comment elle fonctionne en nous et quels sont ses bienfaits pour nos vies. En d'autres termes, demandez-leur de résumer ce qu'ils ont appris aujourd'hui.

Défi: Cette semaine, rappelez-vous que Dieu vous a donné l'opportunité de naître de nouveau. Le défi pour chacun de nous est de refléter cette nouvelle naissance dans nos vies. Que feriez-vous différemment cette semaine qui prouve que vous êtes né de nouveau en Jésus ?

# Nous Sommes adoptés !

**Objectif :** L'élève doit comprendre ce qui est l'adoption et l'importance qu'elle a pour sa vie spirituelle.

**A mémoriser :** « Alors, vous n'êtes plus un esclave, mais fils ; et si tu es fils, tu es aussi héritier de Dieu par le Christ » Galates 4 : 7.

**Avertissement**

Posez quelques questions concernant la nouvelle naissance et la réalité de celle-ci chez vos élèves.

Accepter

## Connecter | Télécharger

Peut-être beaucoup de ces jeunes ont entendu le mot « adoption » et ils sont familiarisés avec sa définition. Cependant, beaucoup d'entre eux ne savent probablement pas ce que c'est une personne adoptée.

Cette leçon traitera de la notion d'adoption chez les humains, et également nous allons étudier le processus d'adoption spirituelle par laquelle nous pouvons devenir « enfants de Dieu » (Jean 1 :12).

### Introduction dynamique (12 à 17ans).

- Matériels : Écrivez sur le tableau ou une grande citation biblique dans 2 Samuel 9 : 1-13. Si c'est possible, fournissez aux étudiants un peu d'information à propos de l'amitié proche que David et Jonathan partageaient (le père de Mefi Boset : se trouve dans 1 Samuel 20).

- Instructions : Demandez à ces élèves de l'équipe de lire la citation au sujet de David et Mefi- Boset. Après quelques minutes d'étude, demandez qu'ils préparent un drame simple ou Scène pour représenter cette histoire d'adoption. Comme nous avons vu dans cette histoire, le roi David aimait le fils de Jonathan comme l'un de ses propres enfants ; dans la leçon, nous allons étudier aujourd'hui, nous allons voir comment Dieu a le désir de faire la même chose avec nous.

### Introduction dynamique (18-23 ans).

- Matériels : tableau et craie ou grande feuille de papier et des marqueurs appropriés.

- Instructions : Avec une ligne droite au milieu, divisez le tableau en deux. Dans un autre côté, écrivez le titre « aspects positifs » et les autres « aspects négatifs ». En groupe, écrivez les aspects du processus de l'adoption (positifs et négatifs). Encouragez à ses élèves à réfléchir du point de vue de la personne adoptée, la famille biologique et l'adoption.

Assurez-vous que ses élèves reconnaissent plusieurs aspects positifs du processus d'adoption, (la famille, l'amour, le logement, la nourriture, etc.) et que la discussion ne tourne pas sur les connotations négatives qui est parfois donnée à l'adoption. Aidez-les de penser à la différence qui peut apporter dans un enfant adopté ou élevé dans la rue.

Christ a fait le même avec nous pour nous amener à changer notre vie terrestre en une vie d'eternité.

## Connecter | Télécharger

L'être humain a été créé avec la capacité d'accrocher émotionnellement pour prendre soin de lui depuis sa naissance. Malheureusement, il y a des moments où une personne ne peut être soignée ou élevée par leurs parents biologiques. Pour cette même raison c'est que depuis le début de l'humanité il y avait des personnes qui ont pris soin des enfants qui ne sont pas leurs enfants biologiques et veillaient sur leur bien-être comme ils l'ont fait (ou Ils l'ont fait) avec leur propre progéniture.

# 1. Le concept de l'adoption

L'adoption est définie comme l'action de « Recevoir comme un enfant, avec les conditions et les formalités qui établissent les lois, à ce qui n'est pas naturellement » (Dictionnaire en ligne habituelle Académie royale espagnole <http: //..Consultez buscon.rae.es/drael/SrvltGUIBusUsual ?TIPO_HTML=2&TIPO_BUS=3&LEMA=adopter. Les 1 Février 2010). Imaginez un instant ce qui peut arriver pour ressentir une personne qui par les circonstances de la vie ne peut pas être pris en charge par leurs parents biologiques, mais reçoit une invitation pour faire partie d'une famille. Laissez les élèves d'opiner.

Pour être adopté et aimé, la personne doit faire partie de la famille. Il est étonnant de penser à la possibilité d'être vraiment embrassé ou inclus dans une famille qui nous aime, sans avoir l'obligation de le faire, mais comme une décision volontaire.

La définition d'adoption parle de certaines « procédures judiciaires », c'est-à-dire, avant les autres, celui qui est adopté appartient à sa nouvelle famille avec les mêmes droits et obligations. De même, adopter également signifie prendre quelqu'un et de lui faire comme s'il était votre propre enfant, assumer ou accepter. Ce qui est merveilleux sur l'étude du processus d'adoption est clairement la personne choisit pour accepter à être sous la garde de la personne qui l'adopte.

L'adoption est un processus qui maintient une personne de subir les conséquences d'une vie qui pourrait être négatif et de souffrance.

Si nous prenons le temps de réfléchir sur nos propres vies et comment vivre sans la présence de Dieu, nous allons rendre compte de notre besoin pour une adoption spirituelle.

# 2. Le processus de l'adoption

L'adoption spirituelle est le processus par lequel Dieu devient notre Père et nous sommes ses enfants. Comme l'adoption chez les humains est un processus qui comporte la responsabilité des deux parties.

Dans Galates 4 : 4-5, nous voyons Dieu lui-même a pris l'initiative de lancer le processus de notre adoption. Dieu Lui-même a tout le désir pour nous adopter et nous faire partie de sa famille. Dieu veut que nous soyons ses enfants et Il a préparé pour qu'une telle relation soit possible. Même avant la fondation du monde, Dieu a prévu la venue de Jésus sur terre afin que, par son sacrifice sur la croix, nous pouvons être ses enfants d'adoption (1 Pierre 1 : 19-20).

Notre rôle est de simplement accepter et recevoir consciemment la vie que Dieu nous offre. Accepter Jésus comme Seigneur et Sauveur qui peut faire par moyen d'une prière, dans laquelle vous exprimez la repentance pour les péchés et le désir d'être un enfant de Dieu (Jean 1 :12).

Au fil du temps, la prière, la lecture de la Parole et de servir l'église, vous découvrirez tout ce que cela signifie d'être un enfant de Dieu. Une partie du processus d'adoption dans la famille de Dieu doit être l'acceptation et l'adoption des « coutumes » ou identité de leurs parents, dans ce cas, de notre Père Dieu (1 Pierre 1.17).

# 3. Le résultat de l'adoption

Comme un enfant qui est adopté par une famille aimante, il est heureux et à l'aise avec eux ; quand une personne est reçue par les membres de l'église, elle se sent qu'elle est membre d'une nouvelle famille et elle profite sa communion.

Pensons un instant les avantages qu'un enfant adopté jouirait, il recevrait un nouveau nom de famille, comme lui ferait un membre de la nouvelle famille, ce qui garantirait les mêmes avantages et les responsabilités que d'autres membres de la famille ont.

Dans la vie chrétienne c'est similaire, après l'adoption spirituelle : Dieu nous adopte et nous réjouissons tous les avantages d'un enfant. Nous devenons une partie de la famille de Dieu (Éphésiens 2 :19) qui nous accompagnera dans toutes les circonstances. Comme les enfants, nous avons accès direct à notre père Dieu pour parler de nos succès, les rêves, les espoirs, les difficultés et les autres (Romains 8 :15).

Demandez aux élèves s'ils ont fait face à des besoins dans leur vie. Motivez-les de penser à eux et racontez-les à Dieu dans la prière. Dieu peut les aider et les guider comme leur Père amoureux. Le plus beau de l'ensemble du processus de l'adoption est que Dieu désire de tout son cœur qu'ils soient ses enfants pour les aimer pour toujours.

En tant que professeur, assurez-vous de guider tout étudiant qui a le désir de prier pour recevoir Jésus comme Seigneur et Sauveur, et ainsi pour faire partie de la famille de Dieu.

Enfin laissez clairement en demandant pardon et d'accepter Jésus comme notre Sauveur, en ce moment, Dieu nous sauve, nous régénère, nous justifie et nous adopte comme ses enfants. Ce sont les quatre derniers concepts étudiés. Et il faut qu'il soit clair que tout se passe en même temps.

Considérez de terminer par la prière après la classe. Remerciez Dieu par ce qu'il adopte tout ce que nous voulons pour être ses enfants sans différence.

## Révisez / Application:
Divisez-les en groupes et demandez-leur d'écrire les définitions des mots suivants. Ensuite, partagez avec l'ensemble du groupe les différentes significations que chaque équipe a données à chaque concept. Ce sont peut-être des réponses:

- *Abba : Papa, petit papa.*

- *Père : Celui qui donne la vie, protège, éduque et élève.*

- *Orphelin : Celui qui n'est pas élevé par ses parents biologiques.*

- *Adopter : Accueillir ou inclure une personne dans sa famille par des voies légales et l'élever comme son propre enfant.*

- *Protéger : fournir des soins, des conseils, du réconfort et de l'aide ou du réconfort contre des influences ou des expériences négatives.*

## Défi:
En classe, réfléchissez aux possibilités que vous avez en tant que groupe d'enfants de Dieu de montrer l'amour de Dieu aux enfants orphelins. Demandez-vous si vous souhaitez visiter un orphelinat local en groupe et passer du temps avec les enfants qui y vivent, ou envoyer une offrande à des organisations qui aident les enfants dans d'autres pays, comme les orphelins du SIDA sur le continent africain par exemple.

# Histoire sans fin

**Objectif :** L'élève doit comprendre ce qui est la vie éternelle et savoir ses avantages dans sa propre vie.

**A mémoriser :** « Et la promesse qu'il nous a faite, c'est la vie éternelle » I Jean 2 :25.

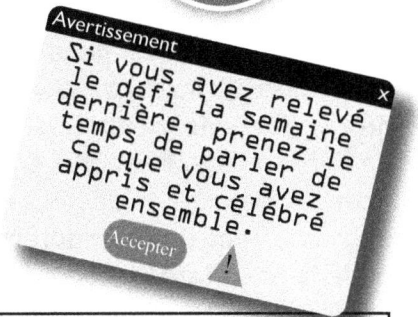

*Avertissement*

*Si vous avez relevé le défi la semaine dernière, prenez le temps de parler de ce que vous avez appris et célébré ensemble.*

*Accepter*

---

**Connecter** | Télécharger

### Introduction Dynamique (12 à 17ans)

- Matériels : Feuille de papier blanc pour chaque élève, des crayons ou des crayons de couleur.

- Instructions : Donnez un papier à chaque élève et demandez-les de dessiner des choses qu'ils feraient s'ils ne sont pas morts.

Utilisez les images pour parler de la façon dont la vie est importante pour nous et comment la mort nous empêche de vivre certaines expériences ou réaliser certains rêves. Explorez l'idée de ce que la mort spirituelle vous cause et comment cela ne vous permet pas de faire l'expérience de la bénédiction de vivre une vie avec Dieu et faire sa volonté.

### Introduction Dynamique (18-23 ans).

- Matériels : La moitié de papier de format lettre pour chaque élève et un crayon pour écrire.

- Instructions : donnez la moitié de la feuille à chaque élève et demandez d'écrire ce qu'ils veulent faire ou accomplir avant de mourir. Demandez ensuite chaque élève partage ce qu'il a écrit. Discutez sur les choses qu'ils ont écrit qui seraient considérées comme important pour faire  et d'autres choses comme en second plan.

À la fin de la dynamique aidez- les à réfléchir et penser que, souvent, dans la vie nous mettons des choses secondaires et transitoires en premier et nous ne comprenons pas les questions qui sont de la plus haute importance qui affectent notre éternité.

---

Connecter | **Télécharger**

La mort nous donne une grande douleur par ce qu'elle provoque la séparation entre nous et quelqu'un que nous aimons. Avec cette séparation se terminent des rêves et des plans que nous avions avec cette personne. Parfois, avec la mort de quelqu'un les habitudes se changent. Par exemple, en mourant la grand-mère avec qui déjeunons tous les dimanches, cela ne se produira plus. Parfois, avec la mort de quelqu'un le mode de vie que nous avions change. Par exemple, la mort du père qui soutienne la famille économiquement, tout le monde devrait aller au travail et faire les ajustements économiques.

Mais pour ceux qui ont une relation personnelle avec Dieu, nous savons que cette séparation est temporaire parce que nous avons la vie éternelle en Dieu.

## 1.  C'est quoi la vie éternelle ?

Faites deux colonnes dans le tableau et écrivez dans l'un « La vie sans Christ » et dans l'autre «Vivre avec Christ ». Demandez aux élèves de parler sur les choses que nous faisons quand notre vie est sans Christ et ce que nous faisons lorsque notre vie est en Christ. Utilisez les contributions des élèves pour parler sur ce qui est la vie spirituelle (la vie avec Christ), par rapport à la mort spirituelle (la vie sans Christ).

Nous ne pouvons pas expliquer ce qui est la vie éternelle sans parler de ce qui est la mort éternelle. Comme nous l'avons dit ci-dessus, la mort physique est une séparation entre nous et ceux que nous aimons. C'est de même qu'on explique la mort spirituelle, mais dans ce cas, elle signifie la séparation des êtres humains avec Dieu. Le péché nous sépare de Dieu et cela est la mort spirituelle (Romains 6 :23). À la suite du premier péché d'Adam et Ève, l'humanité a été séparée de Dieu et elle se trouve dans un état de mort spirituelle. Mais elle n'est pas non seulement pour le péché originel que nous sommes loin de Dieu. Paul nous montre que « tous ont péché, et pour cela nous sommes loin de Dieu » (Romains 3 :23 NLT). Nos propres péchés nous séparent de Dieu. Toutefois, pour son grand amour, Dieu a fourni un moyen par lequel nous pouvons avoir la vie. Jean 3 : 16 dit que Jésus est venu pour donner la vie éternelle. Par moyen de sa vie et son sacrifice nos péchés sont pardonnés et nous sommes propres afin de vivre une vie sainte devant Dieu et dans la communion avec Lui. Ceci est la vie éternelle, la liberté de la mort, ce qui est arrivé par le péché, et la vie de la communion avec Dieu qui nous aime. Quand nous péchons, nous blessons à nous-mêmes, à ceux que nous aimons, nous brisons les relations d'amitié et souvent nous compromettons notre propre santé. Les conséquences de nos péchés affectent également d'autres personnes. Mais quand nous avons la vie en Christ, nous pouvons marcher en toute sécurité dans la présence de Dieu. La Bible nous parle aussi de la sécurité du croyant après la mort terrestre ou la séparation physique, elle sera dans la présence de Dieu pour toute l'éternité (Jean 14 :2-3). Ainsi, la vie éternelle, non seulement nous ne la pouvons pas vivre sur la terre (comme le Saint-Esprit est avec nous), mais aussi, quand notre temps vient pour partir, nous sommes confiants que nous serons toujours dans la présence de Dieu.

## 2. Exigences relatives à la vie éternelle

Beaucoup de gens n'ont pas l'assurance de la vie éternelle en Christ ni son salut, parce qu'ils ne comprennent pas le concept de la grâce de Dieu. Ils croient que par leurs propres efforts, ils peuvent atteindre le pardon de Dieu, ou que Dieu leur pardonne enfin. Enfin, ils se trouvent avec la triste réalité du péché et de ses conséquences dans leur propre vie. Jean 10 :28 dit que Jésus est celui qui donne la vie « ... et je vous donne la vie éternelle ; et vous ne périrez jamais, personne ne peut vous ravir dans ma main ... » En d'autres termes, la vie éternelle ne peut être reçu que comme un cadeau. Il n'y a rien dans notre condition pécheresse que nous pouvons faire pour que nous soyons être dignes de ce don de la vie que Jésus nous donne. Vous pouvez expliquer ce concept avec une boîte enveloppée pour donner du cadeau et pendant la classe pour livrer la boîte comme un cadeau à un élève. Discutez avec les élèves sur ce qu'on appel cadeau, combien coûte le cadeau pour celui qui le reçoit et la possibilité que nous avons pour refuser un cadeau. Explorez également comment nous sentions si quelqu'un nous rejette un cadeau. Le fait que la vie éternelle est un don, elle ne signifie pas que vous avez été libre. La vie éternelle a été achetée à un prix élevé, le sacrifice du Fils de Dieu sur la croix. Jésus déclare : « ... Celui qui croit en moi a la vie éternelle » (Jean 6 :47). Croyez en Dieu, dans le sacrifice de Jésus pour le pardon de nos péchés, c'est la première étape pour entrer dans la vie éternelle. Le salut est un don, mais alors nous devons être fidèles à garder ce don.

## 3. Les bénéfices pratiques de la vie éternelle

La vie que Jésus nous donne c'est quelque chose que nous pouvons expérimenter maintenant, si nous décidons de confier en Lui et d'accepter son cadeau merveilleux du salut. Pour vivre une vie de communion avec Dieu et l'obéissance à sa parole, nous sommes libres de poids et les conséquences que le péché provoque dans nos vies. Nous pouvons avoir la paix et l'assurance qu'après la mort, nous serons avec Dieu pour toute l'éternité (Matthieu 25 :46). Regardez à nouveau le tableau (en utilisant la division déjà écrit (la vie sans Christ et la vie avec Christ) et ensuite parler avec les élèves à ce sujet. Aidez-les à voir que la vie avec Dieu n'est pas un ensemble de règles que nous devons accomplir pour que Dieu ne nous punisse pas, mais est une vie libre, pleine d'avantages. Terminez cette section en lisant Jean 10 :10 : « Le voleur ne vient que pour dérober, égorger et détruire ; mais je suis venu pour que les brebis aient la vie et qu'elles soient dans l'abondance. » Accepter le cadeau que Dieu nous offre rend l'histoire de notre vie soit une histoire sans fin.

Si quelqu'un de vos élèves n'a pas encore reçu le cadeau de la vie éternelle donné par Dieu par le sacrifice de Jésus, défiez-le de le faire aujourd'hui. S'ils ont déjà reçu la vie éternelle en Jésus, demandez-les d'écrire une lettre de remerciement à Dieu pour le cadeau immérité.

**Révisez / Application:** Favorisez le dialogue à travers les questions suivantes. Et demandez-leur d'écrire les réponses.

1. Pourquoi la foi en Dieu et dans le sacrifice de Jésus est-elle une exigence pour recevoir la vie éternelle ? *Parce que nous ne pouvons pas recevoir en cadeau quelque chose dont nous ne croyons pas qu'il existe ou que nous pensons ne pas être pour nous.*

2. Si la foi est une exigence pour recevoir la vie éternelle, pourquoi disons-nous alors que la vie éternelle est un don gratuit de Dieu ? Quel prix a été payé ? *Parce que la foi consiste simplement à croire au don, nous n'avons pas à faire de pénitence ou de sacrifice pour l'obtenir. Le prix a déjà été payé par Jésus sur la croix.*

3. Que dit Jean 14:2-3 sur où nous serons après notre mort ? *Avec Jésus dans le lieu qui nous prépare au ciel.*

**Défi:** Cette semaine, demandez à certaines de vos connaissances ou amis si, en cas de décès, elles savent où elles iraient. Vous serez surpris des réponses. Cela peut être une façon de partager Christ avec eux. Partagez les réponses que vous avez obtenues avec la classe la semaine prochaine.

# Vous pouvez perdre

**Objectif :** L'élève doit reconnaitre l'importance de protéger son salut.

**A mémoriser :** « Par conséquent, mes bien-aimés, comme vous avez toujours obéi, non seulement quand je suis présent, mais beaucoup plus maintenant en mon absence, occupez-vous à votre salut avec crainte et tremblement » Philippiens 2 :12.

**Avertissement**

Prenez le temps pour les élèves de partager avec le groupe les différentes réponses obtenues et réaffirmez la valeur de la sécurité de la vie éternelle.

Accepter

## Connecter | Télécharger

### Introduction dynamique (12 à 17ans).

- Matériels : Deux ou trois aimants, des pièces métalliques, chronomètre.

- Instructions : Formez deux ou trois groupes et sur une table ou sur le sol marquez le début et la fin. Chaque groupe doit prendre l'aimant et sans toucher, un morceau de métal jusqu'à le but. Une seule tentative par participant. Le groupe qui est en retard moins de temps gagne. Si une pièce colle l'aimant le groupe reste disqualifié. Si tous les groupes collent sur les pièces d'aimant tout le groupe perd.

    De la même manière que le métal qui est attiré par l'aimant, ainsi est la tentation dans notre vie, essayez d'apporter à nous comme une force magnétique. Si nous allons et nous retirons à temps, nous aurons gagné. Nous fuyons dans le temps prévu.

### Introduction dynamique (18 à 37ans).

- Matériels : coupures de journaux d'aliments, ventes de voitures, maisons, pornographie, fringant, etc.

- Instructions : Dessinez dans le tableau ou dans un papier une ligne au milieu. D'un côté, écrivez POSITIF, l'autre côté écrivez NÉGATIF.

    Distribuez les coupures et demandez aux jeunes pour qu'ils les placent sous le mot positif ou négatif en fonction de ses critères.

    Alors parlez sur quelle est la raison de les classifier de cette façon.

    Souvent, il est plus facile d'identifier ce qui est bon ou mauvais. Mais parfois le mal prend la place du bien et peut nous conduire à de très grands péchés.

## Connecter | Télécharger

L'une des tendances actuelles c'est la culture « rapide », « instantanée ». Ce qui est surprenant c'est que cette tendance est appliquée à la vie chrétienne. Nous voulons grandir dans l'image du Christ immédiatement. Nous voulons que Dieu travaille dans nos vies instantanément, sans le travail vient à l'échéance quotidienne. Autre tendance c'est de croire que Dieu est amour, et que peu importe ce que nous faisons tout ira bien à la fin. Il est vrai que Dieu est amour, il est également vrai que les conséquences du péché sont réels et que Dieu est juste.

Il est triste de savoir le nombre d'adolescents ayant aimé pour vivre avec Christ qui sont éloignés de Lui. Certains, retournent à l'âge adulte avec des vies maltraitées par le péché et d'autres ne reviennent pas au Seigneur et finissent par abandonner le salut.

## 1. Un salut très grand et précieux

Dans la lettre aux Philippiens, Paul explique la valeur du salut. Dans Philippiens 2 : 5-11 l'apôtre a rappelé les Philippiens ce que Christ a fait pour eux. Demandez aux élèves de lire le passage et souligner les étapes de la vie de Jésus qui montre dans le passage.

A. Il n'a pas envisagé d'être égal à Dieu (v.6).

B. Il a dépouillé de sa divinité (verset 7). La Parole a été faite de chair et elle a habité parmi nous. Il a pris la forme d'un serviteur, comme les hommes Jésus était 100% Dieu et 100% homme (Jean 1 :14).

C. Comme un homme Il a humilié et sacrifié pour nous (verset 8). La mort sur la croix a été la pire punition pour un criminel à l'époque.

D. Il a été exalté par Dieu (verset 9). Jésus se leva et prit la gloire qu'il a au commencement, en convertissant l'auteur du salut pour toute l'humanité.

Ce que Christ a fait sur la croix, rend possible notre salut aujourd'hui. Grace à son sacrifice nous pouvons nous approcher du Père et nous sommes libres de condamnation.

« Donc ... » si Paul continue sa lettre dans le verset 12. Il voulait dire, de tenir compte de ce qui précède, considérer ce que Christ a fait pour vous. Notre salut nous la recevrons gratuitement, mais Jésus a payé un prix élevé pour cela. La punition qu'il a reçu, Il l'a fait par amour pour nous et l'a fait volontairement.

En considérant cela, qu'est ce que cela veut dire pour moi le salut ? Est-ce que c'est quelque chose superficielle ? Bien sûr que non ! Paul ordonne aux Philippiens de le prendre soin avec crainte et peur. Qu'est ce que cela signifie crainte et peur Prenez quelques instants pour discuter avec les élèves sur le sens de cette phrase. Il ne précise pas la peur ou la terreur, au contraire, il indique la révérence, le respect, la considération.

Paul a encouragé les frères dans l'église de Philippes pour donner une valeur très élevée à la nouvelle vie qu'ils ont en Christ, attention à ne pas écarter de la voie. Parlez-en à vos élèves sur la façon dont qu'on peut perdre le salut.

Nous pouvons perdre notre salut quand nous péchons et nous demeurons en lui, et nous ne repentons pas et confessons nos péchés au Seigneur (1 Jean 1 : 9). Apocalypse 3 : 5 nous dit que notre nom peut être effacé dans le livre de la vie. Cela nous aide à comprendre la préoccupation de Paul en insistant à cette question avec les Philippiens. Le salut n'est pas seulement une question d'accepter Christ comme Sauveur, mais de maintenir une relation personnelle avec Lui (Jean 14 :21).

## 2. Un salut pour soigner

Lisez avec vos élèves Hébreux 2 : 1-4. Discutez avec eux concernant le conseil que l'auteur donne dans le verset 1. Divisez la classe en trois groupes et demandez-les de commenter sur ce verset en tenant compte le suivant : « Plus diligence », « les choses que nous avons entendues » « Souvenons-nous aller à la dérive. »

Dans ce verset nous obtenons deux conseils sur l'entretien de notre salut.

A. Nous devons nous efforcer et être intentionnelle en voulant garder notre salut. Nous soignons le salut en gardant notre relation avec Dieu tous les jours. Parlez-en à vos élèves sur les relations amoureuses. Essayez de regarder cette relation, beaucoup de gens passent des heures sur Internet ou au téléphone, juste pour être connecté à la personne qu'ils aiment. De même, nous devons soigner notre communion avec Christ, l'auteur de notre salut.

B. Nous devons prêter attention à la parole de Dieu et la garder. Chaque jour, la Parole de Dieu apportera un nouvel éclairage dans notre vie, mais sinon nous la mettons en œuvre inutile (Jacques 1 : 22-25).

Si nous ne faisons pas cela antérieurement, l'auteur des Hébreux nous dit que nous allons glisser. Discutez avec vos élèves sur une personne en glissant sur un sol mouillé. La personne ne tombe pas immédiatement, elle commence à glisser lentement. De même, dans notre vie chrétienne, la tentation nous séduit pour nous faire tomber. Suivant les conseils ci-dessus nous allons obtenir la force de faire face à la tentation. Discutez sur l'action de Joseph dans Genèse 39 : 7-12.

## 3. Dieu a agit en leur faveur

Comme nous avons vu dans les paragraphes précédents, maintenir notre salut, cela signifie le maintien d'une relation personnelle avec Christ, une relation qui est permanente et ne clignote pas.

Demandez aux élèves de lire Hébreux 4 :14-16 et guidez-les à travers des questions :

A. Qu'est ce que cela signifie ce que nous dit Jésus dans le verset 14 ? Ce passage nous dit que Jésus comme souverain sacrificateur est monté au ciel et est vivant maintenant ! Qu'est-ce que cela signifie pour vous que Jésus est vivant ? Jésus est vivant c'est la raison de notre foi, de notre vie chrétienne et d'espérance dans la vie éternelle. En outre, nous devons confier que comme prêtre, Il intercède pour nous, Il nous aime, écoute, aide et serve.

B. Quelles sont les raisons pour confier que Jésus peut nous aider dans la tentation (v.15) ? Parce que Jésus a été tenté. Questionnez sur les trois tentations que vous connaissez de Jésus dans Luc 4 : 1-12. Transformer les pierres en pain, se jeter du haut du temple, adorer Satan. Mettre l'accent dans Luc 04 :13. Ce ne sont pas les seules tentations que Jésus a fait face. Jésus a passé plus de tentations, pour cela le livre Hébreux nous dit que Jésus est bon pour nous, Il peut nous comprendre ! Parce qu'il a été tenté en tous selon notre ressemblance. Il ne veut pas dire qu'il a passé la même chose que nous, mais si Il a été tenté par tous les moyens en fonction de la nature humaine. A Gethsémani, Il a été tenté de désobéir à son Père (Luc 22 :42). Jésus a vaincu la tentation ! Jésus est notre exemple.

C. Quel remarque dans le verset 16 ? Il dit que nous pouvons nous approcher à Lui avec sécurité qu'il nous aidera. Quelqu'un qui a vécu la même situation que l'autre, Il est plus apte pour nous comprendre. Par exemple, quelqu'un qui a peur des chiens, peut comprendre une autre personne avec le même problème.

Nous devons venir à Jésus dans la foi, en croyant qu'il peut nous aider. De cette façon, nous pouvons obtenir l'aide dans le moment précis, avant de céder à la tentation. Il est vrai que nous demandons toujours à Dieu le pardon, mais nous pouvons aussi Lui demander avant de tomber et ainsi de continuer à croître à son image et à sa ressemblance.

En conclusion, demandez vos élèves de réfléchir sur la façon dont ils ont vécu la vie chrétienne. Prenez un temps de prière avec eux et de les encourager à consacrer leur vie à Dieu et efforcez de prendre soin de leur salut. Rappelez-les que Jésus est vivant, qu'il nous comprend et Il est prêt pour les aider.

## Révisez / Application:
Demandez à vos élèves d'expliquer les phrases et de partager leurs réponses avec le reste du groupe.

«...un grand souverain sacrificateur qui a traversé les cieux» (Hébreux 4:14). *Jésus est ressuscité, Il est monté, Il vit et Il intercède pour nous.*

"...de peur que nous ne soyons emportés loin d'elles" (Hébreux 2 : 1). *La tentation nous attire peu à peu.*

"...un souverain sacrificateur qui ne puisse compatir à nos faiblesses; au contraire, il a été tenté comme nous en toutes choses, sans commettre de péché" (Hébreux 4 :15) *Jésus a été tenté, mais il a vaincu et il peut nous aider à surmonter les tentations aussi.*

## Défi:
Comment avez-vous pris soin de votre salut ? Y a-t-il des décisions que vous devez prendre cette semaine pour vous améliorer ? Préparez un projet personnel dans lequel vous pourrez augmenter votre temps avec Dieu cette semaine. Trouvez un ami ou votre professeur pour être votre partenaire et faites-lui un rapport à la fin de la semaine.

# Sainteté = relation

**Objectif :** L'élève doit comprendre ce qui est la sainteté et l'importance pour sa vie.

**A mémoriser :** « Que le Dieu de paix vous sanctifie Lui- même tout entiers ; et que votre être, l'esprit, l'âme et le corps, soit conservé irrépréhensible, lors de l'avènement de notre Seigneur Jésus-Christ » I Thessaloniciens 5 :23.

**Avertissement**
Prenez le temps de parler avec tous ou tout le monde et orientez-le le défi de la semaine dernière concernant votre temps avec Dieu.
Accepter

## Connecter | Télécharger

### Introduction dynamique (12-17 ans)

- Matériels : Un mouchoir pour élève.

- Instructions : Divisez la classe en deux groupes et formez- les en deux rangées. Choisissez deux élèves qui vont en premier dans les rangées avec les yeux découverts. Les autres participants vont couvrir ses yeux avec des mouchoirs. Chaque personne doit placer sa main sur l'épaule droite de la personne qui est en avance. Demandez aux guides de diriger chaque groupe dans toute la salle et s'ils peuvent sortir et revenir environ 2 ou 3 minutes.

  Enfin, dirigez une brève discussion avec les questions suivantes : Comment ils ont ressenti en marchant sans le pouvoir de voir ? Que serait-il arrivé ou qu'est ce qui va arriver à ceux qui ont été libérés de leur partenaire ?

  Est-ce que c'est précieux le travail du guide ? Concentrez la discussion que la sainteté dans notre vie est basée sur la relation avec Christ et la direction du Saint-Esprit.

  Demandez vos élèves quel est le concept qu'ils ont de la sainteté ou saint.

### Introduction dynamique (18-23 ans)

- Matériels : Un tableau ou un gros tableau et de la craie (craie ou les marqueurs en fonction du type de tableau que vous avez).

- Instructions : Demandez aux élèves d'écrire sur le papier les choses ou les activités qui endommagent une relation. Une fois qu'ils ont finalisé d'écrire, demandez-les de lire les réponses.

- Diriger la discussion au point qu'ils comprennent que de la même façon que nous soignons nos relations avec les familles et les amis que nous devons soigner notre relation avec Dieu.

- L'objectif c'est de souligner que le principe d'être saint et la sainteté c'est de maintenir la relation adéquate avec Dieu et de lui obéir en tout ce qu'il nous demande.

## Connecter | Télécharger

## 1. Signification de la sainteté

« La sainteté est étroitement liée à la présence de Dieu » (Beacon Dictionnaire, CNP, USA, pp.621-622). Parrot dit : « C'est le nettoyage du cœur d'une condition qui se prête mal à l'âme et le royaume du Christ (Quelle est la sanctification Leslie Parrot, CNP, USA, p.17?).

Les mots suivants nous montrent un travail similaire : Sainteté (Luc 1 : 74-75 ; Romains 6 :22 ; Éphésiens 04 :24 ; I Thessaloniciens 2 : 10 ; 3 : 13 ; 04 :17 ; I Pierre 1 : 15-16), la pureté du cœur (Ézéchiel 36 :

25, 2, 29 ; Matthieu 5 : 8 ; I Timothée I : 5 ; I Jean I : 7-9), le baptême du Saint-Esprit (Joël 2 : 28-29 ; Matthieu 3 : 11 ; Jean I : 33 ; 14 : 16,26 ; Actes I : 8 ; 8 : 15,17), l'amour parfait (Deutéronome 10 : 12-13 ; Luc 10 : 27 ; Éphésiens 3 : 17-19) et entière sanctification (Jean 17 : 17 ; I Corinthiens 01 : 30 ; 06 : 11 ; Hébreux 13 : 12 ; I Thessaloniciens 4 : 3, 5 : 23) ; la perfection chrétienne (Genèse 6 : 9, 17 : 1 ; Deutéronome 18 : 13 ; I Rois 15 : 14 ; I Chroniques 28 : 9 ; Job I : 1 ; Matthieu 5 : 48 ; 19:21 ; John 17 :23 ; Éphésiens 4 : 12-13). Grâce à ces termes, la Bible nous amène à comprendre que la sainteté doit être recherchée, obtenue et vécue au quotidien.

Dieu veut que nous vivions une vie sainte, consacrée à Lui. La seule façon d'acquérir cette expérience c'est par le sang de Jésus et la présence constante du Saint-Esprit dans nos vies.

Une personne sainte c'est une personne consacrée à Dieu pour marcher en séparant du péché. Pour atteindre cet état ou de rester dans cet état, nous devons consacrer nos vies entiè-rement à Lui. Certains pensent que c'est un état de perfection absolue (sans erreurs). Cepen-dant, c'est une perfection relationnelle en amour avec Christ par le Saint-Esprit dans nos vies.

## 2. Je peux être saint

Dès le début, Dieu a exigé la sainteté à son peuple (Lévitique 19 : 1) et ainsi II a fait avec son église (I Pierre I :15). Est-il possible que Dieu a demandé aux gens quelque chose qui était im-possible pour eux ? Pas du tout, Dieu a appelé et continué à nous appeler pour que nous soyons saints, car II sait que, grâce à son aide, nous pouvons l'être.

Dans St. Jean 17 :15, nous trouvons que Jésus en priant pour ses disciples, II a dit : « je te prie ce n'est pas pour les retirer du monde, mais de les protéger du mal. » Cela signifie que peu importe où nous vivons vous aurez toujours en mesure de faire le mal. Nous, les enfants de Dieu, nous ne devons pas être moulé par la société de la journée, et non- plus signifie que nous avons ce qui est nécessaire dans une bulle de sorte que rien ne nous contamine pas et ainsi nous maintenons purs pour Dieu. Au contraire, nous prions pour que, au milieu de toute situation pour que Dieu nous protège du mal et de nous aider à rester saints devant Lui.

## 3. Vivre dans la sainteté

L'appel de Dieu pour vivre une vie de sainteté ne signifie pas que nous devons nous isoler et de vivre comme des ermites. John Wesley a dit qu'il ne connaissait pas aucune sainteté mais la sainteté sociale A quoi il se referait ? Il faisait allusion au fait que la sainteté est possible par moyen de la vie quotidienne et en relation avec les autres. Cela signifie que n'importe lieu que nous trouvons, nous pouvons être saints.

En tout temps les gens de tous âges devraient et doivent lutter avec des problèmes et l'ap-pel de la pression sociale. Ici, nous pouvons rappeler à Joseph (Genèse 39 : 1-12) et à Daniel (Daniel 1), comme des exemples de la sainteté dans la vie quotidienne. Vous pouvez diviser la classe en deux groupes et donner les deux passages pour l'étude. Demandez-leur de présenter les conclusions à la classe.

Puis demandez, combien vous marquez la différence lorsque vous déplacez ? Ramenez la dis-cussion sur le terrain de la vie pratique de la sainteté. Vous pouvez utiliser l'un des cas suivants ou un peu plus d'habitude au milieu d'eux. Si dans le lieu où vous étudiez tous photocopient un livre au lieu de l'acheter, faites la même chose, même si le livre a des droits ? Ou bien la forme de l'acheter ou de l'obtenir ? Si vos collègues vous invitent à sortir avec eux un jour que vous avez de l'activité dans l'église ? vous allez ou vous leur expliquez que vous êtes un chrétien et ce temps vous le dédie au Seigneur ? Combien vous défendez vos convictions ? Si tout le monde a un CD de musique copié ou tout le monde achète des films qui ne sont pas originaux, est- ce que vous ferrez ça aussi?, Ou ce qui est pire, vous excusez qu'ils sont très coûteux et d'autre façon qu'ils ne pourraient obtenir?, Et dans l'Internet ? Quelles pages vous visitez?, que regardez-vous?

Vous descendez la musique et programmez l'ordinateur d'internet illégal? Avez-vous déjà pensé que si des choses illégales sont agréables à Dieu et comment vous êtes différents des autres?

Maintenir ce mode de vie sainte comme une décision que seulement nous pouvons prendre. Dieu est prêt à nous aider.

**Révisez / Application:** Demandez-leur de lire le passage de I Thessaloniciens 5:12-25 et d'écrire, dans leurs propres mots, un résumé pratique pour leur vie.

Par exemple : Je devrais reconnaître ceux qui travaillent pour le Seigneur avec appréciation. Je ne devrais pas mépriser ceux qui sont oisifs et déprimés, je devrais plutôt les soutenir et les encourager. Je dois toujours rechercher le bien, toujours être joyeux, ne jamais cesser de prier et être reconnaissant.

**Défi:** Comme nous l'avons vu, la sainteté est amour de Dieu, c'est-à-dire une relation étroite avec Lui, mais c'est aussi l'amour du prochain comme expression de cette relation. Alors se mettant au travail, il envisage d'exprimer cet amour aux autres en organisant une journée de service dans un centre de soins (un hôpital, une maison de retraite, un orphelinat) et d'exprimer cet amour en apportant des cadeaux, en développant une activité mais surtout en apportant de l'amour. Comme nous l'avons vu, la sainteté est amour de Dieu, c'est-à-dire une relation étroite avec Lui, mais c'est aussi l'amour du prochain comme expression de cette relation. Alors se mettant au travail, il envisage d'exprimer cet amour aux autres en organisant une journée de service dans un centre de soins (un hôpital, une maison de retraite, un orphelinat) et d'exprimer cet amour en apportant des cadeaux, en développant une activité mais surtout en apportant de l'amour.

# Maître et disciple

**Objectif :** L'élève doit comprendre qu'être disciple exige un apprentissage constant du maître.

**A mémoriser :** « Mais vous, vous demeurez dans les choses que vous avez apprises et reconnues certaines, sachant de qui vous les avez apprises » 2 Timothée 3:14.

Avertissement

Encouragez les comportements des élèves qui ont réussi le défi de la semaine dernière et encouragez ceux qui ne l'ont pas fait.

Accepter

---

**Connecter** | Télécharger

## Introduction dynamique (12-17 ans)

- Matériels: Bristol de couleur, divets (Fibres ou marqueurs), ruban adhésif.

- Instructions: Marquez dans chaque bristol les phrases indicatrices et préventives de sécurité comme « haut » , « soins », « Attention », « ne prendre pas ». Ceux-ci devraient rester autour de la salle (avant l'arrivée des élèves). Pour commencer demandez:

  Pour quoi nous utilisons ces écriteaux? Qu'est ce qui va se passer si nous ne mettons pas attention à eux?

  Si nous ne respectons pas les avertissements nous pouvons amener des conséquences très douloureuses.

## Introduction dynamique (18-23 ans)

- Matériels: Mouchoirs (deux ou trois selon le nombre de partenaires qui forme) et les obstacles (Chaises, tables, poteaux, pneus, etc.).

- Instructions: Faites deux ou trois couples. Un des membres de chaque paire couvrira les yeux avec un mouchoir. L'autre membre vous guidera le long du chemin, en évitant que vous trébuchiez avec les obstacles placés devant. Au même moment lors que le reste des étudiants feront des bruits pour empêcher que la personne qui a les yeux bandés d'entendre l'avis de son partenaire.

  Il est important d'obéir à la parole de celui qui nous guide, même s'il y a d'autres voix qui disent le contraire, si nous ne faisons pas, nous trébucherons ou tromperons le chemin.

---

Connecter | **Télécharger**

Notre Seigneur Jésus avant de partir dans la présence de son père, a quitté une commission (Matthieu 28: 19-20). Jésus voulait que ce qu'il avait enseigné à ses disciples, eux, de les enseigner aux autres afin que tous les savent. Chacun de nous, est le résultat de la réalisation de cet engagement et responsable des poursuites.

## 1. Les maîtres: Moïse et Paul

Moïse est l'un des personnages bibliques les plus marquants de l'Ancien Testament, à travers Lui, le peuple d'Israël a été libéré dans la main de Pharaon. Son histoire nous la trouvons dans les livres de l'Exode jusqu'à Deutéronome. Dieu l'a utilisé beaucoup, donc il a gagné une place dans le chapitre 11 de la Lettre aux Hébreux (Hébreux 11: 23-29). Nous voyons en Moïse une personne ordinaire qui a été mis dans les mains de Dieu, et pour son obéissance Dieu lui a fait une personne extraordinaire. Cela nous enseigne que les grandes œuvres de Dieu sont souvent faites pour les gens « ordinaires » qui sont prêts à obéir. Moïse était le plus grand chef juif utilisé par Dieu pour libérer son peuple de l'esclavage en Égypte. Il était un prophète, législateur, écrivain, mais sur toutes les choses, un maître. Un homme de modèle avec sa propre vie les leçons de Dieu pour enseigner aux autres. Dans le Nouveau Testament, nous trouvons que Paul. Un homme religieux, fanatique des lois religieuses de son peuple, au point de persécuter l'Église de Dieu. Un homme préparé intellectuellement, courageux, déterminé et de fermes convictions. Un homme qui, en mettant dans les mains de Dieu a été dirigé pour faire la bonne, agréable et parfaite volonté de Dieu. Paul, le dernier apôtre, comme il l'appelle lui-même (1 Corinthiens 15:8), était un instrument de Dieu pour la poursuite de son travail, en particulier en dehors du peuple juif. Il était un évangéliste, missionnaire, pasteur, conseiller, prédicateur, le maximum écrivain du Nouveau Testament mais surtout enseignant. Paul voulait être comme Christ. Il était tellement déterminé avec Dieu qui a modélisé dans sa vie, il n'a pas hésité à demander à l'imitation de ses disciples (1 Corinthiens 4:16, 11: 1; Philippiens 3:17; 2 Thessaloniciens 3: 7,9). Les vrais maîtres sont ceux qui, comme Moïse et Paul, les enseignements ont modélisé de Dieu dans leur vie qui ont inspiré à ceux qui les entoure.

## 2. Les disciples: Josué et Timothée

Presque dès le début du pèlerinage d'Israël dans le désert, quand ils atterrissaient dans la terre promise, Josué était un apprenti (disciple) de Moïse. Quand son chef est mort, Josué a été nommé par Dieu comme son successeur. Josué ne pouvait pas avoir le meilleur enseignant que Moïse, qui lui a permis à la position extrêmement important. Dans Josué 1:8, Josué a reçu une recommandation très importante, ce qui dépendra de son succès en tant que personne et leader du peuple d'Israël. Josué dans toute sa vie a laissé un exemple d'obéissance et même dans son dernier discours de défit aux gens à vivre en obéissant à Dieu, mais il a clairement laissé à nouveau son obéissance inconditionnelle. Comme Josué dans l'Ancien Testament, dans le Nouveau Testament nous trouvons à Timothée, qui était un disciple de Paul. On croit que Timothée est devenu disciple de Paul lors de son premier voyage missionnaire à Lustres (2Timothée 3:11). Ensuite, dans le deuxième voyage de Paul à Lustre il l'a rencontré et Timothée se distinguait pour être de bon témoignage dans l'assemblée. Paul lui a pris comme compagnon de voyage (Actes 16: 1-3). Ce jeune homme était un fidèle disciple de Paul. Même quand à la maison seulement que sa mère et sa grand-mère étaient chrétiens, il est resté fidèle à Dieu et partenaire obéissant de Paul. Cela est devenu un grand instrument de Dieu dans la croissance du royaume (1 Corinthiens 4:17, 16:10; Philippiens 2: 19-23; 1 Thessaloniciens 2: 6, 3: 1-5; 1 Timothée 1: 4.3).

## 3. Le disciple obéit et ne jamais cesser d'apprendre

A En général, le rôle ou l'activité effectuée, nous utilisons les titres sur les gens. Comment définirait: chrétien, membre de l'église, maître et élève? Permettez aux élèves de donner leur propre définition.

Chrétien: Celui qui croit que Jésus est le Fils de Dieu qui est mort pour racheter leurs péchés et accepte comme son Sauveur personnel.

Membre de l'église: Quelqu'un a associé dans une congrégation, qui est d'accord avec leurs doctrines et serve en elle.

Maître: Une personne qui a la capacité d'enseigner. Elle est caractérisée par la livraison de leurs connaissances et sa vie à la formation de ses disciples.

Disciple: C'est la condition d'un vrai chrétien, parce qu'il suit et apprend de Jésus-Christ, aime et jouit du service et démontre un don total de la vie. Le disciple exerce une obéissance radicale à son maître, il est responsable devant des tâches assignées et est attaché aux objectifs.

Notre grand maître Jésus-Christ nous a partagé ses enseignements, ce que son père lui a donné pour connaitre, ce que son père lui a donné pour enseigner à ses disciples Jésus nous enseigne à travers: la lecture de sa Parole, la communion avec Lui dans la prière, grâce à nos dirigeants de l'église, la lecture des livres des auteurs que Dieu a inspiré et de la communion et la fraternité chrétienne qui nous inspire à une vie sainte. Jésus est notre maître par excellence que nous apprenons tous, mais qui est votre maître dans l'église?

Comme Josué et Timothée nous devons avoir notre maitre avec qui nous partageons des expériences, nous apprenons et nous cherchons quand nous avons quelques problèmes ou nous avons besoin d'un conseil. Le disciple ne doit jamais être seul, il doit toujours avoir quelqu'un à son côté qui peut voir ce qu'il fait, pour lui conseiller, pour lui corriger ou pour lui féliciter pour la mission accomplie.

**Révisez / Application:** Ce sont les caractéristiques du disciple. Demandez-leur d'écrire à côté de chacun des exemples de la manière dont ils appliqueraient ces disciplines dans leur vie quotidienne.

o       SERVICE : *J'ai besoin de m'impliquer dans un ministère.*

o       DISCIPLINE : *Je dois ordonner mon temps pour pouvoir prier et lire la Bible pendant la semaine.*

o       OBÉISSANCE :

o       LIVRAISON:

o       INITIATIVE :

o       RESPONSABLE :


**Défi:** Cette semaine, pense à une personne que tu voudrais choisir comme disciple. Prie le Seigneur et approches-toi d'elle et dis-lui que tu veux partager et apprendre de lui. D'autre part, tu veux savoir si quelqu'un peut devenir ton disciple.

# Combien ça coûte ?

**Objectif :** L'élève doit comprendre le coût d'être disciple.
**A mémoriser :** « Donc, quiconque d'entre vous ne renonce pas à tout ce qu'il possède ne peut être mon disciple » Luc 14:33.

**Avertissement**
Commencez la classe en parlant de la formation de disciple et laissez-les dire s'ils ont déjà des disciples ou si quelqu'un les forme.
*Accepter*

## Connecter | Télécharger

### Introduction dynamique (12-17 ans).

- Matériels: feuilles de papier, des crayons, des stylos et un récipient.

- Instructions: Avant de commencer la classe, prenez un récipient avec deux papiers pliés à l'intérieur. L'un avec le mot maître et l'autre le mot disciple. Commencez la classe en demandant à deux élèves de passer devant et chacun doit prendre un papier du récipient. Celui que le maître touche devra donner un ordre au disciple (il doit faire quelque chose simple comme un certain mouvement, gestes, etc.). Puis appelez deux autres élèves, mais maintenant celui qui a le rôle de l'enseignant doit faire quelque chose et le disciple devra l'imiter.

  Discutez les différences qui existaient entre les types d'enseignants. Cette dynamique va servir l'élève pour qu'il pense sur les concepts le maître et le disciple et entrevoir ce que signifie être un disciple.

### Introduction dynamique (18-23 ans).

- Matériels: Tableau et marqueurs, de la craie (plâtre ou de la craie).

- Instructions: Divisez la classe en deux équipes. Une équipe va parler sur le concept maître et l'autre équipe sur le concept de disciple, chaque équipe aura environ trois minutes. Après un représentant par équipe va écrire les définitions de maître et disciple qui ont travaillé dans la moitié du tableau.

  À partir de cette dynamique le maître saura ce que les élèves savent sur le terme.

## Connecter | Télécharger

Il semble que la tendance de certains chrétiens est satisfaite pour garder leur salut et pour partager avec les autres chrétiens, comme si l'église était un club social. Où est notre engagement en tant que disciples? Dans quelle mesure nous avons assumé le rôle de disciples? Comment nous imitons Christ?

## 1. Qu'est ce qu'un disciple ?

Immédiatement lorsque nous pensons à la définition d'un disciple nous les relions: élève, apprenti, élève. etc. et en réalité, nous ne sommes pas loin de vrai signification. Le concept de disciple est établi en tant que tel dans le Nouveau Testament, quand il était commun d'être un disciple de quelque dirigeant ou maître.

La responsabilité du disciple est de suivre et d'obéir aux enseignements de son maître, qui les a transmis incarnent dans sa propre vie. Le disciple se sentait un respect pour leur maître ou tuteur et lui obéit en tout.

Mais, Jésus attendait quoi de ses disciples? Il se rendit complètement au ministère du royaume de Dieu, l'évangile du salut et n'attend pas moins de ses partisans. Pour être ses disciples dans Jean 15:8 nous demande de porter beaucoup de fruit, et ce fruit est de deux façons: d'abord, notre vie a besoin de montrer une vie sainte et pieuse et à Dieu. Deuxièmement, en conséquence, nous serons les moyens pour que la gloire de Dieu se manifeste et soit un impact pour les autres.

Une autre caractéristique d'un disciple du Christ se trouve dans Jean 13:35. L'amour est une distinction primordiale entre ceux qui sont ses disciples, est l'amour de Dieu qui nous pousse à aller vers les autres, c'est lui qui nous inquiète et nous fait sentir le besoin du monde qui ne connaît pas le Seigneur et meurt sans espérance.

## 2. Dieu vous aime: Soyez son disciple

La recommandation que Jésus a faite à son église, était claire, nous devons faire des disciples. De toute évidence nous connaissons notre appel pour partager Dieu et pourtant nous faisons de mal entendu et nous continuons à déposer une telle responsabilité que seul dans certains, comme : pasteurs, évangélistes, missionnaires, dirigeants et de cette manière nous évitons d'accomplir la grande Commission.

Dieu nous a appelé, en plaçant cette responsabilité dans nos mains, car Il nous a simplement choisi, Jean 15:16. Jésus-Christ nous invite à participer dans sa vie et sa mission (Jean 3:16). La question est: Comment nous allons répondre à l'appel de Dieu? Il peut être encore que cet appel nous prend par surprise, peut-être certains d'entre nous sont dans une position confortable, nous dormons spirituellement, en reposant ou pensant tout simplement sur les problèmes de notre vie quotidienne et dans cet état Dieu va nous surprendre et nous appelle à se lever. Il est temps de prendre une décision, Dieu ne retire pas son appel ou change son but pour notre vie (Romains 11:29).

Nous pouvons nous excuser pour le manque d'expérience, les peurs et les limites, mais nous devons nous rappeler que:

1. Échapper notre devoir ne change pas le dessein de Dieu.

2. Le fait que tout va bien, sans faire rien, ne signifie pas qu'il est.

3. Fuir de Dieu et son appel est coûteux pour nous.

Prenons la résolution et acceptons d'être disciples du Christ. Il n'a rien qui est plus grand que la satisfaction d'être utilisé par Dieu dans son œuvre.

## 3. Disciple: Grand prix à pour payer ?

Jésus a dit : « ... Si quelqu'un veut venir après moi, qu'il renonce à lui et qu'il prenne sa croix et qu'il me suive » (Matthieu 16:24). Jésus-Christ non seulement nous demande de quitter le confort, la richesse, la famille, mais à nous-mêmes ! Il implique non seulement de dire : « Je suis Dieu », mais pour ce faire, c'est de soumettre nos pensées, nos actions, rêves et désirs dans sa volonté. Dans la psychologie et la philosophie, on dit que la seule chose qui appartient à chaque être humain (et là que réside sa richesse) est son âme. C'est-à- dire, son esprit, sa volonté; et tel est précisément ce que Christ nous demande. Le concept « Prendre ta croix » est plein de sens. C'est un symbole de sacrifice et le meilleur exemple de cela Lui-même a donné. Pour Jésus prendre la Croix signifie: Humiliation (2 Corinthiens 5 : 21) et l'obéissance (Philippiens 2 : 8). Luc 14 : 25-33, décrit le coût de suivre Christ, que nous découvrons souvent que nous rapprochons à Dieu et cherchons de faire sa volonté. Dans de nombreux cas, il sera nécessaire de se séparer de bien-aimé (famille, travail, amis, etc.) si cela va à l'encontre des exigences de l'Évangile (v. 26). Une fois de plus la Bible souligne que par-dessus tout, la première chose est de faire la volonté de Dieu. Dans Luc 14 : 28-31 Nous trouvons deux exemples dans la vie du disciple de Christ qui nous aident à comprendre l'importance de calculer le coût d'être son disciple.

Suivre Christ signifie que nous ne dépendons plus de nous mais de Lui. Lorsque nous confions en Lui et nous dépouillons c'est juste quand nous commençons à être de vrais disciples de Christ. Cela c'est dépouiller de nous prions et demandons à Dieu de nous aider à connaître sa volonté dans le choix de carrière à l'étude.

Cela signifie prier avant de choisir la personne avec qui je partage ma vie.

L'engagement à être un disciple de Jésus-Christ est radical. Le disciple ne doit pas regarder en arrière, il doit prendre la vie de Jésus et d'assister le même sort. Si nous voulons vraiment être disciples du Christ, nous devons être conscients qu'il ya un prix à payer, et nous devons être prêts à faire ce que le Maître exige.

## Révisez / Application :  Demandez-leur de répondre aux questions suivantes (Les réponses ne sont que des lignes directrices, chaque étudiant doit l'exprimer dans ses propres mots).

1. Quelle est notre vocation en tant que chrétiens ? **Être disciple du Christ.**

2. Qu'est-ce que c'est qu'être disciple de Jésus-Christ ? **C'est être des imitateurs de Christ, le suivre et nous donner à lui, travailler à étendre le royaume. C'est laisser Dieu agir en nous et à travers nous.**

3. Que devons-nous faire pour être disciples du Christ ? **Nous devons nous renier et sacrifier tout ce qu'il faut pour suivre Dieu. À tout moment, nous devons abandonner tout ce qui empêche Dieu d'occuper la première place dans nos vies, y compris notre volonté et notre vie.**

4. De quelle manière devons-nous nous préparer en tant que ses disciples ? **Communier avec Dieu, obéir et calculer les coûts.**

5. Pourquoi devrions-nous être disciples du Christ ? **Car si nous sommes chrétiens, nous devons être ses disciples, ses partisans et ses imitateurs.**

## Défi :  Nous savons qu'être disciple de Jésus-Christ n'est pas une tâche facile, c'est un combat qui se livre tous les jours, mais chercher la force et suivre l'exemple du Christ nous fait avancer et nous pouvons continuer. Donc, chaque jour, nous devons écrire ce qui nous empêche de le suivre et ce qui nous empêche de faire des autres des disciples. Ensuite, il faut le mettre en prière et s'atteler à éviter les actions qui détournent l'appel.

# La diversité dans l'appel

Avertissement

Ne commencez pas le sujet d'aujourd'hui sans parler du défi de la semaine dernière. Encouragez-les à le faire s'ils ne l'ont pas fait.

Accepter

**Objectif :** L'élève doit comprendre que, quelles que soient les caractéristiques, nous pouvons tous être disciples de Jésus.

**A mémoriser :** « Que personne ne méprise ta jeunesse. Mais sois un modèle pour les fidèles en parole, en conduite, en charité, en foi, en pureté » I Timothée 4:12.

## Connecter | Télécharger

Dans les époques bibliques, c'était commun que les gens vont marcher plusieurs kilomètres pour suivre les maîtres. Tant de gens ont suivi Jésus pour les régions où Il a déménagé. L'histoire de Luc 6: 12-16 nous montre une autre journée dans la vie de Jésus, en fait, Il a passé de nombreuses heures dans la prière en cherchant la direction de son père pour décider ceux qui seraient ses plus proches disciples. Ces hommes étaient des gens ordinaires, avec des caractéristiques très différentes, qui sont devenus des disciples de Jésus. Ceci est ce que Jésus continue de faire aujourd'hui !

### Introduction dynamique (12-17 ans)

- Matériels: Feuilles blanches et crayons.

- Instructions: Distribuez les feuilles et demandez aux élèves d'écrire leur nom dans le centre en gros caractères, et sur les principales caractéristiques de sa personne (dans toute la partie: physique, émotionnel, spirituel ou autres). En terminant cela, ils vont sélectionner un camarade de classe et ils écrieront dans l'arrière du papier le nom et les caractéristiques qu'il a lui-même écrites. Ils vont marquer avec un cercle les caractéristiques qui se répètent dans les deux et ils partageront dans les groupes qui sont en majorité (les caractéristiques égales et différentes). Ils pourront conclure que généralement tous sont différents.

Au début de son ministère, Jésus a choisi ses 12 disciples, ils étaient différents, et cependant, c'était une bonne équipe.

### Introduction dynamique (18-23 ans)

- Matériels: Casquettes de couleurs différentes (tels que ceux qu'on donne dans la fête infantiles ou vous pouvez les fabriquer comme des petits bateaux), feuilles blanches et stylos. Matériel pour chaque élève.

- Instructions: Dans les casquettes écrivez les adjectifs communs, non offensifs. Exemple: « Ponctuel », « sympathique », « spirituel », « intellectuel », « joie », « robuste ». Mélangez les casquettes et remettez un à chacun indépendamment sans tenir compte de ce que vous avez écrit. Ensuite, demandez-les de lire les adjectifs et de chercher une personne en fonction de ce qui est écrit pour la placer dans la casquette. Chaque personne doit avoir une casquette. En ayant chacun ses casquettes demandez qu'ils regardent les casquettes et qu'ils disent. Examinons comment nous sommes différents et pourtant nous pouvons partager beaucoup de choses ensemble.

Il est difficile de choisir les gens quand nous faisons une activité ou de créer un groupe. Jésus a eut Cette même situation en choisissant ses disciples. Cependant, le Maître pourrait garder un groupe avec toutes les différences évidentes.

Dès le début, Jésus savait qu'il devait prendre des décisions difficiles. L'une a été le choix de ses disciples. Combien de fois avons-nous été dans une telle situation d'avoir à décider entre les gens?

Dès le début, Jésus savait qu'il devait prendre des décisions difficiles. L'une a été le choix de ses disciples. Combien de fois avons-nous été dans une telle situation d'avoir à décider entre les gens?

## 1. Dans la variété est la beauté

Aujourd'hui on parle beaucoup en faveur de la diversité. Comme chrétiens, nous croyons que nous n'avons pas besoins d'être égaux à la paix, au contraire, notre foi en Jésus-Christ est ci-dessus des différences, nous sommes tous différents, nous pensons tous différemment, nous réagissons tous d'une manière particulière et tout le monde ne donne pas la même importance aux mêmes choses. Cela se produit pour deux raisons:

A. Dieu nous a créés pour vivre en communauté (Genèse 1:27; 2:18). Par nature, nous sommes des êtres sociaux, les relations; les personnes qui sont en interaction constante avec l'environnement autour de nous, Nous sommes en mesure de recevoir de nouvelles informations et de prendre des décisions.

B. Une telle formation dans la société, chacun de nous a été différent (les habitudes, les coutumes familiales, les collèges où nous étudions et même le climat, la géographie et l'histoire de l'endroit où nous grandissons). Nous sommes dotés de différentes caractéristiques naturelles et acquises. De toute évidence, cela vaut aussi pour l'église (1 Corinthiens 12: 4-6). Il est complexe, mais merveilleux quand nous reconnaissons que cela fait partie de la volonté de Dieu.

Nous remarquons comment Jésus a choisi ses 12 apôtres:

- Jésus a prié. Il ne faisait rien sans le mettre dans la prière (Luc 06:12), puis Il déciderait qui continuerait le travail qu'il a commencé !

- Jésus a appelé ses disciples (Luc 06:13). Il avait un groupe de disciples qui l'accompagnaient dans les premiers mois de son ministère. Signifie qu'il avait déjà commencé à les connaître et de les traiter personnellement. De tous, il a choisi certains comme ses disciples.

- Jésus a choisi seulement 12 d'entre eux, qu'il nomma apôtres, « envoyé à une commission spéciale. »

Deux choses nous surprennent: Il a sélectionné ces personnes et, en les connaissant, vous Il a confié en eux !

## 2. Pourquoi nous sommes différents, nous avons l'appel différent

Notons que chacun des apôtres était différent: «  André: L'apôtre affable (Jean 1:40); Barthélemy (Nathanaëlle): L'apôtre visionnaire (Jean 1: 43-51); Filipe: L'apôtre pratique (Jean 6: 7; 12: 22; 14: 6-11); Matthieu: L'apôtre sauvé (Matthieu 9: 9-13); Simon (Zélote): L'apôtre zélé (Luc 6:16); Jacques le Majeur: L'apôtre ambitieux (Luc 9:54); Jean, l'apôtre de l'amour (Matthieu 4: 18-22); Pierre (Roche): L'apôtre du risque (Matthieu 14: 27-30; 16: 21-23); Judas Iscariote, l'apôtre traître (Jean 13: 18-20; Luc 22: 47-53); Judas Tardé: apôtre constant; Thomas, l'apôtre du doute; Jacques le Mineur: apôtre inconnu (Jean 14: 22-24) ». (Http: //www.apologeticasiloe.com/Apologetica/Conoces%20a%20los%20Doce%20Aposotoles.htm.)

Jésus a reconnu que chacun d'eux était différent et Il a vécu avec eux pendant trois ans de ministère, assurément, il n'a pas été facile. Dans quelque occasion, ils se sentaient frustrés parce qu'ils avaient juste pour manger et une foule les accompagnait et même dans une autre ils discutaient à propos de qui serait le chef du « nouveau mouvement » Quand Jésus partait. Mais Jésus leur avait appris la patience et les enseignait avec l'amour ce qu'il voulait pour eux. Jésus les connait, et pourtant avec de tels défauts qui ne changeraient pas du soir au matin, il a décidé de partager avec eux l'héritage éternel des bonnes nouvelles.

## 3. Je suis disciple?

Oui ! L'appel de Jésus à ses disciples nous a interpellés:

- Aimer et être tolérant envers tout le monde, même à ceux qui ne partagent pas nos habitudes, ou quiconque regarde favorablement; même ceux qui ont déjà « marqué » (comme irresponsable, les non ponctuelles, etc.). Le défi consiste, en tant que disciples de Jésus, Il retire l'étiquette à tout le monde et voit comment quelqu'un peut et doit partager le salut.

- Nous sommes conscient que, si nous avons déjà répondu au premier appel de Jésus dans notre vie, c'est notre devoir d'écouter Christ, qui veut que nous laissions d'être « disciples » pour nous devenir de véritables « disciples », à savoir, les gens envoyés par Lui avec une commission de spécifique.

Peu importe que nous sachions parler ou être en face d'un public, peut-être à ce jour nous n'allons pas découvrir nos dons ou ne savons pas quelles habilités que nous avons. Prenons hors de l'étiquette que nous sommes fixés ! Laissons de dire que nous ne servons pas ! Si Dieu nous a appelés, Il a un ministère spécifique pour nous. Que personne ne méprise ta jeunesse !, a écrit Paul à Timothée (1 Timothée 4:12). Entendez l'appel de Dieu et l'accepte !

**Révisez / Application:** Demandez-leur d'écrire une liste avec les noms de ceux qui ont suivi le cours, à côté de ce qui les différencie et dans la troisième colonne ce qui les unit ("fils de Dieu", "disciple du Christ", "disciple de Jésus", etc.). Concluez l'activité par une prière, en intercédant pour que chacun accepte l'appel de Dieu.

Il faut se rappeler que cet appel n'est pas un titre exclusif, comme pasteur, missionnaire ou évangéliste, mais quelque chose qui inclut même des professions, des métiers et des aspects vocationnels de base.

La dernière prière est communautaire : pendant que je prie pour mes compagnons, ils prient pour moi.

**Défi:** Dieu ne vous a pas mis d'étiquette. Durant la semaine, à partir de ce jour, essayez de découvrir dans la prière à Dieu qui vous êtes (vertus, qualités, capacités ou défauts) et qui vous pouvez devenir si vous répondez affirmativement à son appel.

# Aidez-moi à être différent

**Objectif :** L'élève doit comprendre l'importance de la fidélité et de la consécration du disciple de Dieu.

**A mémoriser :** « Mais il ne pourra ni se vendre, ni se racheter aucune chose consacrée, qui a consacré à l'Eternel ; tout ce qu'il a, hommes et bêtes, et le champ de sa possession, toute chose vouée sera très-sainte au Seigneur » Lévitique 27:28.

**Avertissement**

Lorsque vous commencez le cours, faites-le en posant des questions sur les qualités et les capacités que vous avez découvertes dans la prière à Dieu.

Accepter

## Connecter | Télécharger

**Introduction dynamique (12 à 17ans).**

- Matériels : Brosse à dents, brosse à cheveux, bâton de déodorant ou un autre élément d'un usage personnel.

- Instructions : Présentez au groupe les matériels sélectionnés et demandez si ces éléments sont à eux, dans quelles conditions ils les partageraient avec une autre personne. Pourquoi ils ne partagent pas ces objets ? Il y a des éléments qui sont à « utilisation exclusive » du propriétaire, pour un usage personnel. Cette exclusivité nous rend jalouse dans ses soins. Questionnez la classe sur quelles autres choses qu'ils considèrent dans l'usage exclusif et qui ne seraient pas partager. Ces objets, deviennent une partie de nous, jusqu'à ce qu'ils puissent en quelque sorte nous identifier. De même Dieu valorise son peuple, Il a payé un prix qui est au-delà de la raison humaine et attend que nous soyons uniques à Lui et que les personnes peuvent le voir en nous.

**Introduction dynamique (18-23 ans).**

- Instructions : Demandez à quelqu'un qui partage une expérience où vous avez acheté quelque chose avec beaucoup d'effort, quelque chose de très souhaitée et avec une signification spéciale et que pour n'importe quelle circonstance où quelqu'un d'autre a utilisé, avec ou sans leur consentement. Encouragez-le à exprimer ses sentiments à ce moment-là.

Nous apprécions beaucoup ce qu'il nous en coûte d'effort, plus si nous voulions, et encore plus si elle est l'usage personnel et exclusif. Ces objets deviennent une partie de nous, jusqu'à qu'ils peuvent dans une certaine forme nous identifier. Dieu valorise son peuple, il a payé un prix qui est au-delà de la raison humaine. Nous sommes sa propriété et son réflexe. Le monde voit Dieu en nous.

## Connecter | Télécharger

Je souviens que Maman avait un ensemble de couverts élégants, qu'il gardait dans leur sachet d'origine, une petite mallette bien préparée, indiquant qu'elle avait quelque chose précieuse à l'intérieur. Maman a utilisé ces couverts. Seulement dans des occasions spéciales. Elle a passé le temps pour nettoyer et polir ses couverts. Lorsque les clients reconnaissaient son excellence et son dévouement, maman a estimé que le but pour lequel elle les a réservés, a été accompli. Elle a dit que ces couverts sont votre reflet. En aucun cas autorisé il n'est pas permis qu'on utilise à une occasion différente. Bien que nous la prions ou quelque ami les emprunté ou offert de les acheter, elle n'a jamais laissé en place. Elle était extrêmement jalouse de ce qu'elle avait déjà « dédié » pour quelque chose spécial.

Est-ce que vous connaissez quelqu'un si jaloux de quelque chose qui lui appartient ? Vous pouvez être jaloux avec quelque chose personnelle. L'attitude de maman avec ses couverts me rappelle de Dieu avec son peuple.

## 1. La consécration à Dieu dans l'Ancien Testament

Questionnez : Est-ce que quelqu'un sait attirer l'attention parce qu'il est différent ? Comment est-il différent ? Dans quoi vous êtes différent ?

## A. Consacré pour adorer

Dans Lévitique, Dieu parle précisément de son peuple, sur ce que signifie d'être le peuple de Dieu. Dans les premiers chapitres, Il montre comment le grand prêtre devait sanctifier les objets qu'il a utilisé dans le tabernacle et plus tard dans le temple. Il l'a fait par pulvérisation sur les personnes et les vaisseaux sanguins d'un animal, généralement un mouton, de veau ou de colombe, spécialement choisis pour cela, un animal sans défaut. Tout ce qui a été utilisé pour adorer Dieu était « propre », « séparé » et « dédié » juste pour cette fin, ils ne pouvaient pas être utilisés dans quelque chose d'autre que l'adoration en sacrifice au Seigneur. Ils sont appartenu à Dieu, ils étaient des éléments sanctifies pour Jéhovah.

### B. Un Dieu Jaloux

L'un des noms de Dieu est « jaloux » (Exode 20: 5, 34:14; Deutéronome 5: 9). Mais Dieu est un Dieu jaloux, ce qui Lui appartient, Il le soigne, Il ne le partage pas, Il ne le prête pas ni vend (Lévitique 27:28). Lorsque Dieu a choisi le peuple, Il « a sacrifié » qui est, la « distance » et Il a donné un « but » spécial (Lévitique 20:26). Cela signifie être consacrée à Dieu. A travers Lévitique Dieu a enseigné à son peuple ce que cela signifiait appartient à Lui. Quelque chose qui était impie ne pouvait pas être liée à Dieu saint.

## 2. La consécration à Dieu dans le Nouveau Testament

Demandez: Pensez-vous qu'il est facile d'être différent? Être différent signifie les sacrifices. Qu'est ce qu'ils pensent qui est le prix d'être différent?

### A. Une consécration qui fait la différence

Le Nouveau Testament nous apprend que maintenant nous sommes un peuple de prêtres. Notre consécration à Dieu nous rapproche de Lui et nous équipe spirituellement pour être comme Lui (Éphésiens 1: 3-4; 1 Pierre 1: 13-16).

Nous appartenons à Dieu, car Il a racheté (acheté) par le prix, par le moyen du sang versé de Christ qui nous purifie et nous rend un peuple saint. Chaque fois que le Nouveau Testament, qu'on utilise le mot « Saint » nous devons comprendre: « Séparé de Dieu avec un but en Lui et pour Lui » Cela n'est pas facile et Dieu seul savait que nous pourrions être saints. Pour atteindre ce but que Dieu a choisi de répandre son Esprit sur son nouveau peuple, « l'église. » Maintenant, contrairement à l'Ancien Testament, où seulement certains étaient dévoués et capable de se tenir en face de Lui, nous pouvons tous atteindre Sa présence par Jésus-Christ.

### B. Une consécration complète

La naissance de l'église s'est réunis avec un événement surnaturel appelé la Pentecôte. C'était là où Dieu a envoyé le Saint-Esprit pour sceller leurs enfants (Éphésiens 1:13). Par la suite, ceux qui nous mènent dans les péchés non seulement nous appartenons à Dieu, mais Il habite en nous (1 Corinthiens 6: 19-20). Ce qui est sacré est maintenant habité par Dieu Lui-même. Chaque croyant est un reflet de Dieu. Les écrits du Nouveau Testament reflètent les formes concrètes de consécration à Dieu, ses écrivains ont vécu et sont morts pour Dieu (Romains 14: 8). Ils étaient différents parce que Dieu était avec eux.

## 3. Nous Consacrons aujourd'hui

Beaucoup de ceux qui ont accepté Jésus comme leur sauveur, continuent à vivre dans leur propre chemin, sans comprendre que tout notre être, l'âme, l'esprit et le corps sont mis à part pour celui qui nous a nettoyé et attend une pleine consécration, afin que nous remplissions l'objectif pour lequel nous avons été créés (Éphésiens 2: 8-10).

Ce sont des moments difficiles. Le monde fonctionne pour empêcher l'Évangile progresse. Nous obtenons la pression de nombreux milieux. Même notre famille et les amis proches de nous peuvent nous demander de quitter notre foi ou nous de demander que nous ne soyons pas si extrêmes. Notre esprit est constamment bombardé de messages qui nient ou remettent en question la Parole de Dieu. Il nous invite à consacrer notre sensualité du corps, on nous dit que étant propriété de nous-mêmes, nous pouvons faire échouer, interrompre la drogue ; Nous avons été rempli d'esprit des désirs et des besoins vains; Nous sommes taquinés et l'agression. Mais Dieu est avec nous et en nous, et en Lui toutes choses sont possibles (Luc 1:37). Fils de Dieu suppose de marcher comme Il marchait. Mais comment prendre soin de notre esprit? Comment garder notre corps pur?

Comment maintenir notre esprit libre? Voici quelques conseils pour vivre une vie différente en Christ:

A. Parlez à Dieu chaque jour. Dieu est proche de ceux qui l'invoquent en vérité (Psaume 145: 18). Dites à votre situation, dans vos propres mots. Faites de votre ami proche. Qui soit toujours votre première ressource.

B. Lisez la Bible. La Parole de Dieu est puissante (2 Timothée 3: 16-17) et elle vous aide à réfléchir sur ce qui plaît à Dieu et vous donne des outils pour faire sa volonté.

C. Entourez-vous avec les jeunes « différents en Christ. » Il n'y a pas de chrétiens solitaires. Partagez avec d'autres chrétiens, les encourage et laissez d'encourager (Psaume 133: 1). Planifiez des activités amusantes, être chrétien n'est pas ennuyeux !

D. Unissez-vous et restez. Soyez un ami pour vos bergers. Impliquez-vous dans les activités de votre église, cela vous rendra plus fort dans votre foi. Participez dans des conversations sur la problématique d'être un jeune « différent en Christ », comme la pureté sexuelle, la pression à consommer des drogues, de l'obéissance aux parents, de ne pas participer à des activités qui vous séparent de Dieu.

E. Cherchez un « partenaire de prière » du même genre, une personne qui vous est liée. Quelqu'un qui ne doute pas qui vous appelle à l'attention si vous ne plaît pas à Dieu. Engagez à accompagner l'autre dans l'amour et l'exhortation (Jacques 5:16). Priez et parlez régulièrement de sa vie en Christ.

F. Mettez tout dans « noir et blanc » (Matthieu 05:37). Proposez- vous pour être un chrétien radical et passionné. Bien que vous ne le Croyiez pas, cela vous rend différent et ainsi Dieu sera content.

G. Payez le prix avec goût ! Être en paix avec Dieu est incomparable ! (Matthieu 5: 11-12).

# Révisez / Application:

1. Consacrer *(K)*
2. Nettoyer *(G)*
3. Séparer *(I)*
4. Réserver *(C)*
5. Différent *(E)*
6. Objectif *(B)*
7. Choisir *(H)*
8. Acheter *(J)*
9. Coût *(F)*
10. Zèle *(D)*
11. Propriété *(A)*

A. Droit ou pouvoir de disposer d'une chose.
B. Objectif, but ou aspiration.
C. Réserver ou sauvegarder quelque chose.
D. Soins, attentions, intérêt.
E. Divers, différent.
F. Prix attribué à une chose ou à un service.
G. Pour enlever l'impureté d'une chose.
H. Prendre ou choisir une ou plusieurs choses ou personnes parmi d'autres.
I. Établir ou augmenter la distance entre quelque chose ou quelqu'un. Avoir quelque chose pour un usage spécifique.
J. Acquérir quelque chose pour un prix.
K. Consacrer quelque chose ou quelqu'un à un certain but.

Défi: Que pensez-vous qu'il se passerait dans votre vie, votre famille, votre cercle d'amis, vos camarades d'études, vos collègues de travail, si vous étiez radicalement chrétien ? Écrivez ces pensées, demandez de l'aide au Seigneur et cette semaine, commencez à faire une différence. Sois courageux! Être différent, c'est intrépide.

# Notre mission

**Objectif :** L'élève doit comprendre que le but de faire les disciples est d'être comme Christ.

**A mémoriser :** « Mais que professant la vérité dans la charité, nous croissions à tous égards en celui qui est le chef, Christ » Éphésiens 4:15.

**Avertissement**

Générez une discussion avec le sujet du défi de la semaine dernière. Allons au chat! Laissez-les s'exprimer. Continuez à renforcer l'importance d'être différent en Christ.

*Accepter*

## Connecter | Télécharger

### Introduction dynamique (12 à 17 ans).

- Matériels: Tableau, craie (plâtre ou de la craie) ou un marqueur; Feuilles de papier blanc et des crayons ou des stylos.

- Instructions: Écrivez dans le tableau « Les caractéristiques d'un disciple de Jésus. » Dès leur arrivée, donnez aux élèves une feuille de papier blanc et un crayon ou un stylo pour écrire les caractéristiques d'un disciple de Jésus. Attendez dans quelques minutes pour qu'ils répondent dans leurs feuilles et après demandez à quelques volontaires de partager leurs réponses avec la classe. Laissez les élèves un moment d'exprimer ce qu'ils pensent. N'émettez pas aucun jugement et aucun élève qui peut contourner les réponses des autres. Guidez la classe afin d'établir une définition complète avec toutes les pensées émises sans rejeter aucune en encourageant la liberté d'expression.

  Avec cette activité, les élèves vont exprimer leurs points de vue sur la façon de concevoir un disciple de Jésus. Lorsque vous faites une liste de caractéristiques d'un disciple, ils manifesteront certaines croyances personnelles qui paparfoisnn'ont pas.

  Une fois que tous versent leur avis, vous aurez une idée de ce que ses élèves considèrent important pour être un disciple de Jésus et pour travailler plus tard avec ces points de vue pour amener les élèves à comprendre que les disciples de Jésus doivent être comme Lui.

### Introduction dynamique (18-23 ans).

- Matériels: Tableau, craie (plâtre ou de la craie) ou marqueur.

- Instructions: Faites trois colonnes dans le tableau. À la tête de la première colonne, écrivez « Mouvement Hippie », dans le second écrivez « la philosophie grecque » et la troisième « christianisme ». Demandez-leur de décrire ses mots comme les disciples de chacun sont de ces trois mouvements et qu'ils identifient un personnage ou un représentant de chaque mouvement. Qu'ils écrivent eux-mêmes sur le tableau leurs contributions. Si les élèves ont des problèmes pour identifier les caractéristiques de l'un des premiers mouvements, remplacez-les par un peu plus familier pour qu'ils discutent en groupes ce qu'ils ont écrit et demandez si les disciples de chaque mouvement ont restés fidèles à l'exemple de ses fondateurs. Le but de cette activité c'est que par rapport à la comparaison des caractéristiques de disciples de ces mouvements, les élèves établissent les bases pour comprendre que les disciples doivent être comme leurs maîtres. Mais quand cela n'arrive pas, le mouvement est déformé.

Tout disciple doit former des disciples. Cela ne semble pas une affirmation impressionnante, cependant, beaucoup de gens à l'église se disent disciples de Jésus et ne veulent pas passer par le processus élémentaire d'entraînement quotidien qui les fera de vrais disciples. Pourquoi? Certains ne comprennent pas le but de Faire des disciples et ils ne voient pas l'utilité. D'autres ne le comprennent, mais ils ne sont pas disposés pour payer le prix de la discipline quotidienne de préparation, la lecture de la Parole, la prière, le jeûne, le service, etc. Lisez le passage qui se trouve dans l'Éphésiens 4: 1-2, 11-16. Essayez de porter des différentes versions de la Bible dans la classe.

## 1. Marchons comme digne

Dans Éphésiens 4: 1-2, l'apôtre Paul a écrit et partagé avec les Éphésiens la circonstance qu'il vivait, pour qu'ils prennent au sérieux leur façon de se comporter maintenant qu'ils étaient chrétiens. Puisque les gens d'Éphèse ont observé son comportement et donc ils se formaient une idée de façon dont les chrétiens ont été formés, Paul ne voulait pas que les Éphésiens prennent à la légère l'appel qu'ils avaient reçu de Dieu pour former partie de son troupeau. Il a laissé implicite que l'engagement pris avec Dieu en convertissant, ils devraient indiquer dans leur comportement.

Comme cela est le cas aujourd'hui, les chrétiens sont observés par leur communauté, pour cette raison qu'il est important que leur facon de se comporter fût compatible avec la foi qu'ils prophétisaient. Lorsque nous acceptons Jésus comme notre Sauveur et Seigneur, nous devons marcher ou de nous conduire conformément avec les valeurs du Royaume (Éphésiens 4: 2-6). Cependant, il est nécessaire d'établir une relation solide avec Dieu pour que ces valeurs prennent racine dans nos cœurs.

A. L'humilité (v.2) ne naît pas du jour au lendemain, c'est un comportement exercé au fil du temps. L'humilité ... est « un sentiment reconnaissant de dépendance de Dieu » et c'est le contraire de l'orgueil et de l'arrogance (Commentaire Biblique Beacon, CNP, UEA, 1984, tome IX, p.217).

B. La douceur (v.2) est née d'un noble cœur, un cœur que Dieu est venu d'établir les priorités.

C. On ne peut pas acheter la patience, on exerce la marche quotidienne, prise par la main de Dieu. « Moule défini comme » l'esprit durable, infatigable, qui sait comment sortir avant de la douleur ou la provocation grâce d'une force apprise seulement aux pieds du Rédempteur (Commentaire Biblique Beacon, CNP, EUA, 1984, tome IX, p.217).

D. L'amour n'est pas un niveau d'amélioration qui est atteint grâce à des heures de méditation. C'est Dieu qui le donne. Le mot que Paul utilise à la fin du verset deux, est agape. Il ne fait aucune référence à l'amour fraternel ou l'amour romantique en couple, mais l'amour qui parle dans I Corinthiens 13. Un amour qui vient de Dieu.

Paul a demandé aux Éphésiens à vivre comme Jésus: humble, doux (Matthieu 11.29) patients et à aimer comme il a aimé.

## 2. Il nous perfectionne pour le travail

Paul a souligné dans sa lettre les dons nécessaires pour l'édification de l'église, afin qu'ils se perfectionnent pour le travail (Éphésiens 4.11). La liste d'Éphèse est similaire à celui mentionné dans I Corinthiens 12:10 et 12:28, mais en aucun cas nous devons penser qu'ils sont les seuls dons existants.

Paul au verset 11 parle de ces 12 apôtres que Christ a préparés personnellement pour qu'ils fondent l'église. Les évangélistes que Paul mentionne étaient des prédicateurs qui ont voyagé d'un endroit à l'autre pour prêcher les bonnes nouvelles de Jésus. Les pasteurs et les enseignants forment un même groupe. Pour beaucoup, le pasteur doit être un enseignant et d'autre part un enseignant doit faire un travail pastoral avec ses élèves. La relation grammaticale du mot utilisé par Paul est le grec poimen qui signifie littéralement berger d'un troupeau. Et en tant que telle Votre tâche est de protéger et d'alimenter.

Paul a expliqué pourquoi Dieu a donné ces dons : « Il l'a fait de telle sorte que chacun d'entre nous, forme l'église, qui est son corps, nous sommes en mesure de servir et de donner l'instruction à ceux qui croient » (Éphésiens 4 : 12). Dieu prépare ses enfants afin qu'ils exercent leurs ministères de servir et d'instruire les autres croyants.

## 3. La mission : Christ

Toujours dans nos vies nous avons des objectifs. L'achèvement des études, conclure une carrière, de nous marier, etc. Quel est l'objectif que Paul vise que nous obtenons, selon Éphésiens 4 : 13-16? Le verset 13 dit clairement ce qui doit être l'objectif d'un Chrétien. Cela parle à un niveau de maturité dans le corps de Christ.

La formation de disciple nous apporte à atteindre progressivement ce point de perfection humaine que Dieu attend. Ainsi nous approchons à l'objectif : Jésus-Christ. Cela ne veut pas arriver à une maturité pour être indépendant de Lui, mais pour arriver à une relation de plus en plus intime avec Christ ; Pour être un avec Lui et comme Lui. Cela doit faire partie de notre vie quotidienne, demandons toujours : Que ferait Jésus à notre place ? Jésus agirait comme nous le faisons ? Est-ce que nous comportons d'une manière digne (Éphésiens 4: 1-2)?

**Révisez / Application :** Il n'y a pas de bonnes ou de mauvaises réponses. Cherchez la direction de Dieu pour motiver l'étudiant à rechercher un discipulat profond et significatif en vue d'atteindre la statut de l'homme parfait dont parle l'apôtre Paul.

Répondre les questions suivantes.

1. Y a-t-il un point de la leçon que vous aimeriez approfondir ? Qui? Pourquoi voudriez-vous en savoir plus sur lui ?

2. Quels dons avez-vous vu être pratiqués dans la congrégation ?

3. Y a-t-il des cadeaux parmi le groupe de jeunes qui, selon toi, ne sont pas utilisés ? Expliquer.

4. Selon ton opinion, l'église est-elle un corps qui travaille dans l'unité, où les "articulations s'entraident" ? Explique ta réponse.

5. D'après la leçon d'aujourd'hui, comment un jeune peut-il atteindre « la mesure du statut parfait du Christ » (Éphésiens 4 :13) ?

**Défi :** Penses-tu que tu cherches dans ta vie à ressembler à ton professeur ? Fais une liste de ce que tu penses bien faire et une autre des choses que tu penses devoir améliorer. Discutes-en avec ton pasteur de la jeunesse ou ton enseignant de l'école du dimanche et faites un petit plan pour renforcer les points forts de ton discipulat et renforcer les points faibles.

# Est-que je fais de disciples ?

**Avertissement**
Demandez aux élèves s'ils ont relevé le défi de la semaine dernière et comment ils s'en sortent.
Accepter

**Objectif :** L'élève doit comprendre qu''être un disciple de Christ consiste à faire des disciples et qu'il est appelé disciple.

**A mémoriser :** « Allez donc faites des disciples de toutes les nations, les baptisant au nom du Père et du Fils et du Saint-Esprit » Matthieu 28:19.

## Connecter | Télécharger

**Introduction dynamique (12 à 17ans).**

- Matériels : rechercher des phrases ou des versets bibliques relatifs au thème du disciple. Exemple de phrases : Je suis un disciple de Christ, aller et faites des disciples de toutes les nations. Exemple de versets : Matthieu 10 : 25a, 42 ; 11 : 1 ; 12 : 1 ; Actes 16 : 1 ; 18 :23.

- Instructions : Nous allons jouer au téléphone décomposé. Demandez aux jeunes qui sont placés dans une rangée ou ligne. Vous pouvez également participer à deux équipes. Chacun des élèves va dire la phrase ou le verset à la rangée suivante ou la ligne dans l'oreille sans que les autres n'écoutent pas. La phrase devra remplir à la fin comme vous l'avez dit au début. Dieu nous confie le message de l'Evangile et nous devons partager, comme Il l'a enseigné.

**Introduction Dynamique (18-23 ans).**

- Matériels : cartes et stylos ou des crayons.

- Instructions : Demandez à chaque élève de se rappeler quelqu'un qui a influencé dans sa vie et que, dans la carte, écrivez la façon dont cette personne l'a influencé. Demandez-leur d'écrire les choses concrètes, des changements visibles motivés par cette personne (par exemple, maintenant je lis la Bible pendant un certain temps et elle m'a motivé à le faire). Demandez-leur aussi d'écrire le nom d'une personne qui les a influencé pour le bien ou le mal et comment ils l'ont fait. Demandez quelques-uns à partager.

Mentionnez que dans la vie nous influençons à d'autres en quelque sorte, mais en tant que disciples de Christ notre influence devrait toujours être pour le bien.

## Connecter | Télécharger

Le disciple c'est l'apprentissage que s'efforce pour apprendre une tâche ou métier. De cela, nous pouvons dire que nous sommes disciples de Christ parce que nous apprenons leur métier. Nous nous efforçons chaque jour pour être comme lui, de sorte que ceux qui nous regardent, ils voient Jésus en nous.

Nous réfléchissons sur : Que pensez-vous de faire de disciples ? Pensez-vous que faire de disciples termine à la fin de certains cours ?

## 1. Est- ce que faire de disciple est un mandat ?

Habituellement, dans de très rares églises les gens se sentent le besoin d'être disciples, beaucoup moins être disciples. Nous avons cru que la mission de «... aller et faites des disciples de toutes les nations ...» (Matthieu 28: 19a), est pour quelques-uns qui sont appelés au ministère.

Dans Matthieu 28: 19-20, nous voyons sous forme explicite le mandat pour aller faire des disciples. Comme nous allons continuer à marcher dans notre vie chrétienne, nous devons enseigner aux autres tout ce que nous avons appris dans la Parole de Dieu et de notre expérience avec le Seigneur. Peut-être, beaucoup le savent par cœur, mais est-ce que nous le mettons en pratique ? Est-ce juste pour certains? Non, Jésus a chargé ceux qui étaient avec lui. Demandez aux élèves : Est- ce qu'il y a quelqu'un qui faire de disciples à ce moment?

Demandez-leur de réfléchir à l'exemple suivant: Les oiseaux enseignent leurs petits à voler. Ils font cela naturellement parce qu'ils savent que si leurs petits n'apprennent pas, ils ne survivront pas; antérieurement l'oiseau adulte a connu le même apprentissage de sa mère. Dans la parabole des talents (Matthieu 25: 14-30), Jésus a enseigné sur le mandat de développer les dons et les talents que Dieu nous a donnés. Le Seigneur nous a donné tous (v.14). Il sera de retour et pour demander des comptes (vv.19-30). Peu importe quel genre de talent que nous avons ou la quantité de dons que Dieu nous a donnés, il est impératif de développer ce que nous avons.

A la question, est-il un mandat de faire de disciples? La réponse est un oui catégorique, puisque la dynamique donnée par Jésus pour l'avancement du royaume réside dans disciple.

## 2. Avec qui je vais faire de disciples ?

Faire des disciples est pour chaque croyant, soit un nouveau converti ou il prend 30 ans après avoir pris sa décision pour Christ. À cet égard, il est important de reconnaître que faire des disciples est pour tous tout au long de la vie et non seulement pour ceux qui sont nouveaux à la foi dans la phase initiale de sa vie avec Christ. Le commandement de Jésus de faire des disciples est pour toute Église : Les enfants, les adolescents, les jeunes adultes, les personnes âgées, les hommes et les femmes, personne ne soit exclu. Dans l'église locale, chaque disciple du Seigneur doit faire des disciples. Pour ce faire, en faisant des disciples, il est important de considérer qu'une personne forme à l'autre disciple du même sexe, et si possible, une certaine affinité avec l'autre. Cela permettra qu'il y a plus d'intimité, ce qui est un bénéfice pour la croissance spirituelle.

Pour faire des disciples à une personne peut commencer à nous enseigner à prier, lire la Bible, intercéder pour les autres, partager Jésus avec les autres, etc. des choses simples mais capitales pour la promenade quotidienne en Christ. Lorsque vous présentez quelque chose difficile, vous devriez chercher quelqu'un qui peut fournir des conseils ; peut-être le pasteur, un chef de file de l'église ou de l'enseignant de l'école du dimanche.

## 3. Puis-je le faire ?

Dieu nous a donné une responsabilité et nous aide à le faire. Rappelez-nous que nous n'allons pas dans nos forces. Dans Matthieu 28 : 18- Jésus nous dit que Lui-même nous envoie, nous donne et Il va avec nous. Nous allons avec le pouvoir de Jésus. Qui donne le mandat c'est qui est élevé avec toute autorité dans les cieux et sur la terre (v.18). Y at-il une plus grande puissance ?

Laissez-nous permettre. Faire de disciple est une tâche continue et permanente. Nous sommes des disciples pour faire des disciples. Chaque jour, nous grandissons dans la ressemblance de Christ et nous aidons les autres à grandir aussi. Les choses que Christ nous donne sont ce que nous donnons (v.20). Venez à Jésus. Nous n'irons pas seul dans le chemin pour faire des disciples, Jésus va nous accompagner (v.20b). Nous pensons que nous pouvons et devons accomplir le commandement d'aller et faire des disciples. Par conséquent, nous pouvons faire des disciples et nous ne devons pas le laisser pour demain, il est temps de commencer aujourd'hui même. Cherchez pour prier avec les élèves et de faire un engagement pour être disciple.

Cherchez une personne qui peut être votre disciple. Vous avez besoin de quelqu'un qui est mature dans la foi pour vous accompagner dans le processus par moyen de la prière et l'étude de la Parole de Dieu, entre autres. Quelqu'un vous pouvez confier pour partager ce que vous vivez, quelqu'un pour prier et partager votre marche avec Christ. Il est bon d'être seul et à la dérive, Jésus lui-même a été attaché au Père. Ne laissez pas cela de commencer demain, trouvez cette personne avec qui vous voulez partager vos doutes, charges, souhaits et vos désirs.

Priez Dieu aussi pour un disciple. Rappelez-vous que faire de disciple à une personne est un processus naturel. Vous pouvez commencer à enseigner à prier, lire la Bible, intercéder pour les autres, partager avec les autres de Jésus etc. des choses simples mais capitales pour la promenade quotidienne. Et quand quelque chose difficile se présente, vous devriez chercher quelqu'un qui peut nous conseiller; peut-être le pasteur, un chef de file de l'église ou de l'enseignant de l'école du dimanche. Si vous ne savez pas où commencer, cherchez quelque matériel de formation de disciple qui peut vous aider.

Révisez / Application: Avec le groupe répondez aux questions suivantes. Ici, nous mettons les réponses possibles mais laissons les élèves y répondre. (Ils peuvent y répondre pendant que la classe enseigne).

1. Écris comment tu définirais le mot disciple. **Un disciple est un étudiant ou un apprenti.**

2. Qui doit devenir disciple ? Pourquoi? **Tous les chrétiens, parce que c'est un commandement.**

3. Penses-tu que tu dois être un disciple ? Pourquoi?

4. Que fais-tu le mieux et que pourrais-tu faire dans ton église ?

5. Quelles choses devais-tu prendre en compte pour être un disciple ? **Nous ne sommes pas seuls, nous devons être obéissants, être communiqués et notre témoignage.**

Défi: Dieu t'appelle aujourd'hui à commencer son œuvre, à la recherche d'un disciple (quelqu'un pour t'accompagner dans ta vie de foi) et d'un disciple (quelqu'un que tu pourrais accompagner dans ta vie de foi). Pendant la semaine, réfléchis-en et prendre une décision.

# Ma Maison

**Objectif :** L'élève doit comprendre ce qui est l'écologie et le rôle de Chrétien en elle.

**A mémoriser :** « Aussi la création attend-elle avec un ardent désir la révélation des fils de Dieu » Romains 8 :19.

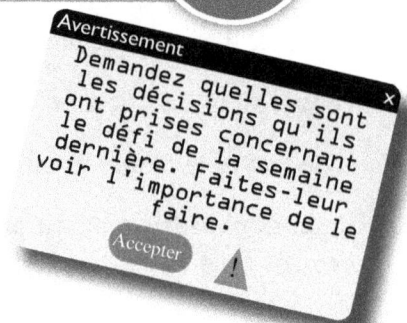

*Avertissement*
Demandez quelles sont les décisions qu'ils ont prises concernant le défi de la semaine dernière. Faites-leur voir l'importance de le faire.
Accepter

## Connecter | Télécharger

### Introduction dynamique (12 à 17ans).

- Matériels : Un journal pour chaque élève.

- Instructions : Organisez la classe en petits groupes, donnez un à plusieurs journaux à chaque groupe (selon le nombre de journaux qu'il y a) et demandez de chercher des nouvelles liées avec la problématique écologique. Ensuite, demandez-leur de prendre le temps de partager la dont cette problématique affecte les humains et les animaux.

  Soulignez que les problèmes écologiques les plus logiques résultant de l'ignorance et de la négligence de l'homme à la création.

### Introduction dynamique (18-23 ans).

- Matériels : Photos des animaux, des arbres ou des propres lieux où ils vivent, des feuilles de papier et des crayons. Si vous avez des photos que vous pouvez placer sur le tableau les noms des animaux, des arbres ou des parcs que la classe connait.

- Instructions : Montrez à la classe les images ou demandez-les de lire les noms, si vous les avez écrit sur le tableau, puis demandez à chacun de noter que l'importance de ces êtres.

  Soulignez que chaque élément de l'écosystème dans lequel nous vivons a une importance pour l'expérience de tous.

## Connecter | Télécharger

## 1. La création et Dieu

La Bible commence par : « Au commencement, Dieu créa les cieux et la terre » Genèse 1 : 1. Qui affirme que tout a son origine en Dieu et que Dieu a initié tout ce qui existe. Grâce à de différents textes, l'Ancien et le Nouveau Testament, la Bible nous montre comment toute la création est soutenue par Dieu et Il exprime sa grande sagesse (Psaume 104 : 24). Des passages comme ceux-ci devraient motiver à contempler la création d'admiration pour les nombreuses formes de vie présente en elle. Un regard attentif à la création nous permet de percevoir la façon dont Dieu travaille dans toutes les créatures en les permettant son existence et en les tenant, comme cela est exprimé dans Matthieu 6 : 26-30.

Habituellement, nous entendons parler des ressources naturelles, même les environnementalistes et les écologistes parlent de la nature comme une ressource. Dieu a créé la nature comme une ressource mais aussi Il l'a créé comme un habitat pour l'être humain et toute sa création tels que les animaux et les plantes. Puisque c'est un espace de vie convenable (Genèse 1 : 28-30 ; 2 : 15-16). Le récit de la création dans Genèse 1, elle nous montre que Dieu a mis l'ordre et créé tout ce qui existe et enfin Il a créé l'homme pour vivre et administrer toute sa création. Il Devrait vivre sur la terre et d'en profiter, et ne devrait pas la détruire. L'humanité a mal compris le commandement pour gérer la terre et manger de ses fruits, Il a fait de la terre une simple ressource et l'homme a oublié que c'est son habitat et si il la détruit, il restera sans protection. Voilà pourquoi Dieu, en créant l'être humain comme la seule création dépositaire de son image et sa ressemblance, il a laissé l'homme pour responsable le reste de la création, l'habitat qu'il avait préparé pour lui. Cet être devrait faire partie du processus de soutien et de soins de son œuvre.

## 2. Écologie

L'écologie est une science qui découle de la nécessité de trouver des solutions aux problèmes de la nature générés par l'utilisation abusive des ressources. Le mot vient du grec oikos qui signifie maison et logos qui signifie connaissance. Par conséquent nous pouvons dire que l'écologie signifie : La science qui étudie la maison ou la planète. Selon le Dictionnaire de l'Académie royale espagnole, l'écologie est la « science qui étudie les relations des êtres vivants entre eux et avec leur environnement. »

Selon les biologistes contemporains, la loi de Moïse contient un ensemble de principes visant à protéger l'environnement. Grace aux commandements et interdictions établies dans la loi, le peuple d'Israël pouvait vivre en harmonie avec la nature dans leur voyage à travers le désert. Le peuple de Dieu a subsisté dans un tel environnement difficile par la foi en Dieu, en obéissant à toutes ses normes, y compris les normes environnementales établies dans les cinq livres de la Loi de Moïse. Pour démontrer que l'Ancien Testament est un guide pour le développement efficace et durable, nous pouvons citer en particulier les normes d'alimentation et d'hygiène.

a. Dans Lévitique 11 : 1-8, Il l'a établi pour qu'il pousse manger tout animal ruminent. Mais pas seulement ceux qui ruminent ou seulement ceux qui ont le sabot. Dans ce cas, le chameau et le porc, seraient impurs pour eux, mais, pourquoi ? Selon les scientifiques la division entre les animaux purs et impurs, est logique d'un point de vue biologique. Bien que les porcs soient de bons consommateurs de fourrage, ils ont aussi des besoins nutritionnels semblables à ceux de l'homme afin qu'ils rivalisaient les Juifs pour la nourriture et plus encore dans le désert. Le porc est une chair très délicate à manger, c'est un animal qui porte facilement les maladies et il ne peut pas parcourir de longues distances, il ne tolère pas des températures élevées en climat sec, il n'est pas un animal de pâturage. Cela est difficile qu'il a servi comme nourriture pour le peuple juif qui était un peuple nomade. Dieu voulait éviter la maladie parmi son peuple. Il était plus rentable et élevage sein de moutons et de chèvres. Les Chameaux en dépit d'être des ruminants, étaient indispensables comme bêtes de charge, où ils étaient parmi les espèces protégées.

b. Autre exemple c'est l'interdiction de manger les animaux aquatiques qui se nourrissent de parasites et les insectes. L'interdiction de Lévitique 11 : 9-10 a fait référence aux amphibiens qui se nourrissent d'insectes, en particulier les grenouilles. Voici un exemple concret : Dans les années 70 au Bangladesh on a commencé a attraper des grenouilles en grandes quantités pour l'exportation. Avant longtemps, il y avait une épidémie de paludisme dans le pays. En diminuant la population de grenouilles, le Bangladesh a perdu la défense chère et efficace qui avait contre le paludisme.

c. Dans Deutéronome 20 : 19, nous trouvons une ordonnance claire concernant la déforestation.

## 3. La responsabilité de l'être humain

L'être humain et la nature ont été créés dans le cadre du même processus. L'homme était couronné de la création de Dieu, mais en cédant à la tentation, le péché et de cette forme affectée le but pour lequel il a été créé. Aujourd'hui, la plupart de problèmes environnementaux qui nous entourent sont le résultat de la désobéissance à Dieu. L'être humain n'est pas le propriétaire de la création ; elle ne fait pas sa volonté libre de faire avec elle tout ce qu'il ressemble. Le récit biblique dit qu'en tant que représentants du Dieu Créateur sur la terre, nous sommes appelés à gérer la création, avec la responsabilité devant Dieu et devant les autres créatures. Selon Genèse 3 : 17 la terre a été maudite à cause de la désobéissance de l'homme, et pour cette raison, il mangeait avec douleur. Le péché a affecté toutes les relations de l'homme avec Dieu, avec Lui-même, avec les autres et avec la nature. Bien que le péché déforme l'image de Dieu dans l'homme, Il n'a pas changé le lieu qu'il a sur la création. Aussi la nature n'a pas été complètement endommagée. Elle régit par les mêmes lois que Dieu a établi dès le commencement (Genèse 8 : 22, Psaumes 19 : 1-3, Romains 8 : 19-23). Nous pouvons affirmer que nous demeurons gestionnaires ou gardiens de toute la création. En tant que tel, nous devons comprendre que nous ne sommes pas propriétaires mais un administrateur ou un délégué qui gère les propriétés d'un autre. Notre rôle est de garder jalousement les biens étrangers qui ont été sous notre responsabilité (1 Corinthiens 4 : 2).

La relation actuelle entre l'homme et la nature est typique de quelqu'un qui a perdu le focus de la gestion de sa responsabilité. Dans la mesure où l'homme retourne à sa position originelle de gérant de l'environnement, les abus contre notre habitat. Notre foi nous oblige à prendre soin de la création et la promotion de la justice environnementale comme une responsabilité personnelle et chrétienne.

## Révisez / Application:

Demandez à vos élèves de remplir le tableau d'interaction écologique suivant, en écrivant quelle est la relation entre les parties détaillées et l'action appropriée sur celles-ci. Ci-dessous, nous vous donnons une option, mais vous ne devriez pas le faire exactement de la même manière.

Relation entre Dieu et… Relation entre l'homme et… Un soin particulier pour sa conservation.

| Relation entre Dieu et | Relation entre l'homme et | Un soin particulier pour sa conservation. |
|---|---|---|
| Plantes : Dieu a créé les plantes pour qu'elles portent des fruits. | Les plantes : elles fournissent de la nourriture et c'est l'homme qui doit les récolter. Ils génèrent de l'oxygène. | Plantes : N'abattez pas les arbres de manière inappropriée. |
| L'eau : Dieu lui-même l'a créée. | L'eau : elle est essentielle à la vie. | L'eau : elle ne doit pas être gaspillée ni polluée. |
| La terre : Dieu est le propriétaire. | La terre : Elle est l'habitat de tous les êtres et fournit des ressources. | La terre : elle doit être administrée équitablement et sans abus. |
| Animaux : Dieu est le créateur. | Animaux : Ils servent de nourriture, de compagnie et de service. | Animaux : Ils doivent être protégés et non maltraités ou éteints. |

## Défi:

Pendant la semaine, placez un coton humide dans un récipient en verre. Sur les côtés (entre le coton et le verre) placez les graines (haricots, fèves ou flageolets rouges) et surveillez la croissance des graines en vérifiant que le coton reste toujours humide. Partagez le résultat du travail après quelques semaines et récompensez symboliquement ceux qui ont réussi à prendre soin de la plante germée.

# Soigne les animaux

**Objectif :** L'élève doit comprendre la responsabilité que nous avons envers les animaux comme la création de Dieu.

**A mémoriser :** « D'entre les animaux purs et les animaux qui ne sont pas purs, les oiseaux et tout ce qui se meut sur la terre, il entra dans l'arche auprès de Noé, deux à deux, un mâle et une femelle comme Dieu l'avait ordonné à Noé » Genèse 7 : 8-9.

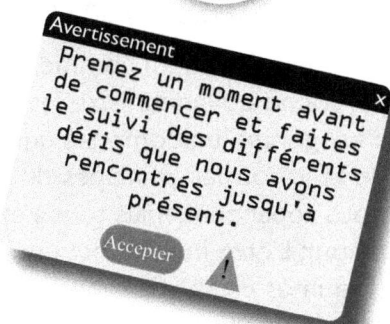

**Avertissement**
Prenez un moment avant de commencer et faites le suivi des différents défis que nous avons rencontrés jusqu'à présent.

Accepter

## Connecter | Télécharger

### Introduction dynamique (12 à 17ans).

- Matériels : Images ou photos des animaux, si vous obtenez quelques animaux attaqués qui pourraient également utiliser, des feuilles blanches et des crayons blancs.

- Instructions : Montrez la classe les images sélectionnées et demandez-les de susciter des sentiments. Demandez-leur d'écrire dans leurs feuilles ce qu'ils ont exprimé. Demandez combien qui ont des chiens et comment ils se sentiraient si son chien est égaré et après un certain temps ils le trouveront blesser, sale et mal nourrir. Si notre cœur est attristé de penser dans la souffrance des animaux et est plus sensible en pensant que cela pourrait être le nôtre, demandez-les : Comment Dieu se sent de voir tant des animaux, qu'il a créé et qui Lui appartiennent, sont exposés à beaucoup d'agression ?

### Introduction dynamique (18-23 ans).

- Matériels : Papier bristol, papier de différente couleur, du caoutchouc et des ciseaux.

- Instructions : Divisez la classe en paires pour faire un collage. Accentuez le slogan dans lequel ils sont créatifs et mettent leur meilleur effort. Enfin, prenez les travaux et pliez-les et salissez-les ou piétinez-les et jetez-les dans la poubelle. Peut-être les étudiants seront surpris. Parlez sur les sentiments que cette action a aboutis à eux.

  Si nous sommes en colère ou nous sommes attristés de voir que d'autres ne sont pas conscients ou traités avec mépris ce que nous faisons avec tant d'efforts, comment Dieu se sentira en voyant que de nombreux animaux, qu'il a créé sont exposés à tant d'agression et d'abus ?

## Connecter | Télécharger

### 1. Les animaux comme création de Dieu

Genèse 1 : 20-25 ; 28-30 raconte le processus de la création, et en particulier les versets 20 à 25, en détaillant la création de la faune, la fermeture de ce processus avec l'affirmation : « Et Dieu vit que cela était bon. » En tant que croyants, nous devons être clairs que toute la création appartient à Dieu (Psaumes 24 : 1). Il est non seulement le créateur, mais aussi, il la chérit et le soutient. La Parole nous dit comment Dieu prend soin des animaux comme une partie importante de sa création (Psaumes 84 : 3 ; 104 : 10-14 ; Matthieu 06 : 26).

Selon la déclaration dans le Psaume 96 : 1 et 148 : 7-10 ; toute la création loue son créateur et exprime la gloire de Dieu. Par nature, nous pouvons montrer aux autres l'immensité de Dieu en tant que créateur, mais certainement toute la création exprime sa grandeur. Les animaux dans le cadre de leur création sont sensibles à la voix de Dieu. Un cas frappant est celui de Balaham et son âne (Nombres 22 : 23-33). Aussi dans l'histoire d'Élie, nous voyons que les corbeaux ont été envoyés par Dieu pour nourrir Élie (1 Rois 17 : 4-6).

## 2. Les animaux utiles et tendres

Dieu donna à l'homme le pouvoir de devenir gestionnaire de sa création dans les limites qui ont été fixés par la loi. Son commandement avait également des restrictions, en rappelant l'être humain qu'il exerce un pouvoir sur quelque chose qu'il n'est pas créateur ou propriétaire, mais les administrateurs (1 Chroniques 29 : 11-12 ; Psaumes 50 : 10-11).

Dieu donna à l'homme la tâche d'être des intendants (Genèse 1 :28 ; 2 :15). Un administrateur est une personne qui administre les biens de son maître. Dans le Nouveau Testament, le mot grec pour administrer c'est gérant, un composé qui signifie « maison » « loi », se référant à l'administration d'une maison, en vertu de la loi ou les principes du propriétaire. Un principe d'exercer la gérance est de reconnaître que rien ne nous appartient, mais tout a été fait pour notre bien-être (Psaumes 8 : 3-8) et pour que nous la soignions avec amour. L'être humain est doté de pouvoirs nobles et merveilleux : (1) Il est couronné de gloire et d'honneur (Psaumes 8 : 5b). Sa capacité de penser, est la couronne de l'homme ; Vous ne devez pas profaner la couronne par un mauvais usage, ou perdre le droit d'en agissant mal. (2) Dieu a mis toutes choses sous les pieds de l'homme (Psaumes 8 : 6b) de sorte qu'il serve les créatures, mais en prenant soin d'elles avec amour, aussi la création de Dieu, en attendant la rédemption finale.

Une bonne gestion des animaux apportera de multiples avantages pour l'humanité :

- Ils équilibrent l'écosystème. Psaume 104 est le récit parfait de l'équilibre de l'écosystème et nous pouvons voir comment les animaux jouent un rôle dans la conservation de l'écosystème.

- Ils bénéficient notre santé. Certains animaux fournissent de l'aide aux personnes qui sont en crise. Les animaux n'ont pas le pouvoir de guérir, mais à travers leur affection et leur amour inconditionnel, qui favorisent la relaxation, la stabilité et aident à résoudre les situations critiques avec plus de sérénité.

- Ils offrent une bonne compagnie. Prendre soin d'un animal attenu le sentiment de solitude, remplit les espaces vides de la vie, en particulier pour les personnes âgées qui sont abandonnés plus facilement.

- Ils facilitent le travail productif. Les animaux de travail ont eu un rôle considérable dans le développement culturel et économique de l'humanité depuis les temps anciens. Cependant, avec la propagation de machines d'industrialisation dans de nombreux endroits les animaux se déplacent

- Ils génèrent nourriture et abri. Les aliments que nous obtenons par moyen des animaux, non seulement de leur chair, mais de leurs produits (œufs, lait et produits laitiers, etc.), sont d'une grande importance pour la nutrition humaine appropriée. De même ils fournissent des ressources pour les chaussures et les vêtements.

Dieu a donné aux animaux pour qu'ils soient un profit pour les êtres humains et que cela à leur tour pour exercer leur autorité sur eux avec amour et le respect qu'ils méritent en tant que création et d'expression de la gloire de Dieu.

## 3. Notre responsabilité avec eux

L'homme a dû exercer leur intendance en vertu des principes de Dieu, mais il ne le faisait pas, le péché a déformé leur capacité d'agir. A cause du péché l'homme a décidé de se conformer à sa propre volonté et cela a un déséquilibre dans l'ensemble de l'écosystème. L'être humain se sentait maître de leurs biens et leur ambition pour avoir des dommages irréparables causés à plus du monde animal. Aujourd'hui, les gens sont réticents à croire que leurs capacités viennent comme un don de Dieu et ennoblissent leurs cœurs endommagés le monde qui les entoure. A la racine de cette crise se trouve l'ambition humaine, qui a été appelée « gain économique par la perte de l'environnement. » (Stott, J.W.R. La foi chrétienne face aux défis contemporains. La nouvelle création, Buenos Aires. 1991, p.138). La conséquence de cette ambition, nous réfère aux animaux qui sont produit :

- Les locaux inadéquats : Ils gardent les animaux vivant dans des bâtiments sans fenêtres. Ils apprennent à voir la lumière du soleil et sentir l'air frais seulement quand ils quittent les navires pour aller à l'abattoir.

- La chasse : Un grand nombre d'espèces ont disparu à cause de la chasse, soit par la peau ou d'autres éléments de valeur comme l'ivoire ou leur viande.

- Diversion : Tauromachie (art de traiter avec des taureaux) et « fêtes populaires ». Dans les places de taureaux sortent un état de panique sur l'enclos des releveurs, on les soutient dans la place, enfin, on les a tué par une lance aiguisée. Il y a des pays où leur fête nationale incluse les coqs et les poules d'abattage, veaux et taureaux poignardant, les chèvres. Etc.

Nous pourrions parler d'autres attaques comme l'expérimentation animale, la maltraitance des animaux en général et le manque de respect pour les droits des animaux. Toutes ces activités vont à l'encontre de la création de Dieu. Nous n'avons pas le droit de faire ce que nous voulons avec l'environnement naturel. « Dominions » n'est pas synonyme de destruction. La création a été mise dans nos soins, nous devons la gérer, responsable et productivement pour notre propre bien et celui des générations futures. Gavin Maxwell, auteur de plusieurs livres sur les loutres, raconte comment il a perdu deux oursons loutres qu'il avait apporté au Nigeria : « Un pasteur de l'Église anglicane, qui marchait le long de la plage avec une carabine, les a rencontré dans la mer en jouant et il les a fusillé. L'un est mort instantanément, et l'autre est mort plus tard dans l'eau pour les blessures. Le ministre a présenté ses excuses, mais a ensuite rappelé un journaliste, Dieu a donné à l'homme le contrôle sur les animaux sauvages ... –« (Stott, JWR La foi chrétienne face aux défis contemporains Nouvelle Création, Buenos Aires : 1991, p...133). Quelle erreur a connu ce pasteur. En tant que chrétiens, nous devons commencer à penser et à agir en tant que gardiens de Dieu.

## Révisez / Application :
Discutez des questions suivantes avec la classe et demandez-leur d'écrire leurs réponses. Vous pouvez leur parler des réponses suggérées lorsqu'ils ont mis leurs propres réponses.

1. Les animaux ont-ils des droits ? **Bien qu'il existe des droits sur les animaux, ils ne sont pas encore reconnus comme tels. Ce que les lois pour la protection des animaux ou la proclamation des droits des animaux, si elles ont réalisé, c'est, dans une certaine mesure, «couper les droits absolus qui étaient auparavant accordés aux êtres humains» sur les animaux. (Revue Raison y Foi, Les droits des animaux et la valeur morale des êtres vivants, Miguel Sánchez González, Volume 223-N°1190-Mars 1991).**

2. Quelle est la déclaration qui, en tant que croyants, devrait nous amener au respect des animaux ? **Qu'ils font partie de la création de Dieu dont nous avons été chargés pour protéger, selon Genèse 1:28.**

## Défi :
Coordonner avec la classe une visite d'un refuge pour animaux à proximité. Peut-être pourront-ils s'offrir pour une journée de bénévolat. Le but de l'activité est de sensibiliser leur cœur à la souffrance et à l'abandon subis par les animaux, et de connaître la bonne disposition de ceux qui consacrent leur temps à s'occuper d'eux.

# La contamination

**Objectif :** L'élève doit comprendre la relation qu'existe entre la contamination du cœur humain et de la pollution de la planète.

**A mémoriser :** « L'eternel Dieu prit l'homme, et le plaça dans le jardin d'Éden pour le cultiver et le cultiver » Genèse 2 :15.

**Avertissement**
Commencez par leur faire partager des témoignages du défi de la semaine précédente.
Accepter
x

## Connecter · Télécharger

Le mot contaminer est synonyme de corrompre, ruine, souiller et infecter. Dans la Bible, l'idée de la contamination applique, d'abord, à la dégénérescence profonde que le péché peut provoquer à l'intérieur des personnes. Plusieurs fois, Dieu a averti son peuple de ne pas polluer (Ézéchiel 20 : 1-7, 42-43) ; et Jésus lui-même (10-20 Matthieu 15) l'a enseigné.

Depuis les temps anciens de la contamination du cœur a été lié la contamination de la terre (Nombres 35 : 30-34). Cela reste vrai jusqu'à ce jour. La contamination de la terre commence, alors, avec la contamination interne des humains. La Fierté, l'envie, l'ambition et la cupidité, ont généré des systèmes économiques, politiques et sociaux qui polluent la création, donnant lieu à des phénomènes tels que le changement climatique.

### Introduction Dynamique (12 à 17ans).

- Matériels : Un récipient en verre, rempli d'eau propre ; certains composés chimiques couramment utilisés dans nos maisons (poudres de lavage, de nettoyage liquides, eau de javel, etc.) ; déchets que versons généralement de l'eau (emballages plastiques, métaux, papier hygiénique, etc.)

- Instructions : Montrez le récipient avec de l'eau propre ; versez une à l'un des produits chimiques ou des déchets. A chaque fois vérifiez que les changements de l'odeur, la couleur ou la consistance de l'eau. Ensuite, posez les questions suivantes : Pourquoi notre société contamine l'eau ? Il est aussi facile ou difficile de contaminer ? Il est facile ou difficile de nettoyer l'eau polluée ? ¿Contaminer l'environnement pourrait être considéré comme un péché ? Pourquoi ?

  Selon le texte à mémoriser, il est la responsabilité chrétienne à la création ?

### Introduction dynamique (18-23 ans).

- Instructions : Demandez aux jeunes s'ils connaissent les maladies humaines liées à la contamination. Questionnez sur d'autres conséquences causant la contamination chez les animaux et les plantes. Faites une liste sur le tableau. Si c'est possible, prenez quelques exemples graphiques ou des documentaires des maladies et des conséquences engendrées par la contamination de l'eau, l'air et la terre. Puis demandez : Quelle relation a la contamination avec la maladie ? Est-ce que nous pourrions appeler cela bien-être ? Est-il nécessaire de contaminer pour vivre bien ?

## Connecter · Télécharger

Depuis les temps anciens la civilisation a contaminé la terre dans le cadre de leur idée du progrès matériel. Cependant, au cours des 200 dernières années, avec l'émergence du développement industriel, on a plus enregistré la contamination qu'en aucune époque dans l'histoire.

Actuellement, la principale source de contamination c'est l'émission de ce qu'on appelle l'effet de serre (GES). Ces gaz se forment par l'utilisation de combustibles fossiles comme le charbon, le pétrole et le gaz naturel, utilisés pour déplacer les machines industrielles, les navires, les trains, les voitures et les avions. Aussi l'apparition de matières plastiques et d'autres matériels synthétiques ainsi que des engrais et des produits chimiques divers, ont contribué à contaminer l'eau et la terre.

# 1. Conséquence de la contamination

Le phénomène le plus palpable du degré de contamination qui a atteint la terre est appelé le changement climatique ou le réchauffement climatique. Selon l'Union internationale pour la conservation de la nature (UMCN), on n'estime que les zones les plus touchées par le réchauffement climatique, « sont la région du Cap (Afrique du Sud), les bassins des Caraïbes et de la Méditerranée et Andes tropicales, qui va perdre 3000 espèces végétales. Dans les Caraïbes, la Birmanie et l'Indochine Andes tropicales disparaîtront 200 espèces de vertébrés. 56% des 252 espèces de poissons de la Méditerranée et 28% de l'Afrique orientale sont actuellement en danger d'extinction ». En outre, l'augmentation des émissions de GES dans l'atmosphère, ce qui provoque le changement climatique (et qui devrait doubler en un siècle), « il permettra d'éliminer 56.000 espèces végétales et 3.700 vertébrés » (Boff Leonardo, « démocratie et Écologie » dans l'Agenda latino-américain 2007, paragraphe 3, dernier alinéa http: //www.servicioskoinonia.org/agenda/archivo/obra. php?ncodigo=312 Consultation : du 2 Juillet 2008). Avec cela ajoutent les conséquences humaines qui auront des phénomènes tels que l'élévation du niveau de la mer et les changements de température dans différentes parties du monde, qui affectent la vie, la nourriture et la santé des millions de personnes.

Ce qui se cache derrière ces données c'est l'idée que l'homme est le maître de la terre et tout ce qu'il contient il devrait y avoir à son service. Cette idée est connue comme anthropocentrisme. En quelques mots, la civilisation humaine a vu dans la nature une source inépuisable de l'exploitation des ressources au profit ; les forêts ont été considérées comme fournisseurs du bois et le vent en tant que fournisseur d'énergie pour le mouvement. Mais une forêt est plus que le bois et plus que l'énergie éolienne. Les forêts et le vent font partie des cycles naturels qui génèrent la vie des animaux, des plantes et de l'humanité elle-même. En oubliant cela, les hommes et les femmes ont affecté leur propre subsistance, ainsi que l'existence continue des autres êtres.

# 2. La perspective biblique

Depuis le début de la création, Dieu a confié aux hommes et aux femmes qui maintiennent la planète une relation de « soigner et de labourer le sol », c'est-à- dire Il a envoyé pour intervenir sur la terre (pour labourer), mais cherchant leur préservation (pour la garder) comme partie d'une responsabilité de son créateur (Genèse 1 : 28-31). La domination correcte de l'humanité sur les autres êtres sur la planète produit le bien-être. Comme le texte biblique, en rentrant le péché dans le cœur de l'homme, la terre a également subi les conséquences (Genèse 3 : 17-19). Par conséquent, la contamination intérieure de l'homme est en ligne directe avec la contamination de la terre. Les deux sont liés dans un destin commun. L'épître aux Romains nous dit que la terre a été « liée » par Dieu en destination de leurs soins (Romains 8 : 19-23). Le péché des hommes contre la terre a pour des conséquences graves, car il implique, tout en reconnaissant que la création appartient à Dieu (Lévitique 25 : 23 ; Psaumes 24 : 1-2 ; 102 : 25). La manifestation du Royaume de Dieu inclut la destruction de ceux qui détruisent la terre (Apocalypse 11 : 15-18).

Une humanité contaminée génère une terre détruite et soufferte. Mais une humanité rachetée produit une terre vivante pour la gloire de Dieu. Ainsi, l'arrivée de notre Roi et Seigneur Jésus-Christ, est une bonne nouvelle pour la terre (Luc 2 : 10-14). Jésus est l'homme que Dieu a prévu pour racheter la terre aussi. Depuis les temps anciens, on a été prophétisé que le Royaume de Dieu apportera le bien-être à la création (Esaïe 11 : 1-9) cela signifie la fin des destructeurs. Grace à l'œuvre rédemptrice de Jésus, nous, les enfants de Dieu et témoins de Christ, nous faisons partie de cet espoir pour tous les êtres qui peuplent la planète (Romains 8 : 21-23), à condition que nous donnions un vrai témoignage comme le peuple de Dieu. Demandez : Quelle est la différence entre un propriétaire et un gardien ou gestionnaire ? Pour quelle raison la contamination de l'homme est liée à la contamination de la terre ? Quel est, selon la Bible, le sort des destructeurs de la terre ?

# 3. Les alternatives

Les chrétiens peuvent travailler dans le soin de la terre de deux façons :

- La lutte contre les effets de la contamination et la lutte contre leurs causes.
  - ◊ Réduire la pollution, l'utilisation de matériels recyclables et de produits biodégradables ; l'évolution des habitudes de consommation de matières plastiques, de prolonger la vie des appareils ménagers ou, si nécessaire, le remplacement du matériel avec une utilisation plus efficace de l'énergie.

◊ Réutilisation, recycler, réduire et renouveler, sont des mots-clés pour atténuer les effets de la pollution.

- La lutte contre les causes est plus complexe, mais le plus important pour combattre les effets, puisque cela signifie changer les formes de production et de consommation de l'économie actuelle.
  ◊ Il est exigé aux entreprises et des pays à réduire leurs émissions de gaz à effet de serre.
  ◊ Développer des lois exigeant que les pollueurs nettoient et réparent les contaminés ou endommagés.
  ◊ Exiger que le progrès technologique accomplisse aux principes éthiques de la préservation et de la précaution.
  ◊ La lutte contre les causes de la pollution, aussi qu'elle implique l'utilisation d'énergies alternatives comme l'énergie solaire et d'autres qui ne compromettent pas les cycles de la nature.

Aujourd'hui, les chrétiens ont l'important défi d'accomplir le mandat de Dieu pour prendre soin de la terre. Demandez : Quelles actions concrètes vous pouvez commencer faire aujourd'hui pour éviter la contamination ? (Faites une liste sur le tableau) Pourquoi est-il plus difficile de lutter contre les causes des effets de la pollution ? Pourquoi les chrétiens ont une espérance pour la terre ?

Révisez / Application: Demandez à vos élèves de se répartir en groupes et d'écrire la définition des mots suivants et à l'aide de matières organiques et inorganiques trouvées dans les dépotoirs, dans les jardins ou dans les pots de l'église, élaborez une affiche pour représenter l'une des mots suivants : réutiliser, recycler, réduire, renouveler

À la fin, chaque groupe doit expliquer son affiche et parler des alternatives qui existent pour éviter la pollution et donner un témoignage chrétien de soin pour la création.

Défi: En utilisant les propositions qui ont émergé de la dynamique (trouvées dans la section Téléchargements), convenez avec votre professeur d'élaborer un plan de travail annuel afin que des actions puissent être prises dans l'église pour éviter la contamination et prendre soin de la création. Le plan peut inclure la collaboration volontaire d'enfants et d'adultes intéressés, ainsi qu'une série de sermons de votre pasteur dans lesquels le sujet est abordé.

# Nous soignons l'eau

**Objectif :** L'élève doit comprendre que l'eau, à laquelle tout le monde devrait avoir accès, a une dimension matérielle et spirituelle.

**A mémoriser :** « Et que celui qui a soif vienne ; que celui qui veut, prenne de l'eau de la vie gratuitement » Apocalypse 22 : 17b.

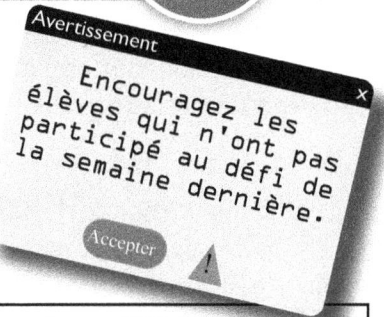

Connecter | Télécharger

## Introduction Dynamique (12 à 17ans).

- Instructions : Demandez aux élèves de fermer les yeux et de commencer à imaginer l'endroit où une rivière a pris naissance (il est essentiel qu'ils maintiennent les yeux fermés pendant la dynamique). Détaillez les images qui aident l'imagination de leurs élèves. Donnez suffisamment de temps pour visualiser les détails de l'endroit : « Peut-être il y a des arbres et des poissons ; peut-être vous pouvez voir le fond du fleuve Cristallin et la lumière du soleil ».

Ensuite, dites à vos élèves d'imaginer qu'ils sont dans ce fleuve et ils pensent les sentiments que cela entraîne. Commentez : « Vous êtes ce fleuve ! », Comment ils se sentent ?? (Laissez les élèves expriment leurs sensations).

Invitez-les à imaginer que le fleuve a commencé son cours et ils se sentent comme l'eau courante. Ils sont cette eau qui courre. Qu'est- ce qu'ils voient ? Comment sont les endroits qu'ils traversent ?

Prenez une pause et dites : « À ce stade, vous commencez à sentir que quelque chose étrange est introduit dans ses eaux, c'est une décharge de pétrole ! »

Continuez en disant : « Ils commencent également à obtenir beaucoup d'ordure dans leurs causes, substances industrielles, huiles, insecticides ; puis ils ont tué leurs poissons, les couleurs sont éteintes et tout devient gris et puant ».

Enfin, ils doivent ouvrir leurs yeux. Demandez : « Comment sentez-vous maintenant ? Quelle relation a un fleuve propre avec le bien-être physique et spirituel que Dieu nous donne ? Que cela signifie un fleuve sale ? »

## Introduction Dynamique (18-23 ans).

- Matériels : Coupures de nouvelles de journaux locaux, sur les questions relatives à l'eau dans tous les contextes (un fleuve polluée, la construction d'un barrage hydraulique ou le travail qui représente un conflit social ou une avance, les pénuries d'eau, la hausse taux, etc.).

- Instructions : En utilisant les nouvelles, apportez à la classe la réflexion sur un problème d'eau que connaissez, peut être votre maison, quartier, ville ou pays et demandez : Quelle est pour vous la cause des problèmes qui traversent la situation actuelle de l'eau ? Quels sont les problèmes dans la vie physique et la vie spirituelle la contamination reflète ou la mauvaise distribution de l'eau ?

Écrivez une liste dans le tableau des problèmes que cela crée dans la vie physique. Maladie, soif, malnutrition, etc. Écrivez la relation qu'elle a avec la vie spirituelle, par exemple : Lorsque l'eau de déchets et d'autres qui ne doivent pas avoir accès à elle se reflète l'injustice, l'égoïsme, le manque d'amour du prochain, etc.

Comment pouvons-nous redonner à l'eau la signification de la vie que Dieu l'a donné ? Quelle est la signification de l'eau quand il est rare ou ne peut pas donner la vie ? Comment les chrétiens pourraient aider à résoudre les problèmes d'eau qui existent dans notre ville ou pays ? Qu'est ce que je pourrais faire ?

Tous les êtres de la planète dépendent de l'eau. Par conséquent, l'eau se présente comme un besoin qui ne distingue pas entre riches et pauvres, les hommes et les femmes, race ou nationalité ; et même leur nécessité nous lie avec des plantes et des animaux.

En nous donnant de l'eau, Dieu a témoigné de sa bonté et de soin de nos besoins. L'eau est la vie et cela soulève une relation très importante avec Dieu, le créateur de la vie.

## 1. La situation de l'eau

« Dans le monde 1.100 millions de personnes, de tous les continents, n'ont pas accès à l'eau potable » (Rapport des Nations Unies sur le développement des ressources hydriques dans le monde, l'eau pour tous, l'eau pour la vie, Edt. UNESCO / Oxford University Press, 2003, pour l'édition espagnole, p.11.). « En Amérique latine 48% de la population ne dispose pas de systèmes d'assainissement adéquats, ce qui implique plusieurs risques pour la santé, en fait, dans la région sont traités seulement 14% des appels « l'eau noire ou grise ». Par conséquent, ils ont signalé que 153.000 décès par an causés par les maladies diarrhéiques liées à la qualité de l'eau déficiente, dont 85% se produisent chez les enfants de moins de 5 ans » (Programme de l'eau, l'environnement et la société, l'eau pour les Amériques au XXIe siècle, Mémoire Forum, éditer. Collège Mexique / Commission nationale de l'eau, première édition, Mexique 2003, copie électronique). En outre, divers conflits sociaux sont déclenchés par les injustices liées à la distribution de l'eau : « Seulement au Mexique et en Amérique centrale, on estime que plus de 300 personnes ont été déplacées de leurs foyers, souvent par la force, en raison de la construction de barrages ». Centre pour la recherche économique et politique pour l'action communautaire AC (CIEPAC) ne soyez pas les barrages Dam ; Edit.CIEPAC / COMPA / MAPDER, Mexique 2005, copie électronique). « Il y a aussi des paiements inéquitables des taux d'eau, par exemple, les familles les plus pauvres d'Amérique latine viennent à payer entre 12% et 15% de leur revenu, les services publics ou privés déficient « (Programme Eau, Environnement et Société, l'eau pour les Amériques au XXIe siècle, Forum Memory, Edit. Collège Mexique / Commission nationale de l'eau, première édition, Mexique 2003, copie électronique). Au lieu de cela de nombreuses zones urbaines riches, ainsi que les secteurs d'activité et de l'agriculture, notamment les subventions à la consommation. La vente de l'eau en bouteille est devenue la grande entreprise, dans la mesure où, dans certains endroits, un litre d'eau embouteillée vendue plus cher qu'un litre d'essence et coûte des milliers de fois plus d'un litre du réseau public, qui signifie que beaucoup de gens sont exclus de l'eau de qualité qui devrait être pour tout le monde.

En outre, la meilleure économie d'utilisation de l'eau implique un effort global : Le consommateur le plus important de l'eau est l'agriculture, qui utilise 70% de l'eau dans le monde, suivi par le secteur industriel avec 20 % (ce qui est l'utilisateur qui pollue plus l'eau) et le secteur urbain avec 10%. Alors que les efforts des citoyens sont importants pour économiser l'eau, ce sont les plus gros consommateurs qui doivent épargner davantage. Pour cela, on ajoute que dans très peu endroit dans le monde on considère le pourcentage d'eau dont nous avons besoin pour vivre les propres écosystèmes des fleuves, les lacs et les aquifères. Demandez : Que dit cette situation de l'eau sur la vie spirituelle de l'être humain ? Y a-t-il de « fleuves d'eau vive » dans les données ci-dessus ?

## 2. La perspective de l'eau dans la Bible

Dieu a mis des témoins de sa bonté dans la création, dans le but que l'homme reconnaisse sa présence et son désir de bien-être avec les créatures de la terre. L'existence de l'eau est l'un de ces témoignages que beaucoup d'hommes et de femmes bénissent Dieu (Psaume 104 : 10-13, 24-26). En fait, la création de l'eau est, elle-même, une raison claire d'offrir la louange respectueuse à notre roi (Apocalypse 14 : 6-7). Une démonstration du royaume de Dieu est l'abondance de l'eau pour son peuple (Psaume 73 :10). La condition d'être une eau libre étend à une dimension qui combine la nécessité de l'eau physique et spirituelle (Apocalypse 21 : 5-7).

Une personne qui est capable de donner à un autre de l'eau physique gratuite, manifeste, essentiellement un acte spirituel (Marc 9 : 38-41). D'autre part, l'eau spirituelle est aussi un don, étant très supérieure l'eau matérielle, Dieu donne à tous ceux qui ont soif et besoin pour savoir qu'il est celui qui désaltère (Psaume 42 : 1-2 ; Jean 4 : 6-15). Demandez : Pourquoi on peut dire quelqu'un que l'eau a de bonne qualité pour la consommation, est- ce que c'est un acte spirituel ? Est-ce une partie de l'acte de « nourrir les affamés » ? Pourquoi ?

## 3. Les alternatives à la situation de l'eau

L'eau doit être pour tout le monde. Les gouvernements comme les entreprises et les citoyens doivent prioriser l'eau qu'on utilise pour maintenir la vie, avant que l'eau pour maintenir l'entreprise ou de l'économie. Selon l'ONU, les gens ont besoin environ 30 litres d'eau par jour pour répondre aux besoins de base. Il y a des mouvements internationaux qui proposent que ces 30 litres sont gratuits pour tous, comme ils sont ceux qui conservent le droit humain à la vie. Dans les boucs et les villes d'autrefois, il y avait toujours une source d'eau potable, public et gratuite. D'où le dicton : « Un verre d'eau n'est pas refusé à personne. »

Il y a quatre niveaux de priorité dans la consommation de l'eau : (1) Couvrir et garantir les besoins en eau pour la vie de tout le monde (y compris les écosystèmes). (2) L'eau pour la consommation des citoyens tous les jours, celle qui devrait avoir des tarifs équitables en fonction du volume de la consommation de chaque personne. (3) L'eau pour l'économie, à savoir, l'industrie, les entreprises et le développement durable, dont les taux seraient aussi être échelonner et sans subventions déloyales ; payer tous les coûts engendrés pour contaminer de l'eau. (4) Mettre en place des règlements et des lois pour punir les pollueurs d'eau irresponsables. Ces propositions peuvent permettre la réflexion sur l'ordre nécessaire pour maintenir l'eau dans sa relation avec la vie et ont été prises à partir de divers mouvements internationaux pour une nouvelle culture de l'eau (courage, Pierre, « le défi éthique de la nouvelle culture de l'eau « En revis folios, la publication de diffusion et analyse, n ° 11 ;. Modifier par l'Institut électoral et de la participation citoyenne de l'État de Jalisco, l'automne 2008... p.12-20).

Les chrétiens ont la responsabilité de penser et de proposer des stratégies pour conserver l'eau, en tant que forme de témoignage de la bonté de Dieu.

**Révisez / Application:** Demandez-leur d'abord d'écrire sur leurs feuilles des idées sur la façon dont ils peuvent sensibiliser les gens à l'importance de prendre soin de l'eau.

Montrez-leur ensuite le matériel suivant : carton pour affiche, papier plié, marqueurs, crayons de couleur, papier de couleur et crayons de couleur.

Enfin, demandez-leur de faire une affiche avec des idées pratiques pour économiser l'eau, puis collez-les à différents endroits où ils ont accès. Par exemple:

1. Vérifiez dans vos maisons et églises qu'aucun robinet ne fuit même une goutte.
2. Évaluer les toilettes pour les fuites potentielles.
3. Placez des bouteilles de sable dans les réservoirs des toilettes ou des salles de bain afin qu'elles ne se remplissent pas d'autant d'eau et qu'elles ne soient gaspillées lors de la vidange.
4. Couper l'eau pendant le brossage des dents ou la vaisselle savonneuse.
5. Ne pas utiliser de tuyaux pour laver les véhicules.
6. Jeter l'eau restante de la bouteille sur une plante.
7. Arrosage avant ou après le coucher du soleil.
8. Sensibiliser la communauté à l'importance d'économiser l'eau.
9. Prions qu'en tant que chrétiens, nous puissions aider à sensibiliser à la nécessité de changer les habitudes d'utilisation de l'eau.

**Défi:** Pendant la semaine, notez les habitudes que vous avez commencé à changer pour économiser l'eau et avec combien de personnes vous avez partagé ce que vous avez appris.

# Ce qui tire moins, gagne

**Avertissement**

Demandez à combien de personnes ont-ils partagé au cours de la semaine ce qu'ils ont appris sur l'eau matérielle et spirituelle ?

Accepter

**Objectif :** L'élève doit être responsable de débris et d'apprendre la valeur du recyclage.

**A mémoriser:** « Car nous sommes son ouvrage, ayant été créés en Jésus-Christ pour de bonnes œuvres » Éphésiens 2 : 10a.

## Connecter | Télécharger

### Introduction dynamique (12 à 17ans).

- Matériels : Différents restes d'ordures : déchets de pomme de terre, batteries épuisées ou piles (non sulfatées), des branches sèches et des feuilles, etc.

- Instructions : Placez chaque type de déchets dans un récipient ou un sachet sans être visualisé par la classe. Avec les yeux bandés, trois volontaires auront à dire lequel ou lesquels de ces récipients qui contiennent des déchets guidés par l'odeur. À savoir que les ordures ou déchets contaminants ne sont pas seulement ceux qui ont l'odeur, mais il existe différents types de déchets. Parfois, ceux qui n'empêchent pas l'odeur sont nuisibles pour l'environnement.

### Introduction Dynamique (18-23 ans).

- Matériels : Piles ou batteries, photo d'un cahier ou de l'ordinateur, la photo d'une automobile, des sachets plastiques, papiers, quelques fruits et une cellule.

- Instructions : Placer chacun des éléments de la liste ci-dessus sur une table et demander à trois étudiants, lesquels de ces objets qui seraient les plus utiles. La plupart coïncidera sûrement en choisissant l'ordinateur, le cellulaire ou l'auto. Permettez que les jeunes réfléchissent sur la mode ou la coutume, les éléments que nous considérons comme les plus importants ou les plus utiles sont aussi les plus polluants pour ses composants et pour le temps qu'il faut pour se dégrader.

## Connecter | Télécharger

En généralement on dit que les déchets ce sont tous ceux qui ne servent plus. En retournant de faire des achats, les sachets et les papiers sont jetés dans la poubelle parce qu'ils ne servent plus. En outre, on jette dans la poubelle le fruit qui est « gâté », la bouteille qui est cassée, les canettes vides, etc.

Les ressources ne se terminent pas lorsqu'ils sont consommés pour satisfaire les besoins. Les matériels qui les constituent existent encore, ils sont retournés à l'environnement et accumulent en tant que déchets.

## 1. Les déchets que nous générons

Les déchets ne doivent pas nécessairement être capables de donner des odeurs, répugnantes et indésirables ; cela dépend de l'origine de la composition.

Selon sa composition, les déchets peuvent être classés en :

- Déchets organiques : Tous déchets d'origine biologique, qui étaient autrefois vivants ou faisaient partie d'un être vivant, par exemple, des feuilles, des branches, des coquillages et des résidus de la fabrication de la nourriture à la maison, etc.

- Déchets inorganiques : Un déchet d'origine non biologique, d'origine industrielle ou d'un autre procédé non naturel, tels que : les plastiques, les tissus synthétiques, etc.

C'est un fait reconnu dans le monde entier que les déchets augmentent chaque jour. Les principales causes de cette augmentation sont : augmentation significative de la population dans les villes. La grande variété d'objets produit aujourd'hui. La manière dont ces objets sont emballés. L'achat excessif et compulsif et l'attitude accumulation de biens au-delà du nécessaire pour vivre (consommation).

En multipliant nos déchets personnels par le nombre de personnes qui peuplent la planète, les niveaux de contamination sont extrêmement élevés et ses conséquences dévastatrices à court, moyen et long terme. Et c'est bien pire, si nous additionnons les déchets personnels aux déchets industriels, produits chimiques, hospitaliers, urbains et déchets technologiques dans le monde entier.

Maintenant, comme nous avons étudié que : « Au commencement, Dieu a établi des relations entre tous ceux qu'il a créé ensemble. Les femmes et les hommes, en tant que porteurs de l'image de Dieu, nous sommes appelés à servir et aimer le reste de la création, et nous sommes responsables de rendre compte devant Dieu en tant que gardiens. Notre soin de la création c'est un acte d'adoration et obéissance à notre Créateur (Genèse 1 : 26-30 et 02 :15) ». « Fondation Kairos ». (Argentine) http ://www.kairos.org.ar/blog/ ?p=5 Déclaration sur l'intendance de la création et le changement climatique (point 2 de la déclaration). [Voir 3 Janvier 2010].

Demandez à trois élèves de lire les versets suivants : Genèse 1 : 26-30 ; 2 : 15. Chacun de ces passages nous rappelle que Dieu ordonna à Adam et Ève dans les premiers jours de la création, quand tout était à la première. Cela sonne bien ! Non ? Imaginons un instant, comme il sonnerait aujourd'hui, ce commandement de Dieu. Demandez aux élèves quelle parole que Dieu utiliserait pour nous demander aujourd'hui, de même qu'il a demandé à Adam et Ève. Par exemple : « Carla, à partir de maintenant, vous êtes le gérant de tout ce que je viens de créer, tout est à votre disposition, est prêt à vos soins, de sorte que vous appréciez chaque chose ; J'espère que vous faites un bon travail ».

Certainement une bonne dose de « fierté » perce notre corps. Cependant, nous pourrions aussi imaginer un de ces jours le Seigneur va réviser les dépôts d'ordures dans la maison, le travail ou l'église et de la honte serait Inimaginable ! Pensons combien piles, cellulaires, des CD, des DVD, des bouteilles, des sachets en plastique et des boîtes, etc., Nous jetons les déchets de façon irresponsable.

Bien que les mots soient les autres, ce que Dieu a transmis à Adam et Ève est enregistré dans la Bible et aujourd'hui c'est un message pour nous.

## 2. Nous sommes responsables

Consciemment ou inconsciemment, chaque fois que nous décidons d'acheter ou d'utiliser un objet (de toute nature), et après pour le transformer en déchets, nous exerçons notre droit de choisir, par conséquent nous exerçons aussi notre « responsabilité ». Ce mot dont l'origine dérive du latin « ...réponderé » (répondre) est la capacité à répondre par nos actions, réalisées dans la liberté et la conscience de toutes nos actions (y compris les omissions et les silences ...) qui ont des conséquences qui nous affectent, qui affectent à d'autres, qui affectent notre environnement, l'écosystème dont nous faisons partie.

Puisque nous sommes dans le monde, nous vivons parmi d'autres êtres et rien de ce que nous faisons (ou laissons faire) sera en dehors du cadre qui nous lie à eux et à la vie. Nous ne pouvons pas échapper à la responsabilité. En tant que consommateurs et producteurs, nous sommes responsables de la façon dont nous travaillons, la façon dont nous consommons, la façon dont nous produisons, la façon dont nous rapportons, la façon dont nous unissons à l'environnement, avec la nature, avec d'autres êtres vivants. Il n'y a pas de consommation innocente. Chaque consommateur est responsable » (Éloge de la responsabilité. Sergio Sinay. La nouvelle extrême. 2005, 1 édition, pp.11-78-79). Demandez : Combien de cellulaires nous avons rejeté ? Combien de piles ou batteries sont devenus des ordures ? Lorsque nous changeons le cellulaire : C'est déterminant, chaque achat, pour le cours de notre vie ou nous satisfaisons seulement un désir ? Combien de canettes ou des bouteilles en plastique que nous avons jeté partout dans le dernier mois ? Pourraient-ils été moins, en cherchant des options d'emballages réutilisables ou de réutiliser les bouteilles?

## 3. Bonnes idées, bonnes œuvres, bon témoignage

Par-dessus de tout, nous devons comprendre que nous pouvons et devons améliorer notre témoignage en tant que chrétiens dans le domaine de la gestion des déchets. Notre attitude à l'égard du soin de l'environnement est un élément central du message évangélique. Pourquoi ? Parce que la Bible dit qu'en Jésus, Dieu veut réconcilier toutes choses (Colossiens 1 : 19-20) et cela inclut notre relation avec l'environnement qui a brisé avec l'apparition du péché dans le Jardin d'Éden.

Longtemps après l'apôtre Paul dans sa lettre aux Romains qui dit : « Or nous savons que, jusqu'à ce jour, la création tout entière soupire et souffre les douleurs de l'enfantement »  Romains 8 : 19, 22.

L'évangile est non seulement la réconciliation spirituelle mais aussi sociale, physique et écologique. Par conséquent tout ce nous pouvons faire et corriger dans la gestion correcte de nos déchets, à la fois personnel et collectif, sont la partie des bonnes œuvres (Éphésiens 2 : 10).

Quelques idées pratiques aideront à déterminer des actions pour améliorer nos habitudes et d'élargir l'influence de notre témoignage en tant que chrétiens :

- Choisir des verres en vitres ou en plastiques (remboursable) pour la réutilisation.

- Ne pas utiliser des récipients non réutilisables ou des boîtes en aluminium.

- Réduire l'utilisation de sachets plastiques dans les achats, portez dans votre maison d'autres sachets non-jetables appropriés qui ne sont pas desséchés ou bien, quand il soit possible, utiliser vos mains si ce que vous portez est petit.

- Acheter des piles ou des batteries rechargeables, non seulement vous ferez une énorme contribution, mais même si cela signifie plus d'investissements pour la première fois, vous verrez que vos dépenses dans ce produit seront réduites considérablement.

- Éviter de changer le cellulaire de façon compulsive avant chaque nouveau modèle.

- Vérifier que les assainisseurs du milieu ou personnel que vous utilisez n'affectent la couche d'ozone.

- Classer et retirer vos déchets au moment opportun afin qu'ils puissent être collectés correctement

- Réutiliser des feuilles avec des espaces ou cailles blancs pour vos notes ou des impressions.

- Ne pas imprimer quelque chose qui n'est pas très nécessaire. Penser avant de le faire.

- Faire des archives ordonnées dans l'ordinateur, pour éviter des archives de papier.

## Révisez / Application:
Cette affirmation est-elle correcte ? : "Il n'y a pas de consommation innocente. Tous les consommateurs sont responsables".

Réponses : Si la déclaration est correcte, selon la manière dont nous exerçons nos droits et obligations en tant que consommateurs, nous pouvons être responsables d'apporter une contribution positive et de prendre soin de l'environnement ou responsables d'une contribution négative et de destruction.

Mais nous serons toujours responsables car nous pouvons penser et choisir comment agir.

## Défi:
Pendant la semaine, préparez avec votre classe une brochure avec ces données et d'autres que vous jugez frappantes et distribuez-les dans le voisinage et aussi aux autres membres de la congrégation. Avec des suggestions pratiques que tout le monde peut faire.

# Les Poumons en danger

**Objectif :** L'élève doit comprendre que nous avons la responsabilité de faire du bien à la nature, de protéger la flore de la planète.

**A mémoriser :** « Toute dîme de la terre, soit des récoltes de la terre soit du fruit des arbres, appartient à l'Eternel ; c'est une chose consacrée à l'Eternel » Lévitique 27 :30.

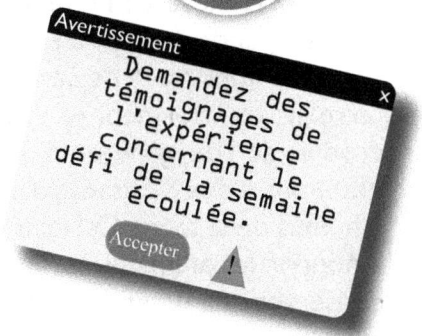

> **Avertissement** x
> Demandez des témoignages de l'expérience concernant le défi de la semaine écoulée.
> Accepter !

**Connecter** | Télécharger

## Introduction dynamique (12 à 17ans).

- Matériels : Un globe gonflé pour élève et des marqueurs pour dessiner des images sur les globes.

  Dans un globe désigne les contours similaires à une carte mondiale (globe terraquée) ou écrivez les mots « Planète Terre ». Dans quatre autres faces laides, seront les « menaces » avec les écritures suivantes, contamination, irresponsable, déchets toxiques, déforestation. Le reste du groupe aura les globes qui sont les « protecteurs » de la planète, ses globes vont dire, les rivières, les arbres, les mers, les plantes médicinales, des arbustes, des lacs, des herbes, etc. (Vous pouvez répéter les protecteurs si vous avez plus d'élèves).

- Instructions : Demandez à un élève qui a le globe « Planète terre » ; quatre élèves qui ont remporté les globes « menaces » le reste des globes et avec les « protecteurs ».

  Les « protecteurs » pourront mis en cercle dans le globe « Planète terre ». Ensuite, les « menaces » intenteront de briser le cercle qui protège la planète terre, en éclatant les globes « protecteurs » chaque globe qui a éclaté doit sortir dans le cercle. D'autre part, les « protecteurs doivent s'efforcer pour ne pas laisser les « menaces » et en éclatant leurs globes. L'idée c'est que les menaces échouent d'éclater du globe de la « Planète Terre ». Si cela arrive, on met fin à la dynamique, bien que jusqu'à présent ils restent encore des globes de « menaces » et « protecteurs ». Une autre façon de conclure c'est que si tous les globes de « menace » ont été éclaté. Ainsi, il était possible de sauver la planète.

  Dieu a un ordre, contrôle et un cycle de reproduction, pour toute sa création.

  Nous ne soucions pas de ce que Dieu nous a donné, au contraire inconsciemment ou consciemment nous apportons à sa destruction.

## Introduction dynamique (18-23 ans).

- Matériels : Une feuille contenant les questions suivantes avec des options de réponse et crayon.

- Instructions : Divisez la classe en deux ou trois groupes. Donnez à chaque groupe une feuille avec des questions et les options de réponses. Ensuite donnez quelques minutes pour qu'ils marquent un X dans la bonne réponse. Quand ils les trouvent, permettez qu'ils partagent la réponse avec la classe. Si vous ne connaissez pas quelques réponses, donnez un rendez-vous biblique pour la lire et de trouver la réponse.

1. Quel arbre était un symbole d'un homme juste ?
   a. Chêne ( )
   b. acacia ( )
   c. palmier (X) Psaumes 92 :12
   d. Pomme ( )

2. Quel arbre on a pris pour faire l'arche de témoignage?
   a. acacia (X)    Exode 25 :10
   b. gofer
   c. cèdre
   d. noyer

3. Le fruit de cet arbre a été utilisé pour guérir le roi Ézéchias de sa maladie ?
   a. poires ( )
   b. figues (X) 2 Rois 20 : 7
   c. ciruelles ( )
   d. raisins ( )

4. Quel arbre Zachée a grimpé pour voir Jésus ?
   a. chêne ()
   b. sycomore (X) Luc 19 : 4
   c. Noyer ( )
   a. Cannelle ( )

La Bible nous donne des exemples d'arbres dans l'histoire qui sont utiles pour des fins différentes.

# 1. Les arbres sont la création de Dieu

Lisez Genèse 1 : 11-12. Ces versets nous relatent la scène d'une partie essentielle de la création. Dieu, dans sa grande sagesse Il a fait sa création parfaite et avec un but défini tel qu'il exprime dans Genèse 1 :29.

Il est important de savoir qu'en plus de servir pour l'aliment des arbres, qui sont les poumons de la terre, ils transforment le dioxyde de carbone en oxygène, par exemple : Une chêne de taille moyenne, produit de l'oxygène pour 10 personnes par jour. Demandez : Quels sont les autres avantages que nous obtenons d'eux ? Laissez qu'ils opinent. Voici quelques suggestions : Ils empêchent les pluies lavent la couche d'humus de la terre. Certains ont proposé des propriétés curatives. Certains portent des fruits qui servent à nourrir les animaux et les humains. Avec le bois on construit des maisons, des meubles et du papier. Ils conservent dans ses feuilles la poussière et les particules qui flottent dans l'air, ce qui empêche que nous inhalerons. Ils servent de refuge pour les insectes, les oiseaux et les animaux.

Demandez : Est- ce que nous pouvons voir et apprécier les desseins de Dieu dans la création des arbres et des plantes ? Quelle est notre responsabilité ? Laissez qu'ils répondent. Nous devons faire bon usage.

# 2. L'utilisation appropriée de la création

Demandez : Quelles sont les deux actions que Dieu souligne à l'homme dans Genèse 2 :15 ?

Quand Dieu a mis l'homme dans le Jardin Éden qu'il l'a donné le commandement à labourer et à conserver. Cela nous montre que Dieu n'a créé pas l'homme pour qu'il soit paresseux mais Il l'a donné une occupation. La vocation l'agriculteur est une occupation tant ancienne comme l'homme, ce qui permet de travailler avec la création de Dieu directement. Labourer signifie cultiver, labourer, planter, semer et dans certains cas, élaguer (vignobles). D'autre part, l'homme devrait également garder la création. Cela signifie que vous devez mettre la diligence, l'attention et de préoccupation à ce qu'il fait parce que c' était sa responsabilité.

Le peuple d'Israël était un peuple dédié à travailler la terre. Il est intéressant de voir comment Jésus a utilisé beaucoup la nature pour leurs enseignements spirituels, par exemple : Les arbres (Matthieu 7 : 15-20, 12 :33, 21 :19, 24 :32) ; semences (Marc 4 :26, 30-32) ; semeurs (Matthieu 06 :26, 25 :24, 13 : 1-9 ; Luc 19 : 21-22).

# 3. Gestion de la création : la déforestation et le reboisement

Demandez : Mais qu'est-ce qui est arrivé à l'époque ? Qu'avons-nous fait avec la belle nature que notre créateur nous a donnée de gérer ? Considérons les termes qui sont liés au terme et de grande valeur dans la conservation des arbres :

Qu'est-ce que le reboisement ? Nous comprenons par reboisement la plantation de forêts sur les terres où historiquement avaient existé, mais a subi un changement d'utilisation. Aujourd'hui, nous avons perdu beaucoup de belles forêts qui existaient, le fait que nous allons voir quelques arbres espiciers ou certains parcs, ne signifie pas que la forêt n'a pas été endommagé. Il est important de planter des arbres indigènes à croissance rapide dans les zones où les arbres ont été enlevés. Bien qu'il soit également important de planter des arbres de croissance lente dans 50 ans d'autres générations puissent en profiter.

Quelle est la déforestation ? C'est le processus par lequel la terre perd ses forêts dans les mains de l'homme. Toute réduction de la forêt est un problème pour l'écosystème. La déforestation se produit lorsque les forêts sont converties en fermes pour la nourriture, les cultures de rente ou soulèvent des fermes d'élevage. Aussi l'exploitation forestière à des fins commerciales ou pour le carburant.

La construction de routes dans les forêts a augmenté la fragilité de cet écosystème. La selve est très fragile pour la culture, lorsque les facteurs de perturbation sont introduits comme les routes, la fragilité augmente dangereusement. Avec les routes de pénétration de l'homme à la selve, les villages de construction se multiplient et la chaîne commence à détériorer. Dans le même temps, les routes peuvent obtenir d'énormes véhicules qui peuvent transporter de grandes quantités d'arbres, ce qui coupe acquiert des proportions industrielles. Le bruit et la production de contaminants, ainsi comme la génération d'incendies libérées ou accidentelles de mettre en danger la flore et la faune, la déforestation génère l'érosion rapide des sols, et ce qui était une selve dense de la création notre Dieu, le poumon pour la planète, peut devenir un immense désert. Contre les intérêts des petites communautés des écologistes, sont les intérêts des sociétés transnationales puissantes qui disposent des ressources et des techniques pour exploiter la forêt afin qu'il n'y ait aucun moyen de parvenir à un nouvel équilibre écologique en elle.

Bon nombre de problème d'inondations, glissements de terrain et les troubles du climat de montagne se posent à la suite de tout ce désordre et de la déforestation incontrôlée.

## 4. Notre contribution comme administrateurs de Dieu

Nous sommes appelés à être gardiens de la création. Il est donc important de commencer aujourd'hui. Pour plus que nous créons notre contribution négligeable toujours, il y a quelque chose que nous pouvons faire. Prendre soin d'un arbre, planter autre et enseigner aux autres sur l'importance de la protection et la plantation d'arbres qui peut être une bonne contribution.

La déforestation ne peut être contrôlée à partir de la nuit, ce que nous devrions faire c'est de chercher un changement de mentalité pour commencer sur nous. Quelques actions possibles sont : Obtenir (grâce à des institutions forestières du gouvernement ou des ONG) arbres et de les planter dans les zones déboisées. Former un programme d'éducation et de sensibilisation dans notre église sur ce sujet. Si pour une raison quelconque, vous devez supprimer un arbre c'est important de trouver un endroit pour planter deux arbres. Participer à des campagnes pour reboiser notre ville. Si nous avons un jardin pour planter des arbres et de prendre soin d'eux. Nous motivons les gens à investir toute notre énergie pour protéger, conserver et pré-server la création.

## Révisez / Application: Trouvez les mots suivants :

1. Création.
2. Cèdres.
3. Arbre.
4. Herbe.
5. Noyer.
6. Vert.
7. Semence.
8. Vie.

| Y | V | E | R | T | I | C | E | A | O | S | K | A |
|---|---|---|---|---|---|---|---|---|---|---|---|---|
| B | H | È | D | O | A | R | G | T | B | E | P | D |
| J | C | R | H | E | R | B | E | I | È | M | B | V |
| G | E | A | M | L | F | B | N | A | H | E | U | C |
| C | R | È | A | T | I | O | N | S | L | N | E | K |
| È | N | J | F | A | P | E | T | D | È | C | H | N |
| D | V | B | I | S | V | I | E | B | M | E | F | O |
| R | I | A | N | C | O | G | J | S | A | I | G | Y |
| E | K | L | D | R | È | A | R | B | R | E | M | E |
| S | T | E | U | A | Y | N | I | C | O | P | A | R |

Défi: Prenez du temps avec la classe pour aller chercher des arbres qu'ils pourront planter dans un parc, un chemin ou une place près de l'église. Pour que cela prenne effet, chacun doit planter au moins trois arbres.

# Utilisation vs. Abus

**Objectif :** L'élève doit assumer la responsabilité dans l'utilisation de la terre.

**A mémoriser :** « Temps pour naître, et un temps pour mourir ; un temps pour planter et un temps pour arracher ce qui est planté » Ecclésiaste 3 : 2.

**Avertissement**

*Prenez quelques instants avant le début du cours pour célébrer l'activité de reboisement réalisée.*

Accepter

## Connecter | Télécharger

### Introduction dynamique (12 à 17ans).

- Matériels : des journaux, des ciseaux, de la colle, une grande feuille de papier.
- Instructions : Divisez la classe en petits groupes et délivrer les matériels.

  Chaque groupe avec leurs matériels qu'il effectuera sa murale et d'images de catastrophes naturelles, et écrire non plus de trois phrases qui sont les responsables d'eux.

  Après que chaque groupe présentera sa murale et sa réflexion. Encouragez-les à réfléchir à la responsabilité que Dieu nous a donnée pour gérer et faire un bon usage de la terre.

### Introduction dynamique (18 à 23ans).

- Matériels : Vidéo ou coupures de nouvelles qui traite l'abattage systématique des arbres, l'extinction de certaines espèces, comme l'ours panda qui sont chassés pour obtenir leur peau ou de quelques autres nouvelles.
- Instructions : Divisez la classe en paires pour répondre aux questions suivantes :
1. Qu'est-ce qui conduit l'homme à effectuer ces faits ?
2. Nommez trois idées qui soutiennent pourquoi on n'effectue pas de telles actions. Regardez les citations bibliques pour défendre votre opinion.

## Connecter | Télécharger

Dans l'année 1992 on a signé la Convention-cadre des Nations Unies sur le changement climatique. On reconnait dans la même convention que « Les changements dans le climat de la Terre et de ses effets néfastes sont une préoccupation commune de toute l'humanité » on reconnait également que : « Les changements qui se produisent sont le résultat de l'activité humaine : Par exemple, la contamination de l'eau produite par les grandes industries, l'extermination de flore et de la faune, les progrès technologiques et les essais nucléaires éteignent la vie de toutes les espèces, cela affecte le changement climatique et de la maladie » (Conseil 8 changement climatique, Paul Bertinat, Année 5 n ° 8, mai 2005).

## 1. L'utilisation de la terre dans l'Ancien Testament

Dans Genèse 1 : 1-14 il y a une séquence ordonnée de la création de jours, des saisons et des années. Ensuite, nous trouvons le plan de Dieu pour la création et la reproduction et les produits qui servent à la nourriture Genèse 1 :11, 22, 28, 29, 30. D'autre part, dans l'Ecclésiaste 1 : 6-7, nous trouvons le cycle détaillé du de l'air et de l'eau.

Lorsque Dieu a parlé à Adam et Ève dans Genèse 1 :28 et Il a fait référence à détenir et à dominer, Il a impliqué d'étudier et comprendre la création. Dieu les avait donné des responsabilités qu'ils doivent accomplir (Genèse 2 :15).

Dieu a établit un temps pour tout, par exemple, le cycle de l'eau, les saisons de l'année, le temps de la récolte (Ecclésiaste 3). La terre est un écosystème parfait que les hommes partagent avec des millions d'espèces d'animaux et de plantes, mais de nombreuses fois, nous modifions et détruisons les habitats naturels en mettant en danger la vie de nombreuses espèces.

Lisez Deutéronome 20 : 19-20, répondez dans les groupes : Qu'est-ce que Dieu dit à propos de la déforestation ? Où on peut construire des meubles de notre maison ?

Dieu a pensé chaque détail pour nos besoins et a exprimé la façon dont nous devons faire usage de la terre et ses ressources. Dieu a mis l'homme dans le jardin, pour prendre soin de lui et d'administrer, Il nous a donné la domination sur toute la création, pour ne pas faire avec lui ce qui lui semble bien, et non pour le détruire. Dieu a commandé de travailler la terre, pour avoir la domination sur la création, la gestion, parce que Dieu s'intéressé toumours pour sa création et les ressources.

## 2. Abus de la terre aujourd'hui

L'homme du premier moment a décidé de désobéir à Dieu, il a commencé à manquer dans la responsabilité pour gérer et pour faire un bon usage de la terre. La création tout entière a été affectée par le péché.

Donnez aux élèves des cartes avec les versets suivants : Genèse 3 : 17-19 ; Romains 5 :12 ; Romains 8 : 20-22 pour qu'ils lissent et génèrent leurs opinions.

La gravité de tout cela c'est que l'homme insiste dans la désobéissance aux lois établies par Dieu. Par exemple, l'Amazone contient environ 17% de liquide global d'eau douce, et l'être humain n'a pas été déterminé pour aller de l'avant avec une frontière agricole (élevage et soja). Le manque d'eau dans le monde est de plus en plus grave, on ne se soucie pas, on endommage et gaspille les ressources données par Dieu pour des intérêts personnels sans considérer que cela fait mal à l'humanité. (Si vous vous souvenez des exemples ou des anecdotes que vous dites ou montrez à quelqu'un où vous montrez d'être abusé ou dilapidé les ressources que Dieu nous a donné).

Dans Lévitique 25 : 3-4 Dieu a donné l'année le commandement de repos pour la terre. Il dit que six ans, vous semez la terre dans six ans et six ans vous taillez la vigne puis enlevez leurs fruits, mais la septième année la terre reposerait, il ne serait pas utilisé pour éviter qu'elle épuise. Aujourd'hui, pour avoir plus de profits et de faire que la terre produise plus, on ne la donne pas de repos en raison d'hectares de terres qui sont détruites parce qu'on retire les nutriments nécessaires. Cette utilisation abusive de la terre et de ses ressources a des conséquences et modifie l'ordre et les temps que Dieu a marqué.

Demandez : En tant que chrétiens, que faisons-nous aux exigences de Dieu ? Donnez un temps pour qu'ils répondent.

## 3. Notre responsabilité

Éphésiens 2 :10 dit que nous avons été créés en Jésus-Christ pour de bonnes œuvres. Colossiens 3 :23 dit : « Tout ce que vous faites, faites-le de bon cœur, comme pour le Seigneur et non pour les hommes ...» Ces passages nous poussent à faire toutes les choses de la meilleure façon possible à la fois dans notre relation de vie avec les gens aussi bien que par rapport à la terre et ses ressources. Les bonnes œuvres impliquent le respect, la bonne utilisation des ressources naturelles de la terre. Lorsque nous contaminons avec des déchets de l'eau ou de l'environnement en jetant les piles de (batteries), ou nous tuons des animaux comme un passe-temps : Sont-ils vraiment de bonnes œuvres ? Quelle est notre responsabilité d'utiliser correctement la terre ? Demandez : Les actions des hommes, sont-elles à voir avec la « négligence » ? Laissez qu'ils opinent. Selon l'Académie royale espagnole la négligence signifie « le manque de soins. » Quelle est votre relation à la terre ou aux ressources naturelles ? Pensez-vous faire un usage responsable ou de négligence à la terre ? Dieu dans Sa Parole nous insiste à nous humilier, prier, chercher sa face, à nous repentir de nos mauvais chemin ; cela a aussi à voir avec nos actions, les dommages que nous causons aux autres et à la terre. Il promet de nous entendre, de pardonner nos péchés et guérir notre terre (2 Chroniques 7 :14). Si l'humanité à son créateur et de respecter les délais établis pour chaque utilisation des ressources naturelles quelle distinction serait !

**Idées pratiques**

Mais comme les enfants de Dieu, nous ne sommes pas les participants du péché. Nous devons faire notre part et toujours donner le meilleur pour que nous ne devenions pas des complices de ces dommages qu'on fait dans la création de notre Dieu.

Présentez aux élèves certains projets possibles pour la communauté ou le quartier autour de l'église et les encouragez pour qu'ils les amènent en pratique dans les deux ou trois prochaines semaines :

- Encourager le sauvetage des friches fiscales et de conservation ultérieure dans les jardins, les parcs, etc.
- Concevoir une brochure qui conscientise sur l'utilisation de l'eau potable ou d'expliquer comment classer les déchets organiques et inorganiques.
- Réaliser une poubelle de nettoyage dans le quartier.
- Pensez à des phrases pour faire des affiches et de coller des affaires dans le quartier de l'église, pour encourager l'utilisation correcte de la création de Dieu.
- Mettre en place le papier, le carton, les bouteilles en plastique, les canettes d'aluminium et de les porter dans le recyclage.

## Révisez / Application: Devoir : Écrivez la provision de Dieu dans chaque cas dans la case.

1. Genèse 1:29 Quelle était la provision et pour qui ? *Plantes à graines et arbres fruitiers. Pour l'homme.*

2. Genèse 9:2-3 Qu'est-ce que Dieu a établi après le déluge ? *Chaque animal, plante et légume sera destiné à l'alimentation humaine.*

3. Psaume 104:9-13 Quelle était la provision de Dieu pour de nombreux besoins ? *L'eau.*

Réfléchissez, quelle est votre responsabilité devant ce qui est établi et prévu par Dieu pour nous : Utilisez tout à sa juste mesure, sans gaspillage ni abus afin que d'autres puissent l'utiliser aussi.

## Défi: Lisez les inscriptions suivantes, puis choisissez-en une pour préparer une affiche et collez-la à l'endroit qui vous convient.

«Plantons des arbres pour avoir plus d'oxygène". «N'utilisons pas autant d'aérosols pour ne pas endommager la couche d'ozone". « Nous devons justement réorganiser le papier pour ne pas abattre autant d'arbres". «Fermons le robinet d'eau pour ne pas gaspiller l'eau potable".

Vous pouvez penser à ces conseils utiles et les présenter comme une option de ton annonce.

A qui s'adresse chaque phrase et quelle action exige-t-elle de notre part ? Demandez à Dieu de vous aider à faire bon usage de la terre.

# Ma chauffe!

**Objectif :** L'élève doit comprendre que le réchauffement climatique est une conséquence de la désobéissance à Dieu ; et tout en reconnaissant la miséricorde de Dieu rénovateur.

**A mémoriser:** « Le jour du Seigneur viendra comme un voleur ; en ce jour, les cieux passeront avec fracas, les éléments embrasés se dissoudront, et la terre avec les œuvres qu'elle renferme sera consumée » 2 Pierre 3 :10.

**Avertissement**
N'oubliez pas de faire un rappel du défi de la dernière semaine et de motiver ceux qui ne l'ont pas encore fait.
Accepter

## Connecter | Télécharger

### Introduction dynamique (12 à 17ans).

- Matériels : statistiques ou photos et des histoires de catastrophes qui ont eu lieu dans votre ville ou pays.

- Instructions : Pour savoir si quelqu'un a été dans une situation similaire. Explorez les sentiments et les pensées sur le sujet. Ensuite, faites un bref jeu de rôle impliquant une « victime d'une catastrophe naturelle » et un « secouriste ». Dans ce jeu de rôle, demandez au groupe d'établir un dialogue possible entre les deux, après la catastrophe. Retirez les sentiments de dialogue qui prient à ce sujet, et vous pouvez le voir, les connaissances et les sentiments que ses élèves ont au sujet de ces événements.

### Introduction dynamique (18-23 ans).

- Matériels : statistiques ou des photos et des histoires de catastrophes qui ont eu lieu dans leur ville ou pays.

- Instructions : En tant que « Comité national de l'aide » dans les situations de catastrophe, introduisez- les imaginairement dans une situation catastrophique concrète et dans cette forme explorez des stratégies concrètes et pratiques que la classe sait et peut faire. Pour savoir si quelqu'un a été dans une situation similaire.

## Connecter | Télécharger

La Bible nous montre que nous n'avons pas été de bons intendants de ce que Dieu nous a donné. Ainsi, nous constatons que depuis les temps anciens jusqu'à aujourd'hui l'humanité a désobéi à Dieu et a subi les conséquences. Demandez qu'ils cherchent aux passages suivants la désobéissance et ses conséquences : Genèse 3 : 6 (ils mangèrent de l'arbre) ; Genèses 3 :23 (l'expulsion de l'Éden). Genèse 6 : 5 (l'homme a courbé vers le mal) ; genèse 7 : 21-22 (le déluge est venu et a fini avec des gens qui ne voulaient pas vivre selon la volonté de Dieu). Jonas 1 : 3 (il s'enfuit pour ne pas faire la volonté de Dieu) ; Jonas 1 :14-15 (il a été jeté dans la mer). L'état actuel de la planète est un reflet fidèle de la désobéissance.

## 1. Le réchauffement climatique

Les scientifiques émerveillent la perfection des dessins trouvés dans la nature. Tout a été créé pour travailler en parfaite coordination, chaque élément est interdépendant, rien n'est sombre, rien ne manque. La planète Terre est un merveilleux exemple de la perfection interaction de la création. La planète a été conçue pour être maintenu en équilibre. Les êtres humains font partie de cette chaîne d'éléments interactifs. Dieu nous a fait intendants de la création, et l'axe de l'équilibre est la relation avec le Créateur.

Demandez : Si Dieu nous remettra le rapport sur notre performance en tant qu'administrateurs de la planète, quelles seraient nos qualifications ?

Pourquoi tant d'inquiétudes sur le réchauffement climatique ? La plupart des scientifiques universitaires environnementaux conviennent que notre avenir dépend de la maîtrise du changement climatique qu'on observe. Telle est la situation : L'effet de serre est un mécanisme naturel de la planète pour auto-régularise en termes de vie en préservant la température. Dans notre atmosphère, il y a un certain nombre de gaz qui retiennent une partie de la chaleur du soleil qui se reflète par la planète, en gardant ainsi une température moyenne supérieure à 15 degrés Celsius, idéale pour la vie. Cela permet à l'évaporation de l'eau, qui à son tour produit des nuages qui renvoient l'eau à la terre sous forme de pluie ou de la neige, ce qui évite la déshydratation de la planète et donc l'érosion de la sécheresse. Ce cycle favorise la croissance des plantes et des arbres qui absorbent le dioxyde de carbone en excès et rétablissent l'équilibre. Si ce mécanisme échoue, la température augmenterait rapidement et abaisserait ou la vie serait éteinte par la chaleur froide ou extrême.

Dans le siècle dernier, la consommation de combustibles fossiles et la déforestation ont augmenté de sorte que les gaz à effet de serre, qu'on a perturbé l'équilibre de ce cycle, et pour la première fois dans l'histoire de l'humanité, la température moyenne mondiale est en hausse sans le mécanisme naturel de la serre se stabilise, on appelle cela « réchauffement planétaire ». Pour expliquer ce concept on peut effectuer la dynamique suivante : Apportez en classe un manteau d'hiver. Demandez à un volontaire de se déplacer vigoureusement pendant quelques minutes et ensuite demandez s'il sent la chaleur et attend quelques minutes jusqu'à ce qu'il soit rétabli à sa température normale. Demandez à un autre volontaire pour faire la même chose, mais avec son manteau. Lorsque vous avez terminé le déplacement, ne lui permettez pas d'enlever son manteau qu'après une minute. Le second jeune va prendre plus de temps pour récupérer sa température normale, dans certaines régions chaudes, il peut produire une basse pression, et prend de l'eau fraîche en main. Le corps humain a des mécanismes naturels d'autorégulation de la chaleur du corps, lorsque ces mécanismes sont bloqués, l'autorégulation est entravée.

## 2. Que faire ?

Les opinions varient sur les contributions que nous pouvons faire. Différentes nations discutent et conviennent ce qu'il faut faire, mais que puis-je faire ? Voici quelques conseils à garder à l'esprit. Coupez chaque carte de suggestions ci-dessous en mettant la phrase : je peux. Ma famille peut. Mon école. Mon église peut. Ma ville peut. Mon pays peut. Distribuez, au hasard, une ou plusieurs cartes par étudiant. Ensuite, demandez-leur de lire et de donner leurs commentaires.

- Utilisez les quatre « R». Rejeter, réduire, réutiliser, recycler.

- Économiser l'eau, en particulier l'eau chaude. Comme ? Prenez des douches plus courtes ; fermer le robinet en se lavant les dents et utiliser le shampooing pour les cheveux ; utiliser les toilettes qui consomment moins d'eau.

- Économisez de l'énergie. Comment ? Éteignez les lumières qui ne sont pas en cours d'utilisation ; utilisez l'énergie des ampoules à économie.

- Séchez vos vêtements lavés dans le soleil et le vent, n'utilisez pas le sèche-linge.

- Utilisez des appareils à haute efficacité dans l'utilisation de l'énergie. Économisez de l'argent et pollue moins.

- Ne vous contentez pas d'éteindre, mais débranchez les appareils lorsqu'ils ne sont pas en cours d'utilisation ou sortez de la maison.

- Réduisez le dioxyde de carbone dans l'atmosphère. Comment ? Plantez plus d'arbres, utilisez moins la voiture, en prenant des véhicules communautaires, la conduite de véhicules hybrides, utilisez bicyclette, marchez plus.

- Conduisez mieux. Utilisez des vitesses constantes, faites les bons changements, un entretien régulier pour votre voiture, utilisez la climatisation seulement lorsque cela est strictement nécessaire.

- Adaptez votre microclimat. En hiver, diminuez le chauffage de la maison quand elle n'est pas au service, réduire la chaleur à un minimum tolérable pour vous ou votre famille, emmitouflez correctement.

- Impliquez. Les groupes impliqués activement dans la planification et le développement des activités environnementales.

- Faites entendre votre voix. Dirigez à leurs gouvernements, entreprises et organisations qui ont ingérence dans les effets politiques et environnementaux, à travers : Écrire des lettres, des courriers électroniques, des appels téléphoniques et des visites personnelles.

- Organisez des groupes de discussion, des groupes brigades d'action environnementale.

- Faites-le personnellement. Rappelez-vous, chacun de nous fait partie de l'environnement. Il nous touche tous.

- Proclamez, exhortez, en tout temps et en tous lieux.

- Priez de façon permanente. La prière d'un juste peut beaucoup. Inclure à son ordre du jour la question de l'environnement d'intercession.

- Évangélisez. Beaucoup de gens qui sont désespérés et perdus. Les événements météorologiques et géologiques sont un sujet qui facilite l'évangélisation.

## 3. Dieu est toujours en contrôle

Ce panorama sombre comme cela a déjà été décrit dans la Bible. Matthieu 24 : 6-8 mentionne les guerres, les famines, les tremblements de terre, comme un commencement de douleur. Nous devons reconnaître que l'être humain dans son effort égoïste et ambitieux a échoué. Il a pris la planète à une situation de catastrophe écologique. La vérité que l'humanité doit accepter c'est que l'être humain a laissé la faveur de la nature déchue les soins de l'environnement. Nous avons besoin du restaurateur, le réconciliateur, l'épargne et la guérison fournie par Dieu le Père dans la figure de son fils Jésus (2 Corinthiens 5 : 18-20). Le retour de notre Seigneur Jésus, sa seconde venue, est situé au milieu des événements météorologiques extrêmes. L'apôtre Pierre met en garde contre le chaos climatique qui précédera la seconde venue et le travail de guérison sur la planète qu'il apportera (2 Pierre 3 :13). Nouveau ciel et une nouvelle terre sont le résultat d'une intervention divine, et nous, leurs enfants seront avec Lui pour l'éternité. Sommes-nous prêts ? (Apocalypse 21 : 1-3).

## Révisez / Application: Permettre aux élèves de répondre avec leurs mots.

Nous sommes responsables devant Dieu.

1. Pensez-vous que l'homme est responsable de la situation environnementale actuelle ? Pourquoi?

2. Genèse 1:28 établit quelque chose de pertinent pour les jours dans lesquels nous vivons. Qu'est-ce que c'est ?

3. Dans 2 Pierre 3 :10-13 et Apocalypse 16 :8-9, ils mentionnent des phénomènes météorologiques notables. Combien pouvez-vous en identifier ?

4. Penses-tu qu'en tant qu'église, nous pouvons faire quelque chose à propos de cette situation ? Comment?

## Défi: Cette semaine, revois tes habitudes et commence à changer. Pour changer les autres, nous devons commencer à nous changer nous-mêmes. Partage ensuite avec ta famille et passe en revue ensemble les habitudes que tu peux changer à la maison. Commente tes résultats au prochain cours.

# Mon prochain

Avertissement
Générez un dialogue autour du défi de la semaine dernière. Faites participer tout le monde.
Accepter

**Objectif :** L'élève doit comprendre qui est son voisin et l'importance de l'égalité entre les sexes, la race et la culture.

**A mémoriser :** « …Tu aimeras le Seigneur ton Dieu de tout ton cœur, de toute ton âme, de toute ta force, et de toute ta pensée ; et ton prochain comme toi-même » Luc 10 :27.

## Connecter | Télécharger

En étudiant la Bible, nous rendons compte que notre relation avec les autres est très importante pour Dieu. Dieu Lui-même est amour, et son désir c'est que nous expérimentons cet amour dans nos propres vies, que nous L'aimons, et que nous aimons aussi les autres autant que nous aimons à nous-mêmes.

### Introduction dynamique (12 à 17ans).

- Matériels : tableau et craie, graphique et marqueurs, une feuille de papier et un crayon pour chaque élève.

- Instructions : Demandez aux élèves d'énumérer les noms jusqu'à 15 personnes qu'ils connaissent et à côté de chaque nom, écrivez le genre de relation qui lie à cette personne, (Marie, mère, Estella, camarade de classe, M. Martinez, professeur de mathématiques, etc.). En groupe, ils explorent la liste des personnes qui connaissent chaque étudiant, et comment ils interagissent avec chacun d'eux à la lumière du verset de mémoire.

  Dites-leur qu'ils existent différents types de relations et la Bible nous ordonne d'aimer tout le monde également.

### Introduction dynamique (18 à 23 ans).

- Matériels : Tableau et craie, (marqueurs, fibres) appropriés.

- Instructions : Demandez à la classe, séparée en groupes, écrivez une définition de « l'amour ». Ensuite, demandez-leur de partager leurs réponses et vous pouvez écrire sur le tableau. Vérifiez les réponses données pour les guider dans le cas où aucune réponse n'est pas tout à fait correcte ou appropriée.

  Partagez en groupe comment cette définition serait applicable dans le contexte du verset à mémoriser.

## Connecter | Télécharger

Nous avons beaucoup de relations, nous voyons certaines personnes tous les jours et d'autres très occasionnellement. Cependant, Dieu prend une façon très importante la forme dont nous traitons les personnes autour de nous, qui sont des gens très proches ou non. Aujourd'hui et les jours à venir nous étudierons divers passages qui nous aideront à comprendre ce que Dieu attend de nous en termes de nos relations.

## 1. Qui est mon prochain ?

Le mot « prochain » est un mot que nous utilisons chaque jour dans notre idiome français ; ce pendant le concept qu'il réfère se répète fréquemment dans conversations dans le dictionnaire le mot « prochain » décrit comme : «Tout homme respecte de l'autre » (Un océan, Dictionnaire encyclopédique illustré, 1993). Signifie « similaire ou égal ».

En réponse à la question « Qui est mon prochain » Un interprète de la loi demanda à Jésus et Il l'a raconté l'histoire du Bon Samaritain (Luc 10 : 25-42). Au verset 27, nous voyons que ce professeur venait de réciter l'un des passages centraux de la Loi de Dieu (Lévitique 19 :18 et Deutéronome 6 : 5). Il est probable que le maître de la loi avait soigneusement étudié le passage avant et savait quelque chose de sa signification, selon le concept du temps, cependant il a demandé à Jésus : « Qui est mon prochain ?» La réponse que Jésus lui a donné suivant la loi comprenait une histoire et deux personnages dans la vie quotidienne de cette époque qui n'ont pas abordé ni le mot : un israélite et un Samaritain.

Les Samaritains étaient les descendants des Israélites mariés avec des gens d'autres villages qui vivaient dans la Samarie, et avaient développé certaines pratiques religieuses différentes de celle des Juifs. Pour cette raison les Israélites ont considéré les Samaritains comme des citoyens de seconde classe. Les Samaritains et les Juifs étaient de grands ennemis, c'est la raison pour laquelle la parabole a plus de valeur.

Ainsi, Jésus a définis « prochain » à la personne qui a besoin d'aide. Jésus a enseigné à ceux qui L'écoutaient que le prochain d'une personne est non seulement le frère de sang ou le voisin qui va à la même école et qui est bon pour lui, ou vivant dans le même quartier ou qui habille égale. Selon l'enseignement de Jésus le prochain est tout être humain qui a besoin d'aide, peu importe la façon dont qu'il soit identique ou différent, en termes de sexe, de race ou de culture.

## 2. Comment dois-je traiter mon prochain ?

Selon Luc 10 : 33-35, demandez : Que fait le Samaritain ? Le Samaritain : (1) a pensé à ses blessures. (2) Il a versé l'huile et le vin (médicaments de l'époque). (3) Il lui Mettait sur son cheval. (4) Il l'a conduit à l'auberge. (5) il l'a pris soin. (6) Il a laissé les dépenses liées au paiement. (7), il a pris en charge les frais s'ils étaient plus de ce qu'il a laissé.

Jésus a enseigné qu'on doit faire pour le prochain tout ce que tu peux, peu importe qui. Avec la classe, répondez à ces questions et armez votre propre histoire en fonction de la réalité qu'on vit dans son contexte. Comment serait cette histoire si Jésus la raconte dans notre contexte aujourd'hui ? Qui seraient le sacerdoce et le Lévite ? Qui serait le Juif ? Qui serait le Samaritain ? Que ferait le Samaritain dans notre histoire ?

Cette histoire nous fait penser et nous fait demander : Comment puis-je montrer l'amour pour le prochain ? Attention ! Pas seulement les gens que je connais, les frères de l'église ou des gens que j'aime.

D'autres passages de la Bible aident aussi à comprendre le genre d'amour que Dieu veut que nous exprimions à notre prochain. Certains passages sont les suivants :

a.  1 Corinthiens 13 : 4-8 : Ici, nous trouvons une description unique de la portée de l'amour, et il nous aide à comprendre le genre d'amour pratique que Dieu attende qu'on donne. Il est important de réfléchir sur chacune des caractéristiques de l'amour décrit dans ce passage, 13 : 4-8 et de penser à des exemples pratiques qui peuvent aider à montrer ce genre d'amour au prochain.

b.  Romains 13 : 8-10 : L'apôtre Paul a enseigné que la chose la plus importante est d'aimer les gens et ainsi nous accomplirons toute la loi. Aimez les autres inclut tout sorte bien et aucun mal, donc il a dit : « L'amour ne fait point de mal au prochain ; ainsi que le respect de la loi est amour »(v.10).

c.  Matthieu 5 : 43-45 : Dans ce passage, comme dans la parabole du Bon Samaritain, Jésus est allé au-delà de ce qu'on pourrait penser. Il a enseigné que même l'ennemi est le prochain que nous devons faire le bien. Tout ce que nous avons besoin est notre prochain et nous devons l'aimer et faire tout ce que nous pouvons pour lui et ainsi nous montrons l'amour de Dieu.

## 3. Comment puis-je aimer à mon prochain ?

Jésus a conclut l'histoire en disant : «... va et toi, fais de même » (Luc 10 :37). Jésus n'a pas seulement donné l'interprétation de la loi le concept de prochain, mais aussi Il lui a dit comment il devrait l'a traité. Nous devons comprendre que Jésus ne prévoit pas que nous prenons en charge cette tâche pour nos propres forces, mais avec le fruit de son Esprit qui est l'amour dans nos vies (Galates 5 :22-23).

Le détail important c'est que Dieu ne nous demande pas quelque chose d'impossible, en effet, Il ne nous demande pas quelque chose qu'il n'a pas fait en premier. Dieu a envoyé Jésus pour vivre sur cette terre, étant le Fils de Dieu, et plus encore, il est mort à notre place sur la croix, afin que nous expérimentions son amour et son pardon. Jésus premièrement nous a donné un échantillon de son amour sacrificiel, puis Il nous dit de suivre ses traces (Matthieu 5 : 43-44). Dieu veut remplir nos cœurs avec son amour, et Il nous aide à aimer notre prochain d'une manière qui plaît à Dieu, notre Père.

Prenez un peu de temps aujourd'hui pour remercier Dieu par ce qu'il vous aime de façon merveilleuse, et pour mettre en œuvre son amour pour vous en envoyant Jésus pour mourir pour vos péchés sur la croix, afin que nous puissions pardonner et donner une nouvelle vie. Demandez à Dieu, qui a mis le même amour dans votre cœur pour votre prochain.

## Révisez / Application: À côté de chacune des relations décrites ci-dessous, écris des façons spécifiques de mettre en pratique le genre d'amour que Jésus nous enseigne dans la parabole du Bon Samaritain.

- Avec les professeurs

- Avec des collègues d'étude ou de travail

- Avec les voisins

- Avec des gens que je n'aime pas

Par exemple:

*Avec les voisins : Commencer à saluer un voisin qui ne me salue pas parce qu'il n'aime pas les chrétiens.*

## Défi: Cette semaine, commence à changer ton attitude envers quelqu'un que vous considérez comme ton voisin avec qui tu n'aies pas beaucoup de relations.

# Quelle famille !

**Objectif :** L'élève doit comprendre la relation que vous pouvez avoir avec la famille et la responsabilité que vous avez avec leurs parents et leurs frères et sœurs.

**A mémoriser :** « Je bénirai ceux qui te béniront, et je maudirai ceux qui te maudiront ; et toutes les familles de la terre seront bénies en toi » Genèse 12 : 3.

**Avertissement**

Commencez par parler des difficultés rencontrées par chaque élève lors du défi de la semaine dernière.

Accepter

## Connecter | Télécharger

### Introduction dynamique (12-17 ans).

- Matériels : Images de différentes personnes (hommes, femmes, enfants, personnes âgées, etc.), colle et des feuilles de papier ou bristol.

- Instructions : Demandez aux élèves qu'ils s'assoient dans un cercle et donnez à chacun d'eux un morceau de papier. Placez dans le centre de la colle et les images.

  Demandez aux élèves dans une minute, de coller les images dans la feuille qui forment un collage de la famille.

  Ensuite, demandez pourquoi ils inclurent chaque personne et quel serait son rôle dans la famille.

### Introduction dynamique (18-23 ans).

- Matériels : Papier et crayon.

- Instructions : Dans cet âge, la plupart des jeunes ont pensé s'ils veulent ou non fonder une famille.

  Distribuez le matériel et demandez-leur d'écrire trois raisons personnelles pour lesquelles il est bon de former une famille. Ensuite, demandez-leur d'écrire trois choses que la Bible mentionne à propos de la famille ou des membres de celle-ci.

  Puis demandez à chacun de lire ce qu'il a écrit et ensemble ils forment le concept biblique et sociale de la famille.

## Connecter | Télécharger

### 1. Ce que la Bible dit au sujet de la famille

Tout a commencé quand Dieu a dit : « Il n'est pas bon que l'homme soit seul ; Je ferai une aide semblable à lui » (Genèse 2 :18) ; et Il a ensuite créé Ève.

Nous connaissons le reste de l'histoire, Adam et Ève furent bannis du jardin d'Éden. Ils ont eu des enfants, qui ont eu de grands conflits. Dans Genèse 10 : 31-32 se trouve une liste de ses descendants, et nous trouvons le mot famille pour la première fois. Nous voyons que Dieu Lui-même a promis de bénir toutes les familles de la terre, par son serviteur Abraham : « Je bénirai ceux qui te béniront, et je maudirai ceux qui te maudiront ; toutes les familles de la terre seront bénis en vous ». Grâce à Abraham et ses descendants, le Seigneur a promis de former une grande famille qui deviendrait une grande nation à laquelle Il appellerait « son peuple » (Genèse 12 : 3).

### 2. La famille aujourd'hui

Lisez Éphésiens 6 : 1-4. Faites une pause après avoir lu le premier verset et demandez aux élèves ce qu'ils pensent à propos de ce passage. Demandez combien d'entre eux qui obéissent à leurs parents, en tout. Si personne ne répond pas alors, le dialogue avec eux, tout le monde va donner de « bonnes » raisons pour ne pas procéder à cette demande de Paul aux Éphésiens.

Cependant, même si les raisons sont apparemment très bonnes, ce commandement de Dieu est la seule promesse (v.3), à savoir que l'obéissance aux parents représente la bénédiction et la prospérité pour la vie future.

Expliquez que c'est un commandement et les commandements ne sont pas négociés, seulement obéir. Faites-les remarquer que tout ce qu'ils disent, qui n'ont aucune excuse valable pour ne pas obéir. Même si nos parents ne sont pas des croyants, Dieu nous ordonne de les obéir et nous devons le faire. L'unique raison qui nous excuserait, était s'ils nous demandions de nous conduire à désobéir quelque principe biblique.

Si nous obéissons à donner l'exemple de notre soumission à Dieu et nos parents se rapprochent à Lui grâce à notre bon témoignage.

Continuez la lecture dans l'Éphésiens 6 : 2-3. Le Dictionnaire de l'Académie royale espagnole, comprend l'honneur : (1) Estime et respect de la dignité. (2) Bonne opinion et la renommée, acquise par la vertu et le mérite. Demandez : Respecter une personne quand ... Je parle mal d'elle avec les autres ? Je lui réponds mal ? Je mens délibérément ? Je pleure et désobéis ? Comme la réponse à toutes ces questions est non, demandez-leur de penser un instant à cela, dans tout ce jour-là, comme enfants, nous manquons ce commandement. Maintenant, nous allons parler du prix qui nous attend pour l'accomplir : « ... longue vie sur la terre. » Mais nous devons nous conformer aux ordonnances de Dieu, pour qu'il accomplisse la promesse.

Enfin lisez Éphésiens 6 : 4, qui sera une force puissante pour les étudiants. Paul a demandé aux parents de l'église Éphèse, pour qu'ils ne provoquent pas la colère de leurs enfants, et les parents de l'église de Colosses pour qu'ils n'exaspèrent pas (Colossiens 3 :21). Les raisons de cette demande sont : En Colosses il les a dit de ne plus exaspérer pour qu'ils ne découragent pas. Le mot exaspérer signifie en plus de signifier, suscitant la colère, cela signifie blesser. Nous comprenons donc pourquoi Paul a demandé aux parents de ne pas maltraiter leurs enfants, ni les irriter pour qu'ils ne se découragent, ni perdent courage, ni désaminent.

Dans Éphésiens 6 : 4b, bien qu'on demande aux parents de ne pas perturber les enfants, ils exigent également qu'ils les instruisent et disciplinent. Dans cette partie, nous pouvons demander aux élèves si les parents ces jours-ci sont accomplis à eux. Certains remplissent la première partie (v.4a), ce n'est pas parce qu'ils obéissent à la Parole, mais parce que le monde les a fait à croire que les enfants ne doivent pas les interdire quoi que ce soit ou de les mettre en colère par, au contraire, : il faut les donner tout pour qu'ils ne se « Traumatisent pas». Que pouvons-nous dire au sujet de la deuxième partie ? Posez cette question aux élèves et demandez aux élèves de donner des exemples de cas où les parents ne disciplinent pas à ses enfants, et qu'ils discutent des conséquences de ce manque de discipline.

Les familles montrent aujourd'hui un individualisme inquiétant, les parents et les enfants se développent dans la vie sans avoir aucune relation : Les parents ne savent pas où sont leurs enfants, qui sont ses amis et ce qu'ils font dans leur temps libre. Les enfants ne prennent pas de responsabilités au sein du ménage et ils ne considèrent pas leurs parents en tant qu'autorité. Bien que le monde veut nous convaincre au contraire, et même dresser encore une la conception originale de Dieu.

La famille doit être formée par un homme et une femme unis dans le mariage, engagé à élever des enfants dans les ordonnances du Seigneur, les discipliner si nécessaire, de les aimer de façon qu'aucune tristesse n'accapare leurs esprits. D'autre part, les enfants doivent être soumis à l'autorité spirituelle et morale de leurs parents, engagés en tant que partie fonctionnelle de la famille, en honorant leurs parents dans l'obéissance et l'amour. Les conséquences réelles que nous vivons aujourd'hui sont le résultat de la désobéissance à Dieu. Ainsi, nous voyons les divorces, les parents isolés, abandonnés ou des enfants tout simplement négligés et jamais disciplinés, c'est une forme d'abandon. Nous devons insister et faire comprendre aux jeunes que suivant les directives de Dieu, une grande partie de ce qui se passe dans les familles peut maintenant être évitée.

## 3. Une bonne relation avec les frères

Ce point peut sembler comme la scientificité. Il n'est pas difficile, mais pas impossible. La majorité d'entre nous, avons été bénis avec des frères ou sœurs. Bien que nous ne le voyons pas en tant que telle, c'est la réalité, avoir des parents qui partagent la chambre, des jouets et même des vêtements ; c'est une bénédiction qui nous forme dans tous les domaines. Pourquoi nous devons le voir ainsi ?, Car de cette façon, Dieu perfectionne notre patience, la maîtrise de soi et l'amour du prochain. Dieu nous a donné des gens qui nous aiment, mais à simple vue nous ne le voyons pas ; les gens qui se soucient de nous, ainsi qu'ils défendent leurs affaires et ils nous défendent contre les autres. Peut-être que vous préférez la compagnie des amis, des frères et sœurs, cependant, aucun ami, pour un bien, il vous aime tant, ou qui va être là autour de vous dans toutes circonstances comme un frère.

Demandez : Qui n'a pas eu de conflits avec les frères ? Caïn les avait, et a laissé malheureusement que l'ennemi travaille à l'intérieur pour effacer l'amour pour son frère. Ésaü les avait, ce pendant c'est différent de Caïn, il aimait son frère, de sorte qu'il lui pardonnait pour l'avoir trompé. Nous aimons nos frères, car ils sont aussi notre prochain, et surtout, nous partageons le même sang.

Dieu a un plan et rien ne nous arrive par hasard ou erreur, si vous avez de frère, Il sait pourquoi et quand vous êtes dans la situation la plus difficile pensez que Dieu a un plan, et ce sera modelé selon sa volonté. Nous ne laissons pas que l'ennemi triomphe dans notre vie, nous ne laissons pas toujours les graines de liqueur et beaucoup moins de haine vers nos frères, nous les aimons, pour qu'ils ressemblent difficiles.

Dieu nous a donné une famille, avec le père et la mère, frères, sœurs, oncles, cousins, cousines, neveux, etc. Tout est conçu selon le plan parfait de Dieu pour nous, pour que nous arrivions dans ce monde protégé, entouré d'amour, d'affection et de sécurité. Il a également laissé sa Parole pour nous guider, pour nous montrer comment agir comme des enfants, des parents ou des frères et sœurs. Suivons l'instruction !

## Révisez / Application: Reliez les colonnes en joignant les noms des personnages bibliques qui sont familières et écrivez la relation sur la ligne.

*Jokébed (mère) - Aaron (fils)*

*Noë (père) - Cam (fils)*

*Abel (fils) - Ève (mère)*

*Joseph (neveu) - Esaü (oncle)*

*Simon (frère) - Andrew (frère)*

*Jésus (cousin) - Jean-Baptiste (cousin)*

*Jonathan (fils) - Saül (père)*

*Timothée (petit-fils) - Loida (grand-mère)*

*Laban (père) - Léa (fille)*

*Marthe (sœur) - Lazare (frère)*

*Néhemie (belle-mère) - Ruth (belle-fille)*

*Abraham (mari) - Saraï (femme)*

## Défi: Commence à réfléchir aux attitudes personnelles qui ne profitent pas à tes relations familiales ; qu'il s'agisse de mots, de pensées ou de gestes avec lesquels tu n'honores pas tes parents, et aussi de mots, de pensées ou de gestes qui nuisent à et affectent la relation avec tes frères et sœurs.

Écris-le sous forme de liste et essaies chaque jour de modifier une de ces attitudes que tu as détaillées. Si tu commences petit, ce sera plus facile et tu verras tout le bien que cela fait encore pour ta relation avec Dieu.

# Oops enfants…!

**Objectif :** L'élève doit comprendre l'importance d'aborder, la compréhension et l'amour des enfants.

**A mémoriser :** « … et dit : je vous le dis en vérité, si vous ne convertissez et si vous ne devenez comme les petits enfants, vous n'entrerez pas dans le royaume des cieux » Matthieu 18 : 3.

**Avertissement**
Générez un dialogue autour du défi de la semaine dernière. Faites participer tout le monde.

Accepter

## Connecter | Télécharger

### Introduction dynamique (12 à 17ans).

- Matériels : crayons, papier coupé en petits carrés, chronomètre et gros tableau. Écrivez dans les petits papiers certaines activités que les enfants couramment ont effectuées, par exemple : faire des devoirs, jouer, aller à l'école, regarder la télévision, étudier, jouer au football, jouer avec des poupées, etc.

- Instructions : Formez deux équipes et demandez à chacun de choisir un représentant. Faites que le représentant du groupe prenne un morceau de papier (sans voir le reste) et remplir l'activité qui raconte le papier faisant mimique, sans son, de sorte que son équipe découvre dans une minute. L'équipe qui combine plus gagnera.

  Le fait de se rappeler certaines situations que les enfants couramment ont effectuées qui nous aide à être conscients du fait qu'ils font partie de notre environnement. Demandez : Savez-vous quand il y a à coté de vous un enfant ? Qu'est ce qui retient votre attention ?

  Souhaitez-vous que vous faites attention quand ils vous parlent ?

### Introduction dynamique (18-23 ans).

- Matériels : Une paire de vêtements qui se ressemble à ce que les enfants utilisent (pantalons, jupes, des rubans pour les cheveux, crépit, etc.)

- Instructions : Divisez le groupe en deux équipes, un groupe de femme et un groupe de garçon. Demandez à chaque équipe de désigner un partenaire qui caractériseront comme un enfant et resterez pendant toute la classe. La responsabilité du désigné c'est de faire le meilleur rôle dans sa situation de l'enfant, tels que : Demandez d'aller à la salle de bain, pour demander de l'eau, être constant en demandant et en déplaçant. La responsabilité de l'équipe c'est de soigner et occuper la meilleure façon de votre enfant. Cinq minutes avant la fin de la classe, chaque équipe doit porter un jugement sur le soin que l'équipe contraire offre à votre enfant. Ils devraient évaluer trois aspects : (1) L'intérêt de tous les membres avec le garçon ou la fille. (2) La patience de tous les membres de l'équipe à l'enfant ou l'enfant. (3) La caractérisation et la performance de l'enfant.

## Connecter | Télécharger

Azalée est une jeune maintenant, mais elle n'oubliera jamais son enfance. Elle a été abusée sexuellement quand elle avait à peine huit ans par un membre de la famille. Azalée est Chrétienne maintenant elle a pardonné cette personne qui l'a causé le dommage. Seul Jésus pouvait guérir la blessure qui a causé cette situation.

Il est très triste à dire, mais la situation d'Azalée est récurrente dans nos sociétés. Non seulement la violence sexuelle que les enfants aujourd'hui sont maintenant exposés, mais d'autres situations telles que la violence, les vices, la négligence, l'indifférence des parents, l'exploitation du travail et de l'esclavage !

# 1. Jésus et les enfants

Le passage biblique dans le livre de Marc chapitre 10 : 13-16 et également se trouve dans Matthieu 19 : 13-15 et Luc 18 : 15-17, les trois auteurs ont compris que cet événement était un enseignement important pour les disciples de Jésus. Mark 10 :13 nous dit que certaines personnes ont apporté des enfants à Jésus pour qu'il les touche. « Luc utilise le terme : petits enfants » ; à cause de ce que les disciples ont réprimandés à leurs parents probablement, en pensant qu'ils étaient trop jeunes pour recevoir aucun bien (Adam Clarke, Commentaire de la Sainte Bible. CNP, USA. 1976, p.51). Dans Marc 10 :14, nous lisons que Jésus était en colère quand les disciples ne Le laisseraient pas amener les enfants à obtenir leur bénédiction et leur ordonna de les laisser d'approcher de Lui D'autre part, nous voyons que. « Il était naturel que les mères juives voulaient un rabbin distingué bénisse leurs enfants. Surtout, elles ont amené leurs enfants à une personne dans son premier anniversaire. Ce fut la façon dont elles ont amené les enfants à Jésus ce jour-là (William Barclay, Commentaire sur le Nouveau Testament, Mark, Volume 3. CLIE, Espagne, 1995, p.282). Dans Marc 10 :15 Jésus a mis les enfants comme un exemple pour que ses disciples soient comme eux pour entrer dans le royaume de Dieu. Demandez : Que voulait dire Jésus ? Cela nous enseigne que le ciel sera rempli de gens qui sont comme des enfants. Il n'y aura aucun qui a le prestige et qui voit lui-même comme supérieure et qui veut marcher avec un regard de « Je vais ici ». En revanche Jésus a enseigné que pour aller au ciel il faut avoir les caractéristiques d'un petit enfant : crédule, avec la foi, le désir d'apprendre, de découvrir de nouvelles choses, sans double intention, tendre, amoureux, désireux d'être aimé, simple et innocent.

# 2. L'importance des enfants

Le « petit genre » mérite le même respect que tous. Les jeunes peuvent faire aujourd'hui la différence pour les nouvelles générations, concernant cet effet là.

Dans Matthieu 18 : 1-5, nous constatons que les disciples pensaient que le royaume que Jésus a annoncé était de ce monde, pour cette raison, ils continuaient à disputer les lieux. Jésus réalisait que la discussion qui avait entre eux, Il appela à un enfant qui ne faisait pas partie du groupe de disciples et l'a placé à côté d'eux les enseignant qui serait le plus grand dans son Royaume. Encore une fois un enfant prend le protagoniste dans l'enseignement de Jésus, nous voyons trois enseignements que Jésus nous laisse dans le traitement de cet enfant.

## a. Ne pas les exclure !

Jésus a profité la possibilité pour inclure cet enfant dans la conversation : Il l'a mis dans le centre de la scène. Aujourd'hui, il existe de nombreuses façons « modernes » pour exclure les enfants ; par exemple en les envoyant à jouer dans un autre endroit que celui où vous êtes, ou les réduisant en silence permanent et de ne pas les laisser participer dans quelque activité, de ne pas parler avec eux en croyant qu'ils ne comprennent rien, en les ridiculisant, etc. Est-ce-que cela vous arrive t-il deja quand vous étiez petit ? Comment vous sentez- vous lorsque cela est arrivé ? Avez-vous déjà eu une de ces attitudes avec un enfant ? Permettez aux élèves de partager leurs expériences.

Les « petites gens » méritent le même respect que tout le monde. Aujourd'hui, les jeunes peuvent faire la différence pour les générations futures, sur cette question.

## b. Faites du bien avec eux

Il est très fréquent de parler de respect pour les adultes, pour être bon à nos parents, mais qu'en est-il des enfants ? Jésus a pris la place d'eux en disant que si nous recevons un enfant, nous recevons à Lui-même. Nous devons toujours apprendre à faire du bien aux enfants, de les aider avec leurs devoirs, de répondre leurs questions et de leur enseigner avec patience et amour pour faire les choses. L'un des commandements importants que Jésus nous a laissé est « Aime ton prochain comme toi-même » (Matthieu 22 :39). Les enfants sont notre prochain donc nous devons les aimer avec l'amour que nous avons pour nous-mêmes. Demandez : Comment a été votre relation avec vos petits frères ? At-il été facile ? Pourquoi ? At-il été difficile ? Pourquoi ? Quels aspects vous reconnaissez comme les plus problématiques dans votre relation avec les enfants autour de vous ?

Les chrétiens devraient influer positivement sur les enfants avec l'amour de Christ. Il est de connaissance publique qui, actuellement informe sur les enfants qui reçoivent des mauvais traitements et abus, de même leurs propres frères. Vous pouvez imaginer ce que dirait Jésus dans cette affaire ?

**c. Prenez exemple d'eux**

Le passage montre l'importance de servir et de partager avec un enfant. Si nous voyions Christ dans un enfant, nous imitions sa simplicité de cœur, sa volonté de servir, son amour désintéressé, son humilité, sa dépendance à l'égard du Père, sa confiance. Demandez : Pour quelles qualités que vos amis vous reconnaissent ? Est- ce que vos qualités caractérisent le royaume de Dieu ?

## 3. Le jeune et les enfants aujourd'hui

Quels comportements qui ont conduit pour faire croire que cette personne répond à ces caractéristiques ?

Rappelons que même s'il est plus facile de voir l'attitude des autres envers les enfants, nous devons être les premiers à nous intéresser et modifier nos actions pour influencer positivement les enfants autour de nous, car ils sont également « notre prochain ». Le plus grand bien que nous pouvons faire pour l'autre c'est de nous donner l'amour que Dieu met dans nos cœurs. Seriez-vous prêt à montrer votre amour chrétien pour les petits ? Seriez-vous prêt à demander à Dieu de remplir votre cœur avec amour et ainsi que l'amour pour les enfants ?

**Révisez / Application:** Formez deux équipes de travail et planifiez un projet où tous les jeunes de l'église partagent avec les enfants, une journée de jeux et de communication. Cela doit être en tant qu'amis et non dans des rôles de «professeur-élève», mais pour apprendre à les connaître, se rapprocher d'eux et connaître leurs intérêts. Développez les étapes de projet suivantes :

1. Directeur du projet :

2. Objectif :

3. Date :

4. Lieu où se déroulera l'activité :

5. Jeux :

6. Nourritures :

7. Autres ressources :

Remarque : S'ils le souhaitent, ils peuvent partager le projet avec l'autre groupe.

**Défi:** Planifie avec ton professeur et tes camarades une veillée de prière pour les enfants de notre société et du monde. Recherche les différentes raisons de prier pour les enfants, par exemple : Pour les enfants qui ont été et sont violés, pour les enfants qui sont maltraités, pour les enfants orphelins, pour les filles qui sont forcées de se marier dans certaines villes des pays d'Amérique latine. Tu peux impliquer toute l'église et développer ensemble un programme de prière dynamique qui sensibilise à la question. Tu peux obtenir des statistiques sur les enfants maltraités dans ta ville et les problèmes les plus courants.

# Le jeune et les anciens

**Objectif :** L'élève doit comprendre la relation qu'il peut avoir avec les anciens et la responsabilité qu'il a envers eux.

**A Mémoriser :** « La gloire des jeunes gens est leur force, et la beauté des vieillards est leur vieillesse » Proverbes 20 :29.

**Avertissement**

Donnez du suivi à l'activité défi de la semaine dernière. Affiner les détails pour leur exécution s'ils n'ont pas encore réalisé l'activité.

Accepter

## Connecter | Télécharger

### Introduction dynamique (12 à 17ans).

- Matériel : Les dessins allusifs aux anciens comme des fauteuils roulants, bâton, médicaments, etc.

- Instructions : Avant de commencer la classe, préparez le salon avec des dessins faisant allusion aux personnes âgées. Laissez que les élèves déduisent quel sera l'objet de la classe.

   Ensuite, faites une enquête sur qui les personnes âgées ou en vivant près d'eux dans la même maison et encouragez les jeunes à décrire les caractéristiques des anciens qu'ils connaissent. Écrivez dans le tableau les caractéristiques qu'ils mentionnent de la vieillesse. De cette façon, vous avez une base d'expériences qu'apportent et enrichissent la classe.

### Introduction dynamique (18-23 ans).

- Instructions : Invitez un ancien dans l'église pour partager avec la classe un bref témoignage sur sa vie et comme il l'a fait pour rester fidèle dans les voies de la vie chrétienne. Donnez une contribution à ce témoin, avec les questions suivantes :

1. Quelle a été votre carrière professionnelle ?
2. Avez-vous effectué actuellement une activité quelconque ?
3. Comment était le changement et qui était le plus dur quand il a cessé son travail actif ?
4. Quelles activités sociales vous réalisez tous les jours ?
5. Quelle est votre relation avec la famille ?
6. Quels aspects pensez-vous qui seraient importants que la jeunesse sache, en ce qui attraits avec les élèves d'aujourd'hui ?

## Connecter | Télécharger

### 1. L'ancien

   Selon le Dictionnaire de l'Académie royale Espagnole définit l'ancien comme une personne très âgée. Autres concepts que nous trouvons pour la vieillesse est : la dernière période de la vie, la vieillesse, la longévité, vivre longtemps, l'âge d'or, vieux, vieillesse et personne âgée. Apparait 66 fois dans le NT, dans la plupart des cas se traduit comme « vieux ». Il apparaît 26 fois dans les évangiles (13 seulement dans Mt) en référence aux « anciens » les Juifs, qui étaient les membres du Sanhédrin (dictionnaire Théologique Beacon, CNP, USA, 1995 p.48). Demandez : A qui considérez-vous l'ancien ?

   Parfois, le concept de la vieillesse, est conceptualisé en fonction des cultures ou à l'image de chacun. Dans certains endroits à la retraite et est considéré comme ancien. Elle tend aussi à penser qu'une personne est âgée quand ses cheveux sont complètement blancs, ou quand sa peau a beaucoup de rides et commence à avoir des problèmes physiques et certaines maladies ou de l'inactivité professionnelle.

   Aujourd'hui, la société met l'accent sur l'image de la jeunesse éternelle discréditée les avantages et l'appel d'une personne âgée.

## 2. Le respect pour eux

Depuis les temps anciens, ils ont bénéficié un peu de respect et de prestige dans la société. Ce n'était pas différent parmi le peuple d'Israël (Exode 3 : 16-18b). Pour les personnes âgées, ils sont recherchés comme des conseillers et pour aider à résoudre n'importe quelle situation si elle est morale ou légale.

Si nous lisons le livre d'Exode et du Deutéronome, nous trouverons plusieurs passages qui parlent des personnes âgées : Un exemple de l'importance des personnes âgées pour résoudre les problèmes juridiques que nous pouvons trouver dans le livre de Ruth 4 : 2 ; 9-11. Demandez : Respectez-vous les anciens ?

Nous rappelons ce qui est arrivé à l'un des rois d'Israël, Roboam. Dans 1 Rois 12 : 1-19, Il nous raconte l'histoire de ce jeune roi qui a suivi les conseils des amis de sa jeunesse et a repoussé le conseil des anciens et cela a conduit à la division du peuple qu'il dirigeait. Demandez : Est-ce que vous essayez de construire une relation d'amitié avec une personne âgée ? Générer une relation profonde avec les personnes âgées, peut apporter beaucoup de sagesse dans votre vie (Job 12 :12).

Dans 1 Pierre 5 : 5, l'apôtre Pierre dit aux jeunes qu'ils devraient être soumis à des personnes âgées. En continuant de lire il nous dit que nous devons être soumis les uns aux autres et revêtus d'humilité, l'attitude entre les deux doit être la compréhension, la communication, le respect et l'attention mutuelle. Si toutes les générations qui travaillent ensemble peuvent accomplir de grandes choses pour la croissance spirituelle et de la grandeur du peuple de Dieu. Selon la déclaration faite par l'apôtre dans la relation qui se développe entre les jeunes et les anciens, il y a une sorte de sujet qui enrichit les deux à la fois. Le mot sujétion désigne le respect et de l'autorité que les personnes âgées ont, pour l'expérience et la place qu'ils ont devant Dieu.

Daniel 7 : 9 dit : « Je regardai, pendant que l'on plaçait des trônes, et l'Ancien des jours s'assit, sont vêtement était blanc comme la neige, et les cheveux de sa tête étaient comme de la laine pure ; son trône était comme des flammes de feu, et les roues comme un feu ardent »dans ce passage Daniel parle de sa vision et nous voyons que l'ancien des jours auquel il se réfère c'est Dieu même. Comme nous pouvons voir l'image de l'ancien, il est si important que notre Père est décrit comme tel.

## 3. Notre responsabilité envers eux

En tant que jeunes, nous devons respecter les personnes âgées, les traiter avec dignité et de leur donner la place qui les correspond au sein de l'Église et la société. Nous devons écouter et retenir ses enseignements.

C'est également la partie de notre responsabilité de veiller à leur bien-être physique et spirituel, rappelez-vous le conseil de Paul : « Que personne ne méprise ta jeunesse, mais sois un exemple pour les fidèles, en parole, en conduite, en charité, en foi, en pureté » (1 Timothée 4 :12). Être jeune vous fournit beaucoup d'énergie pour obtenir des changements dans la vision qu'on doit avoir envers les personnes âgées.

Nous devons avoir de la patience envers eux, parfois les personnes âgées ont besoins d'aide spéciale, ils peuvent avoir des problèmes de santé et quelque jeune, avec ses forces et de l'énergie peut les aider. Peut-être un vieil homme se sent triste, seul, en colère et le jeune peut l'aider à changer, et de voir les choses différentes en lui montrant l'amour de Christ.

La vieillesse n'est pas une maladie, elle est un processus par lequel passe la plupart des êtres humains. Au cours de cette étape de la vie certains arrivent à perdre leur estime de soi, ils sentent qu'ils n'ont plus la même valeur ou le rendement parfois ils se sentent marginaliser par leurs propres familles. Notre travail consiste à leur faire sentir qu'ils peuvent faire encore et donner beaucoup. Nous pensons que, pendant cet étape de la vie certains d'entre eux ont expérimenté la solitude la peur de l'avenir, surtout si leur conjoint est décédé. Autre des aspects les plus difficiles est l'insécurité économique, parce qu'ils reçoivent dans certains cas, comme la retraite ne suffit pas pour répondre à leurs besoins fondamentaux.

**Révisez / Application:** Décrit ou définit la personne âgée au moyen d'un adjectif, par exemple : Bon, isolé, fatigué, affectueux, etc.

Par la suite, demandez à chaque élève de donner son opinion ou son concept concernant les personnes âgées. Les classer par des mots qui qualifient les aspects positifs ou négatifs observables. À la fin, demandez-leur d'exprimer comment ils peuvent favoriser les aspects positifs et provoquer un changement en termes de négatifs. Comment être actif dans la vie de nos aînés ? Ils sont aussi notre voisin !

Exemple:

Positif - Aimable, amical

Négatif - Pessimiste, Critique

Exemple : *Je peux lui rendre visite, lui apporter du pain et prendre un café avec lui et lire quelques passages de la Bible qui l'aident à ne pas voir la vie de manière pessimiste et renforcent sa foi.*

**Défi:** Prenez le temps et planifiez avec la classe une activité avec les aînés, que ce soit un pique-nique, un dîner ou un souper, pour passer du temps de qualité avec eux. Un moment où ils partagent des jeux divers qui favorisent l'échange et les relations. Ce jour-là, chaque jeune peut adopter un grand-père qu'il visitera, le saluera le jour de son anniversaire, l'appellera et fera connaissance avec lui.

# Les autorités

**Objectif :** L'élève doit comprendre la relation et la responsabilité qu'il a avec les autorités.

**A mémoriser :** « Que toute personne soit soumise aux autorités supérieures ; parce qu'il n'y a point d'autorité qui ne vienne de Dieu, et les autorités qui existent ont été instituées de Dieu » Romains 13 : 1.

**Avertissement**

Ne perdez pas l'opportunité de poser des questions sur les différents défis des semaines précédentes qui sont en attente.

Accepter

## Connecter | Télécharger

Que passerait si dans un orchestre chaque musicien choisit quel ton à jouer, quel rythme et Quelle pièce à interpréter ? Certes, le résultat serait une catastrophe. Il est nécessaire d'avoir une autorité dans ce cas le directeur de l'orchestre, pour qu'il donne la direction aux musiciens en vue d'atteindre des résultats dans une belle symphonie.

La même chose arrive dans d'autres domaines, nous avons besoin de l'autorité dans tous les domaines de notre vie pour fonctionner correctement et de manière ordonnée.

### Introduction dynamique (12 à 17ans).

- Matériels : Une couronne et une feuille d'instructions.
- Instructions : Nommez l'un de ses élèves comme roi et lui donnez une feuille avec des commandes qu'il doit exiger que les autres élèves réalisent (réciter un verset de mémoire, trouver un passage et le lire, chanter une chanson, etc.) puis le couronnez et expliquez la classe tout ce que le roi demande, ses sujets (les autres élèves) devront l'accomplir. D'avance vous parlez à deux ou trois élèves pour qu'ils révèlent contre les ordres du roi et refusent de faire ce qu'on demande.

  Lorsque cela est jugé prudent, arrêtez et discutez la dynamique avec les élèves sur les attitudes qu'ils ont été générées, en tenant compte les perspectives du roi, les sujets obéissants et les rebelles.

### Introduction dynamique (18 à 23ans).

- Matériels : Marqueurs (fibres ou grosses plumes), des crayons de couleurs ou des crayons et des feuilles de papier.
- Instructions : Faites deux groupes et demandez-les d'illustrer les termes suivants et d'écrire ses définitions.

  Groupe 1 : Autorité, honneur, respect.
  Quelques définitions de référence :
  - Autorité : « Pouvoir qui gouverne ou exerce un contrôle de fait ou de droit ; »
  - Honoré : « Estime et respect … ».
  - Respect : « Attention, considération, … observation qui rend quelqu'un ».

  Groupe 2 : Gouvernement, soumission, obéissance.
  Quelques définitions de référence :
  - Gouvernement : « District ou territoire qui a compétence ou autorité, le gouverneur ».
  - Soumission : « Soumission de quelqu'un à un autre ou d'autres personnes ».
  - Obéissance : « Demeurez à quelqu'un que vous reconnaissez par supériorité ».

  Demandez-les de commenter les dessins qu'ils aient effectués et de lire la définition de chaque mot.

## Connecter | Télécharger

A travers la Bible, nous pouvons voir que Dieu a autorité et opère à travers des autorités pour guider son peuple. Il attend qu'on respecte et honore à toute autorité, parce que tout gouvernement est sous sa souveraineté.

Lisez Romains 13 : 1 et commencez une discussion avec ses élèves sur qui sont les autorités laïques aujourd'hui et notez dans le tableau les conclusions (enseignants, directeurs, maires, gouvernement, polices, les chefs, etc.).

Savoir qui sont nos autorités, nous pouvons nous demander comment nous devons nous comporter avec elles ? Nous voyons les enseignements que Jésus nous a donnés dans Matthieu 22 : 15-22.

## 1. Nous devons reconnaître l'autorité

Dans Matthieu 22 : 19-20 Jésus a dit : « Montrez-moi la monnaie avec laquelle on paie le tribut de qui est cette image et cette inscription ?» Jésus connaissait les lois qui régissaient l'empire ; pour cette raison, quand on lui a approché avec une telle question Il a demandé simplement de Lui montrer la monnaie du tribut, Jésus savait que cela donnerait un dénaire, ce fut une pièce de monnaie d'argent romain qui avait l'image et l'inscription de César, ce qui lui a donné sa valeur commerciale. Avec cette action, Jésus montrait des gens qu'il connaissait la loi et reconnaissait l'autorité de César en tant que gouverneur. Ceci est un enseignement clair en tant que chrétiens, nous devons connaître les lois régissant le lieu où nous vivons et de reconnaitre l'autorité qui nous gouverne, cela va devenir un puissant témoignage à ceux qui nous entourent, 1 Pierre 2 :13 15 exprime ainsi : « Soyez soumis, à cause du Seigneur, à toute autorité établie parmi les hommes, soit au roi comme souverain, soit aux gouverneurs comme envoyés par lui pour punir les malfaiteurs et pour approuver les gens de bien. Car c'est la volonté de Dieu qu'en pratiquant le bien, vous réduisiez au silence les hommes ignorants et insensés ». Nous pouvons appliquer ce passage parfaitement, non seulement aux autorités politiques mais aussi aux chefs de travail ou aux enseignants ou directeurs d'établissements d'enseignement. Notre attitude doit être familier avec les règles régissant toute institution (gouvernementale, éducative ou d'emploi) et de les accepter et les remplir. Si je ne suis pas d'accord sur quelque chose que je dois suivre les canaux appropriés pour promouvoir les changements ou faire connaître ma position, mais la rébellion ou l'échec ne sont pas des attitudes chrétiennes.

## 2. Nous devons avoir une bonne attitude envers l'autorité

« Rendez donc à César ce qui est à César » (le v.21) Nous pouvons compléter la déclaration de Jésus dans Romains- 13 :7 « Rendez donc à tous leurs droits : Par qui hommage est dû ; coutume à qui la coutume ; à qui le respect, respect ; à qui l'honneur, l'honneur. » Ce passage se réfère non seulement aux impôts payés, mais pour le respect et l'honneur qu'on doit avoir pour les autorités. Jésus ne parlait pas contre leurs dirigeants, bien que l'époque dans laquelle il vivait l'Empire romain fût un régime autoritaire, antidémocratique et abusif.

Dans la base de la lecture de Romains 13 : 1-7, divisez la classe en deux groupes et demandez-les de discuter et retirer les conclusions des énoncés suivants, puis de les exposer à tous :

Groupe 1 :

1. Nous devons soumettre aux autorités supérieures.

2. Les autorités viennent de Dieu.

3. Celui qui oppose à l'autorité, résiste à l'ordonnance de Dieu.

4. Ceux qui résistent à l'autorité attirent une condamnation.

Groupe 2 :

1. Pour quoi les magistrats sont une terreur au mal.

2. Parce qu'il est le serviteur de Dieu pour ton bien.

3. Il faut non seulement punir, mais aussi à cause de la conscience.

4. Parce qu'ils sont des serviteurs de Dieu.

5. Rendez donc à tous leurs droits : Par qui hommage est dû ; coutume à qui la coutume ; à qui le respect, puis respect ; à qui l'honneur,  l'honneur.

La Bible est très claire sur les responsabilités des autorités : le respect, l'honneur, payer les tributs, prier et être prêt à collaborer. En faisant ces choses nous honorons Dieu et témoignons de Lui.

## 3. La plus haute autorité doit toujours être Dieu

«... Donnez à Dieu ce qui est à Dieu » (v.21). En tant que chrétiens, nous pouvons affirmer que nous avons deux citoyennetés, une céleste et l'autre terrestre. En tant que citoyens de la terre, nous devons nous soumettre aux autorités, comme a déjà expliqué au point précédent, mais : Qu'est-ce qui se passe lorsque les autorités indiquent la réalisation de lois contraires aux lois divines ? Prenons deux exemples :

- Parfois, les lois sont injustes, par exemple, ce qui est arrivé aux femmes qui fréquentaient les naissances en Égypte. Le roi les ordonna quand un bébé est né, si c'était femme qu'elles la laissaient en vie, mais si c'était homme elles devaient le tuer (Exode 1 : 15-16). La Bible déclare : « Mais les sages-femmes craignirent Dieu, et elles ne faisaient pas selon l'ordonnance du roi de l'Égypte, mais elles ont sauvé la vie des enfants » Exode 01 :17. L'ordre du roi était injuste, les femmes ont décidé de ne pas obéir parce qu'elles craignent à l'Eternel, le résultat est dans Exode 1 : 20-21, « Et Dieu fit du bien aux sages-femmes ; et le peuple se multiplia et renforça considérablement. Et parce que les sages-femmes craignirent Dieu, Dieu leur a prospéré leurs familles. »

- Peut être que l'obéissance aux autorités humaines, entre en conflit avec l'obéissance à Dieu. Le Grand Prêtre était la plus haute autorité religieuse des Juifs, rempli de jalousie mis en prison Pierre par ce qu'il prêche l'évangile de Jésus-Christ ; Dieu envoya un ange miraculeusement et les mis hors de la prison, il devait l'obéissance à son autorité terrestre, mais il a compris qu'au-dessus de tout il devait obéir à Dieu. Actes 5 : 28-29 « ... Nous vous avons donné des ordres stricts de ne pas enseigner en ce nom ? Et maintenant, vous avez rempli Jérusalem de votre doctrine, et l'intention de faire venir sur nous le sang de cet homme. Pierre et les apôtres dirent : Il faut obéir à Dieu plutôt qu'aux hommes ».

Enfin, il convient de préciser qu'il est important d'être soumis à toute institution aussi quand cela ne va pas à l'encontre des principes chrétiens. Si dans un travail, on me demande de mentir ou de faire une action inadéquate je dois mettre mes principes clairs. Quand j'agis comme ça deux choses, peuvent arriver, une peut avoir un impact à mes supériorités et on va respecter ma position, une autre je dois souffrir pour avoir refusé de réaliser quelque chose qui va à l'encontre des principes chrétiens. Quel sera mon attitude maintenant et à l'avenir ?

## Révisez / Application: Lisez les passages suivants et écrivez-les dans vos propres mots:

- Tite 3:1

- 1 Timothée 2:1-3

## Défi: Pendant la semaine, lisez Romains 13 :1-7 et 1 Timothée 2 :1-3 et faites une liste des attitudes que nous avons vues dans la classe que nous devrions avoir envers l'autorité et souligne celles que tu n'aies pas encore développées, recherche les autorités les plus proches que tu pourrais avoir (enseignants, directeurs, patrons) et partage ton désir de développer ces nouvelles attitudes, afin qu'elles puissent t'aider.

# Ensemble mais...pas égal

**Objectif :** L'élève doit découvrir quel est le type de relation correcte les chrétiens doivent avoir avec ceux qui ne sont pas.

**A mémoriser :** « C'est par là que se font reconnaitre les enfants de Dieu et les enfants du diable : Quiconque ne pratique pas la justice n'est pas de Dieu ; non plus que celui qui n'aime pas son frère » I Jean 3 : 10.

**Avertissement**

Exprimez concernant l'amélioration des relations avec les autorités. Si vous y réfléchissez, priez pour eux.

*Accepter*

---

## Connecter | Télécharger

### Introduction dynamique (12 à 17ans).

- Matériels : Marqueurs (marqueurs ou fibres). Dans les petites cartes pour chaque élève, écrivez certains comportements : gratte le nez, pleure, rit, mou, éternue, gesticule, tire la langue, (répétez deux ou trois cartes avec chaque comportement en fonction du nombre d'élèves). Écrivez une carte qui prétend d'agir normalement.

- Instructions : Demandez à un volontaire de quitter la salle afin de ne pas entendre les instructions. Distribuez les cartes et demandez-leur de marcher autour de la salle dans un cercle, en réalisant le comportement assigné. Faites entrer le volontaire qui a quitté la salle.

  Le but du volontaire est de découvrir la personne qui se comporte différemment du reste du groupe.

  Après que le volontaire découvre celui qui agit différemment dans le groupe, le volontaire l'exigera d'avoir un comportement normal, permettez que le groupe opine sur les phrases suivantes :

  - Ensemble ... mais ils ne sont pas égaux

  - Le monde doit nous voir et de nous différencier ! Permettez qu'ils réfléchissent sur la citation et le texte.

  Mémoriser.

### Introduction dynamique (18-23 ans).

- Matériels : papier bristol, marqueurs (marqueurs ou fibres) et du ruban adhésif.

- Instructions : Demandez à deux volontaires qui seront les « collectionneurs » de quitter la salle de classe, tout en donnant des instructions au groupe. Le reste de la classe va choisir les noms de légumes et l'autre la moitié des fruits. La dynamique consistera que les « cueilleurs » doivent entrer dans la salle de classe et poser des questions à ses camarades pour découvrir que le fruit ou la légume sont : Les « fruits » et « légumes » qui pourront répondre à toutes les questions que les « collectionneurs » posent mais ne les jamais dire le nom de légume ou du fruit qu'ils représentent. Comme ils doivent se déplacer pour découvrir l'endroit désigné par le maître. Pour discuter cela, ils peuvent demander : Quelle est votre couleur ? Quel est votre goût ou texture ? Dans quelle époque on mange ? Avez-vous des semences ? Ne jamais demander le nom. À la fin les collectionneurs comme les fruits et les légumes doivent partager comment ils se sentaient. Enfin commentez qu'il est important de distinguer que nous sommes chrétiens par nos attitudes, sans que nous ayons à leur dire.

---

## Connecter | Télécharger

Parfois nous entendons des phrases qui disent que si nous marchons avec certaines personnes, quelque chose qui nous collera, soit leur façon d'habiller, parler, comporter, etc. Certains dictons disent à ce sujet : « Celui qui vit avec les loups, apprend à hurler. » « Celui qui marche avec le miel, quelque chose le frappe. » Demandez-les de discuter de ces paroles populaires.

## 1. Dans le monde ... mais pas du monde

Nos parents nous ont appris à choisir nos amis. Ceci est un bon conseil parce que nos amis sont les personnes qui recevront des conseils et avec qui nous aurons une relation plus étroite. Alors que nous pouvons choisir nos amis mais nous ne pouvons pas toujours choisir nos collègues de travail ou d'étude.

Il est impossible de nous séparer du monde, nous vivons dans le monde ! Et Jésus le savait très bien. Lorsque sa crucifixion approchait, Il était en prière faisant une belle pétition au Père pour ses disciples et dit : « Je ne te demande pas de les ôter du monde, mais de les protéger du mal » Jean 17 :15. Alors, comment pouvons-nous comprendre cela ? Nous devons rester loin des personnes non chrétiennes, pour qu'elles ne nous ne « contaminent » pas. Dans n'importe quelle façon. Nous devons partager avec elles, mais nous ne devons pas nous laisser influencer et nous terminons de faire ce qu'elles veulent.

D'autre part, nous devons les influer et les rapprocher que la vérité est en Christ, nous devons briller dans les ténèbres (Matthieu 5 :16).

Considérons le passage dans Marc 2 : 13-17. Jésus enseignait au bord de la mer et les gens L'ont suivi et ils écoutaient ses enseignements. Jésus voyait un Lévi qui est également connu comme Matthieu et l'a appelé à le suivre. Qui était Matthieu ? Nous pouvons commencer par dire que ce n'était pas une personne aimée par le peuple d'autre part, il était un homme détesté. Les collecteurs d'impôts à ce moment-là étaient considérés comme des voleurs. Les gens ne savent jamais combien payer parce que les collecteurs touchent plus pour leur propre gain, ils ont essayé de faire que tous les gens payent ce qu'ils pouvaient. Nous rappelons à Zachée (Luc 19 : 8) en connaissant à Jésus il a admis avoir volé.

Matthieu, devait être solitaire, parce que les gens ne voulaient pas et moins les dirigeants religieux. Quelle merveille que Jésus lui a parlé et lui appelé ! Une fois que Matthieu approcha à Jésus et il savait et il L'a invité dans sa maison et il a invité ses amis et lui comme il était d'imaginer ses amis étaient des publicains et des pécheurs (Marc 2 :15). Quand il a vu Jésus avec ces gens les Pharisiens disaient à ses disciples : « Pourquoi Il mange et boit avec les publicains et les pécheurs ? » (V.16b). La réponse de Jésus est clair : « Je ne suis pas venu appeler les justes, mais les pécheurs » (v.17b). Jésus brillait au milieu de ces gens si en besoin, Il est allé à la maison de Matthieu et partagé la table avec ces gens qui ont besoin de guérison pour leur âme.

## 2. Comment doit être notre relation avec le monde ?

Il est important de détacher que c'est une ligne assez mince qui nous sépare pour maintenir une relation saint et juste ou d'une relation de lumière avec des accents chrétiens. De toute évidence, nous devons être en contact avec tout le monde qui nous entoure, chrétien ou non, et c'est la partie de notre responsabilité d'être la lumière pour eux pour être avec lui (Matthieu 5 :16).

Le problème est de savoir si être avec eux, nous devenons comme eux, et laissons briller et de faire une différence pour que les gens ne remarquent aucune différence. Demandez : Quelle différence nous entendons?

Quelles choses nous feront briller dans les endroits que nous fréquentons ?

Nous nous référons à montrer notre lumière et de briller dans notre pensée, de voir, de nous exprimer, dans la marche quotidienne de notre vie, à l'école, dans la rue, avec notre groupe d'amis, la famille, le sport, etc.

En toute circonstance qu'ils nous ont besoin, , nous devons être là pour montrer l'amour de Jésus-Christ à travers de nos faits comme l'apôtre Jean dit : « Mes petits-enfants, n'aimez pas avec des mots ou de la langue, mais en actes et en vérité » (1 Jean 3 :18). Être différent dans nos actions, et d'agir sincèrement selon ce que Dieu commande nous montrent un mode de vie différent.

## 3. Nous devons connaître la mince ligne qui nous sépare

Pour distinguer et respecter cette ligne contribuera à montrer les non convertis la différence qui provoque la vie intime de l'obéissance à Dieu.

Quand nous sommes bons amis, familles, voisins, collègues de travail ou d'études dans un monde qui manque ces caractéristiques nous donnons témoignage de Christ. Même si, dans certaines circonstances que nous rencontrons nous ne devons pas dire un mot, avec une réaction ou une attitude nous montreront ce que nous sommes. Bien sûr, nous ne sommes pas parfaits, mais nous cherchons cette perfection chrétienne appelée la sainteté (Jean 17 :19).

L'exactitude de nos erreurs, d'excuser, de pardonner, d'être doux, de nous efforcer dans tout ce que nous faisons et de chercher à mieux nous aider à parler avec autorité, si nécessaire parmi les non-convertis.

Mais pourquoi nous devons être avec le monde sans arriver à nous ressembler à Lui ou à perdre de vue notre objectif d'être comme Christ ? Il ne faut pas oublier que nous vivons dans ce monde, mais pas de celui-ci, comme Jésus Lui-même dit dans Jean 17 : 16. Nous vivons comme des étrangers dans un pays étranger. Demandez : Connaissez-vous quelques étrangers ?

Avez-vous remarqué quelque chose de différent dans leur façon d'être ou d'agir ? Avez-vous remarqué quelque chose qui les différencie de tous ceux qui sont nés ici ? Laissez-les commenter, si vous avez quelque exemple, profitez pour le partager.

Ici se trouve la différence entre « être » et « être », « être » est l'essence de la personne, est intégré par ses principes, croyances, son éducation et sa formation, ne change pas les circonstances parce qu'il fait partie de l'être. Être c'est circonstancielle, parle d'une position dans l'espace, qui peut changer de façon permanente. Notre objectif c'est « d'être saint », « être dans le monde ».

Dans notre vie comme les saints vivants dans le monde de l'obéissance joue un rôle protagonique : « Ceux qui obéissent à ses commandements vivent en Dieu et Dieu en lui. Comment savons-nous qu'il demeure en nous ? Par l'Esprit, il nous a donné » 1 Jean 3 :24.

La Bible est notre vérité, où il n'y a pas seulement les commandements, mais nos principes et nos valeurs chrétiennes, ce sont eux qui nous aident à prendre des décisions au sujet de notre interaction avec le monde et les non-convertis.

Le monde doit nous voir et de nous différencier ! Nous devons partager avec les gens dans le monde et aimer ceux qui ne connaissent pas Jésus, mais de ne pas faire ce qu'ils font (péché). Il nous incombe de demander des conseils du Saint-Esprit pour ne pas passer cette ligne entre partager avec les pécheurs et partager le péché.

Révisez / Application: Demandez-leur de lister les comportements qui peuvent nous amener à être confus ou à ressembler au reste du monde.

Exemple:

o  **Vêtements**

o  **Langage**

o  **Attitudes**

Permettez au groupe de partager ses conclusions sur le risque de nous enfermer dans notre monde chrétien ou de perdre notre spécificité chrétienne dans notre quête pour accéder aux non-croyants.

Défi: Es-tu différent des autres par tes valeurs et convictions chrétiennes ? Demande à tes amis ou aux personnes les plus proches de toi. Que voient-ils en toi de différent ? Examine ta vie et fais les changements nécessaires. Chaque jour, lorsque tu te lèves, répète le texte à mémoriser. Le soir, écris comment ça s'est passé et partage-le dimanche prochain avec tes camarades de classe.

# Qui est responsable ?

**Objectif :** L'élève doit comprendre la relation qu'il doit avoir avec les dirigeants de l'église et la responsabilité qu'il a envers eux.

**A mémoriser :** « Or, il ne faut pas qu'un serviteur du Seigneur ait des querelles ; il doit, au contraire, avoir de la condescendance pour tous, pour corriger ceux qui opposent ... » 2 Timothée 2 : 24-25a.

*Avertissement*

*Générer un environnement de confiance pour que les étudiants témoignent de leur effort quotidien pour ressembler à Christ.*

*Accepter*

## Connecter | Télécharger

### Introduction dynamique (12 à 17ans).

- Matériels : Des feuilles de papier blanc et des crayons.

- Instructions : Demandez aux élèves de penser à un frère ou une sœur dans la congrégation qui admire pour son leadership et son service à l'église. Ensuite, demandez-leur d'écrire quelques traits de la vie et le ministère de cette personne. Une fois qu'ils ont terminé, chaque élève (s'ils sont beaucoup vous pouvez demander à certains de le faire) partagera sa description et les autres vont tenter de découvrir quel frère ou quelle sœur on parle. Si la congrégation est très petite, ils peuvent décrire les dirigeants dans la région ou le district qui sont connus pour la plupart.

### Introduction dynamique (18 à 23 ans).

- Matériels : grandes feuilles de papier et marqueurs (marqueurs ou gros fibres).

- Instructions : Divisez le groupe en équipes de trois à quatre membres et demandez-les d'écrire quelques caractéristiques qu'ils attendent que les dirigeants aient à l'Église dans les différents ministères. Partagez ensuite les résultats de chaque groupe.

## Connecter | Télécharger

Dans l'église locale, Dieu appelle les hommes et les femmes qui sont disposés pour servir dans Son travail. Beaucoup d'entre eux ont commencé le service depuis dans la jeunesse, dans l'église infantile, comme des aides à l'école biblique de vacances, de camps, etc. Au fil du temps ces gens ont découvert leurs dons spirituels ou talents, furent acquiert de l'expérience, ils ont réussi à être acceptés, respectés par la congrégation et sont venus à être considérés comme les responsables de l'église dans divers ministères : les enseignants, les présidents de département, les majordomes, les directeurs de la louange, etc. Aujourd'hui, il y a une crise de leadership dans de nombreuses églises parce qu'il y a peu personnes qui veulent vraiment s'engager pour servir Dieu dans les différents ministères, en répondant à l'appel de Dieu. Nous devons analyser pourquoi évaluer l'importance des dirigeants que Dieu a appelés pour son travail. Nous devons également réfléchir sur la façon dont nous pouvons collaborer avec eux, de sorte que, ensemble, nous obtenons que l'église accomplisse son objectif de « gagner les autres à Christ. »

## 1. Les dirigeants sont nommés par Dieu

Commencez cette section en demandant aux élèves s'ils savent comment ils sont élus en tant que chefs de file dans leur église locale. Peut-être que s'il y a quelque adolescent ou jeune homme qui est un chef de file d'un ministère, vous pouvez donner un témoignage de la façon dont il savait que Dieu l'appelait dans ce ministère.

Normalement, quand un dirigeant est élu par la congrégation pour servir dans un ministère au sein de l'église, nous disons que c'est Dieu qui l'a appelé pour son service. Dieu utilise souvent les frères de l'église pour nous guider à voir dans quels domaines Dieu veut nous utiliser.

Lorsqu'on fait choix aux dirigeants on réalise une élection. Avant cela, le pasteur et un comité de frères responsables, pour prier Dieu, pour demander Sa direction. Ensuite, ils pensent aux personnes qui peuvent occuper des positions différentes et analysent leur témoignage, leur vie spirituelle, leur service et des dons pour exercer certain ministère. Après l'évaluation de ces domaines, on suit le processus ecclésiastique pour l'élection finale. Dans ce processus, l'Esprit de Dieu intervient en parlant et affirmant au cœur du nouveau dirigeant qui a été appelé à servir la congrégation et a utilisé par Dieu pour soutenir cet appel.

Dans Romains 12 : 4-11, Paul dit que c'est l'Esprit de Dieu qui distribue les dons et les ministères, la façon dont Il croit convenablement. Par conséquent, nous ne devons pas douter que Dieu est celui qui choisit les dirigeants qui doivent servir et nous devons donc accepter leur leadership et leur soutien.

## 2. Les dirigeants sont un exemple pour les autres

Activité en équipe : Demandez aux élèves de se diviser en deux équipes et discuter des passages bibliques

2 Timothée 2 : 14-26, Galates 6 : 1-10, commentent et écrivent quelques caractéristiques ou qualités que les dirigeants chrétiens doivent avoir en fonction de ces rendez-vous et en particulier les jeunes. Chaque équipe va marquer ses conclusions et un élève de chaque équipe qui est désigné pour partager au groupe. À la fin, l'enseignant va résumer dans une liste les caractéristiques et les qualités d'un dirigeant chrétien.

a.  2 Timothée 2 : 14-26 : D'après ce passage Paul exhortait à Timothée à être un exemple, pour soigner sa vie spirituelle et sa relation avec les autres.
    Le passage donne quelques lignes des dirigeants en ce qui concerne son ministère :
    • Éviter les discussions inutiles
    • Viser à être un chef de file approuvé par Dieu et avoir rien contre.
    • Éviter les discours vains ou de dire de fausses doctrines.
    • Fuir les passions juvéniles.
    • Suivre la justice, la foi, l'amour et la paix.
    • Ne pas se mêler des arguments insensés et stupides.
    • Être aimable avec tout le monde et corriger les gens avec humilité.

b.  Galates 6 : 1-10 : Dans ce passage, Paul donne quelques exhortations et avertissements pour les membres de l'église et en particulier pour ceux des ministères de leadership.
    • Restaurer ce qui a péché avec amour et humilité.
    • Aider les uns des autres pour transporter des charges.
    • Ne pas avoir une trop haute opinion de soi, qui doit avoir.
    • Être reconnaissant avec qui nous enseigne la Parole de Dieu.
    • Semer les bénédictions spirituelles, pour plaire à l'Esprit de Dieu.
    • Ne pas fatiguer de faire le bien à tous les hommes.
    • Ne pas abandonner pour echec, Dieu donnera des résultats.

Être un dirigeant chrétien, implique non seulement de recevoir un appel, mais aussi une grande responsabilité d'accomplir pleinement à la tâche qui vous est attribuée, avec un bon témoignage et l'amour pour les autres. Cela implique surtout pour ne pas être fiers de la position du leadership, mais au contraire, de recevoir ce privilège avec humilité et comme une occasion pour servir les autres.

## 3. Les dirigeants sont un exemple pour les autres

Nous avons déjà découvert que le service du Seigneur implique une vocation et un engagement, mais maintenant nous analyserons pourquoi il est important que nous en tant que chrétiens respections et obéissions à nos dirigeants. Nous aimons généralement arriver à l'église et être des spectateurs de ce que les autres font, et parfois nous sommes tentés a critiquer et faire des commentaires ou murmurer sur ce que nous aimons ou non. Cela a causé de graves problèmes dans les églises et parfois il crée même des divisions.

Dans notre rôle en tant que disciples de Christ, le regard doit être placé en Jésus-Christ, qui était non seulement Seigneur et Maître, mais était aussi Serviteur. Nous devons toujours nous rappeler que Dieu utilise des êtres humains avec des défauts et des vertus, pour guider son peuple (pasteurs, enseignants, chefs de services, etc.). Dieu met ses serviteurs dans la vision, les idées, les projets de ce qui va être fait pour accomplir la Grande Commission. Nos responsabilités pour les dirigeants sont : Prier pour eux, de les soutenir, les encourager et les aider dans la tâche. Les dirigeants ne parviendront pas à réaliser la vision, mais ils réussiront s'ils travaillent ensemble avec le peuple de Dieu. Les Jeunes de leur côté doivent être prêt à accepter le leadership et obéir aux indications pour réaliser la tâche à laquelle Dieu les a appelés.

C'est également important de montrer la volonté de travailler en équipe et d'encourager pour atteindre les objectifs proposés comme une église. Paul écrit aux Romains dans ces versets 12 : 9-21 Les recommandations sur la façon dont ils doivent être les relations humaines interpersonnelles entre les membres de l'église, qui devraient prendre en compte tous les jours, de sorte que notre relation avec les dirigeants donne un mandat d'amour et d'égalité.

Révisez / Application: Donnez-leur du temps pour lire les passages suivants : 2 Thessaloniciens 3:1-2 et 14-15 ; Romains 16:1-2. Demandez-leur ensuite de répondre aux questions suivantes en fonction de ce qu'ils ont lu.

1. Quelles responsabilités avons-nous envers nos dirigeants dans l'église ?

- *Prier pour eux et leur ministère.*

- *Obéir à leurs instructions.*

- *Les soutenir dans leur ministère.*

2. Quelle devrait être notre relation avec nos dirigeants ?

- *D'appréciation et de respect.*

- *D'amour et d'attention.*

- *De bienveillance et esprit d'équipe.*

Défi: Réfléchis cette semaine à la façon dont tu peux mettre en pratique ce que tu as appris en classe. Que dois-tu faire si tu ressens l'appel de Dieu pour le servir ? Que peux-tu faire pour soutenir ceux qui sont les dirigeants de l'église ? Penses-y et prier le Seigneur de te guider dans le service qu'il veut que tu fasses correctement.

# Je vous donne ce que j'ai

**Objectif :** L'élève doit comprendre que les personnes handicapées sont aussi notre prochain et ont besoin Christ.

**A mémoriser :** « Car, lorsque nous étions encore sans force, Christ, au temps marqué, est mort pour des impies » Romains 5 : 6.

*Avertissement*

Discutez de l'amélioration des relations avec les autorités. Si vous y réfléchissez, priez pour les autorités.

*Accepter*

## Connecter | Télécharger

### Introduction dynamique (12 à 17ans).

- Matériels : petite table, une chaise, une cruche à l'eau, fil épais, un verre et un mouchoir.

- Instructions : Choisissez ou demandez trois volontaires, placez-les à une bonne distance de la table. Sur la table, placez le verre et la cruche à l'eau ; Essayez de lier les mains en arrière ; et l'autre personne lie les pieds ensemble et d'autre couvre les yeux.

   Demandez-leur de faire tout ce qu'on leur dit ensemble. Alors dites à l'écoute de l'élève qui a ses yeux couverts de dire « J'ai soif ! » : Demandez :

   Comment ont-ils solutionné ce problème ? Seulement les deux participants pourront répondre et agir.

   Quand ils ont fini, demandez aux participants expriment leurs sentiments et expliquer leurs sentiments et expliquer. Permettez que le reste de la classe pose des questions.

### Introduction dynamique (18-23 ans).

- Matériels : Une chaise, fil épais, ruban adhésif et mouchoir et une rotule qui dit : « ignore-moi».

- Instructions : Sans donner de plus amples explications, appelez un élève et amenez le à la salle de classe avant que les autres élèves arrivent. Essayez de lacer les mains ou bras dans la chaise avec un fil épais. Ensuite, mettez dans sa bouche un ruban ou un mouchoir de sorte qu'il ne puisse pas parler et accrocher une pancarte autour de son cou qui est écrit « ignore-moi ».

   Avoir une attitude naturelle en saluant et donnant la bienvenue à tout le monde. Démarrez le dialogue en demandant comment il les fut avec la section. Nous voyons au chat ! Ou encouragez un petit dialogue. Puis offrez une douce à tout le monde sauf les élèves avec l'affiche m'ignore !

   Après quelques minutes, demandez à la classe et au jeune comment ils se sentaient jeunes.

## Connecter | Télécharger

On a demandé pourquoi Dieu permet qu'ils existent dans le monde des personnes handicapées ou soit des difficultés physiques ou mentales comme : La surdité, la cécité, le syndrome de Down, la paralysie cérébrale, l'autisme, la déficience intellectuelle, etc. ? Que pensez-vous ? ce sera : la punition de Dieu ? Est-ce que leurs parents ont péché ? Est-ce que Dieu a trompé ?

   La Personne handicapée veut dire une personne avec un manque d'habilité dans une branche spécifique, ce pendant dans la leçon nous l'appellerons les gens avec des « capacités différentes », car cette définition donne la possibilité de penser que ces personnes peuvent être développées d'autres domaines de leur vie.

Seulement en Amérique latine, il y a environ 85 millions de personnes ayant des besoins spéciaux. La situation de ces personnes dans la plupart des cas est compliquée par l'extrême pauvreté, coupe du taux de chômage élevé, un accès limité aux services publics (éducation, soins de santé, logement, transport, services juridiques) et généralement par un statut social et culturel marginé et isolé. En fonction comment se canalisent leurs besoins et capacités, seront une charge sociale ou contribueront en donnant leur apport productif à la société.

## 1. Nous ne devons pas faire acception de personnes

Quand le Seigneur Jésus-Christ a donné à l'église le mandat de la Grande Commission, assurément pour que les apôtres ne soient pas une nouveauté à inclure les personnes ayant des capacités spéciales entre eux. Beaucoup de miracles du maître étaient de guérison des (boiteux, aveugles, lépreux, etc.) ; donc il ne serait pas surprenant de trouver des personnes ayant des problèmes physiques et mentaux au sein de l'église primitive. La discrimination en ce temps à l'intérieur de l'église était aux Gentils (Actes 10 :34). Bien qu'au début les gens d'église avec des problèmes physiques ne sont pas discriminés, malheureusement en quelque part dans l'histoire, ils ont laissés hors dans la plupart des temples chrétiens.

L'attitude de la société envers les personnes ayant des besoins spéciaux est nombreuse et variée. Il y a des gens qui sentent un amour nuisible pour eux parce que c'est un mélange de compassion et de pitié, qui est perçu et ne favorise pas le développement naturel. Les autres par ignorance ou indifférence, rejettent ouvertement et discriminent contre ces personnes.

Nous devons tout d'abord comprendre que les gens avec des capacités spéciales ont une âme, le corps et le psychisme, qu'ils sentent et ont des besoins propres pour chaque être humain. Souvent, on voit l'acte des personnes touchées par le manque d'information sur le sujet, n'a pas suffisamment pris en compte. Nous devons comprendre que personne ne ressemble à un autre et chacun mérite le respect et l'égalité de traitement. Par conséquent, à partir d'un point de vue humain, une personne avec des besoins spéciaux, c'est cet être humain qui peut être différent de vous ou moi.

Les personnes avec des capacités spéciales, à partir d'un point de vue biblique, sont créés par Dieu et nous devons déposer notre amour pour nos prochains à Lui. Les deux approches soulignent l'acceptation et l'intégration de ces personnes à différents domaines.

Dieu est amour et l'amour s'il est en nous, nous pouvons aimer toutes les personnes (1 Jean 4 : 8). Si nous aimons Dieu, nous allons aimer les gens qui ont des besoins spéciaux. Dieu regarde nos cœurs, pas notre apparence. Quand Samuel est allé pour oindre le futur roi d'Israël, il n'a jamais imaginé qu'un adolescent décharné et joli visage, pourrait représenter l'autorité que la fonction demanderait ce pendant, Dieu lui a confronté avec la pensée divine sur les personnes (1 Samuel 16 : 7). David lui-même dans l'amitié juré de Jonathan a promis de faire du bien à lui et à ses descendants. Des années plus tard, l'unique descendant vivant de Jonathan était un jeune infirme rampant sur le sol et se sentait sans valeur. David a fait propres les paroles du Seigneur et ne regarde pas son apparence mais son essence et lui fit bien comme il l'avait promis (2 Samuel 4 : 4 ; 9 : 7-9).

## 2. Obéir la Grande Commission !

Pierre et Jean ont rencontré une personne incapable de marcher (Actes 3 : 1-10). Les apôtres ont pris le temps d'écouter la demande, mais la demande était financière et ils ne comptaient pas avec de l'argent. La réponse des apôtres n'était pas agie de leurs forces ou compétences, mais « au nom de Jésus », qui est la clé de l'action chrétienne, agir au nom de Christ et de prier avec puissance dans son Esprit.

Dieu veut guérir les gens à la fois dans la partie spirituelle et physique. Mais qu'est ce qui va arriver si Dieu ne le fait pas dans la partie physique ? Permettez aux élèves d'opiner.

Jésus a pris soin pour préciser que ce qui est important c'est la guérison spirituelle plutôt que la guérison physique, et quand cela se faisait, c'était pour la gloire de Dieu (Marc 2 : 1-12).

Il n'y a pas de plus grande misère que la vanité et l'orgueil qui nous fait penser que nous n'avons pas besoin Dieu. Plusieurs fois nous obtenons pour voir nos petites craintes ou nos petits égoïsmes pour ne pas être intéressé à prendre l'Évangile aux personnes avec des capacités spéciales. Nous devons nous soigner des phrases comme « ils ne comprennent pas,« nous devons investiguer leur façon d'apprendre. Nous devons rechercher des stratégies d'évangélisation pour les personnes ayant des capacités spéciales et répondre au besoin de l'amour de Dieu pour eux et leurs familles.

## 3. Les intégrer dans les activités de l'église

La vie des personnes ayant des capacités spéciales est le témoignage que la puissance de Dieu se perfectionne dans les faiblesses et c'est grâce à ces faiblesses que Dieu les rend forts dans l'adversité (2 Corinthiens 12 : 7-10). Alors que les gens avec des capacités spéciales sont différents et ont besoins une attention particulière dans certains domaines. Mais avant tout, il est important de les gagner pour Christ, en les baptisant, en les évangélisant et en les donnant autant de possibilités que possible pour servir le Seigneur.

Il est vrai que les personnes ayant des capacités spéciales, nécessitent parfois un plus grand investissement de temps et de ressources matérielles, mais pour Jésus ceci est un investissement qui sera les fruits éternels. Tout le monde, peu importe leur condition physique ni sociale, il y a quelque chose de précieux pour donner aux autres. Les personnes ayant des capacités spéciales, ont cette ténacité, ont volonté de vivre, ont esprit de surmonter et de solidarité, qui, souvent, nous manquons. Nous prenons le temps de les connaître et d'apprendre d'eux ; Nous ne nous privons de cette expérience enrichissante. En tant qu'église, nous devons intégrer pleinement à tous.

En tant que communauté chrétienne, nous devons donner l'exemple de l'intégration des personnes ayant +des capacités spéciales-. Nous ne demandons pas un règlement ou un code ecclésiastique pour intégrer nos frères, seul l'amour versé par le Saint-Esprit dans nos cœurs et le don de l'intelligence qu'il nous a donné. Si le monde est d'accord, en termes de traiter ces personnes avec des capacités spéciales, nous démontrons les chrétiens que, nous pouvons même l'atteindre et non pas par un ordre ou un décret gouvernemental, mais parce que l'amour de Christ nous oblige à servir et aimer notre prochain.

Les chrétiens peuvent donner des conseils à la société sous comment ils doivent traiter leurs citoyens ayant des capacités spéciales, vous, au contraire, comme le dit l'apôtre Pierre : «... vous êtes une race élue, un sacerdoce royal, une nation sainte, un peuple appartenant à Dieu, afin que vous annonciez les vertus de celui qui nous a appelés des ténèbres à son admirable lumière » (1 Pierre 2 : 9).

## Révisez / Application: Demandez-leur de répondre sur la base du récit dans Actes 3:1-10.

1. De quoi le boiteux pensait-il avoir besoin et pourquoi ? *De l'argent pour vos besoins.*

2. Selon Pierre, de quoi le boiteux avait-il besoin ? *Vous offrir la possibilité d'un changement radical dans sa vie.*

3. À votre avis, comment l'homme s'est-il senti lorsqu'il a reçu la guérison ? Pourquoi? *Surpris et heureux car il a reçu bien plus que ce à quoi il s'attendait.*

4. Partagez-vous votre témoignage ou celui de quelqu'un qui a reçu une guérison physique ?

## Défi: Planifiez avec votre groupe une visite d'un centre de réadaptation ou d'un orphelinat pour personnes handicapées, planifiez-la à l'avance, demandez les autorisations pertinentes et apportez un détail cadeau pour les quitter. Cela peut se faire périodiquement en planifiant les activités en fonction des besoins observés.

# Les règles du jeu

David González • EUA

**Avertissement**

Prenez quelques minutes pour voir comment se passe la préparation du défi de la semaine dernière. Si vous l'avez déjà fait, commentez-le.

Accepter

**Objectif :** L'élève doit savoir qu'il existe une éthique sociale et une éthique chrétienne, et en faisant partie du royaume de Dieu, nous engageons à vivre selon l'éthique chrétienne

**A mémoriser :** « Tout ce que vous voulez que les hommes fassent pour vous, faites-le de même pour eux ; car c'est la loi et les prophètes » Matthieu 7 :12.

## Connecter | Télécharger

### Introduction dynamique (12 à 17ans).

- Matériels : Ballons (deux par élèves et quelques extras) et du fil pour les attacher.

- Instructions : Donnez deux ballons à chaque participant. Demandez-leur d'amarrer les ballons, et que, dans une minute, ils vont revêtir les ballons de leurs camarades sans qu'ils les revêtent ceux d'eux. Assurez-vous qu'il ya encore plusieurs jeunes avec des ballons sur leurs pieds, pour faire place à l'étape suivante ( Ils les revêtent tous en les mettant encore des globes à chacun). Dites-leur qu'ils doivent maintenant suivre quelques règles : (1) Avoir les mains en arrière. (2) Ils ne peuvent pas briser le ballon d'une personne du sexe opposé. (3) Ils doivent toujours être dans une certaine zone délimitée par l'enseignant. S'ils sortent de la zone, ils perdent. (4) seulement ils auront deux minutes pour chercher et briser les ballons des autres. En fin de compte, demandez les adolescents de partager leurs commentaires au sujet de la dynamique : Avec des règles et sans règles. Demandez, Quelles différences trouveraient-ils ?

### Introduction dynamique (18-23 ans).

- Matériels : cartes de papier, crayons, tableau et marqueurs pour tableau.

- Instructions : Commencez l'activité en livrant une carte à chaque participant. Mentionnez-les qu'il y a eu une explosion mondiale et unique qu'ils ont survécu. Comme une nouvelle société, il est nécessaire d'avoir des règles pour les aider à vivre. Demandez à chacun d'écrire sur la carte qu'il les a donnés, une règle qui sera inclus dans le règlement officiel du nouveau pays. Donnez-leur quelques minutes, puis recueillez les cartes et écrivez les règles sur le tableau.

Après l'activité, demandez aux jeunes de partager leurs commentaires sur les règles qui se trouvent sur le tableau. Pensez-vous que les règles montrent la justice ? Pensez-vous que ses règles seront suffisantes pour vivre en harmonie ?

Que pensez-vous qui a influencé chacune des lois que chacun a apporté ? Une fois qu'ils ont participé plus, commencez avec la leçon.

## Connecter | Télécharger

Si quelques fois vous avez pratiqué quelque sport qui saura tout sport pour jouer des règles. Si dans les sports et dans la dynamique nous avons de soins pour suivre les règles, d'autant plus dans la vie et c'est important d'avoir et savoir quelles sont les règles du jeu. Il y a des questions qui viennent dans notre esprit, comme par exemple, pourquoi avons-nous besoin les règles du jeu ? Qui est responsable de mettre ces règles ? Qu'est ce qui va arriver si je ne suis pas les règles ?

# 1. Définition d'éthique sociale

Bien qu'il existe plusieurs définitions, nous pouvons utiliser simple définition et qu'il est généralement acceptable pour la plupart des écoles de pensée : l'éthique est l'ensemble des normes ou des valeurs morales qui réglementent la conduite des êtres humains. Ces règles morales sont la base pour déterminer la nature des actions, si elles sont bonnes ou mauvaises. En d'autres termes, l'éthique est la règle du jeu pour nos actions. Dans le cas spécifique de l'éthique sociale, nous referons l'ensemble des règles de comportement moral d'une société. L'éthique sociale ne se concentre pas exclusivement sur l'individu plutôt qu'elle envisage comme une personne qui interagit dans une communauté. Indépendamment de la communauté dont nous parlons, l'éthique sociale a comme fin de construire un environnement où la coexistence entre les individus a toujours donné.

Dans cette éthique sont impliqués plusieurs composants, tels que l'acceptation générale. Cela signifie que pour une norme morale est considérée comme partie de la communauté, il est nécessaire que la plupart des membres de la société acceptent comme une norme pour eux. Elle peut être adoptée par écrit ou en tournant tacitement par la communauté, sans qu'elle a légiféré et commencé à écrire.

Un autre élément important est la tradition, qui est l'ensemble des actions ou des pratiques qu'une communauté adopte et répète de génération en génération. Il existe le dicton, « La coutume devient loi. »

L'éthique sociale est également limitée par la coopération géographique, démographique et de l'histoire. L'ensemble des règles morales qui s'appliquent dans un pays, une ville ou une communauté peut être différente de celles qui sont appliquées dans un autre pays, la ville ou la communauté. Par exemple, alors que dans le pays du Moyen-Orient, avoir plusieurs femmes est approuvé dans les normes sociales, dans d'autres pays, cela est rejeté, en le qualifiant de l'adultère.

L'exemple ci-dessus nous fait comprendre que l'éthique sociale a ses limites et ne peut pas être parfaite, car c'est une tentative humaine pour réaliser la justice et de chercher la bonté dans les actions des individus. Cela même nous fait demander : Qu'est-ce qui rend que les règles changent; en fonction de l'endroit ou de la communauté ? Comment une action peut être considérée comme bonne dans un lieu ou temps, et mauvaise pour un autre lieu ou temps ? Ces questions nous amènent à conclure, ou du moins de suspecter que nous devons y avoir quelque éthique supérieure à l'éthique sociale.

# 2. La loi suprême : L'éthique du Royaume

L'éthique est l'ensemble des règles morales qui régissent le comportement de l'être humain, puis en mentionnant, spécifiquement, que l'éthique est chrétienne ou biblique, les paramètres de jugement ne sont pas fondées sur des traditions ou le consensus général de la communauté qui considère quelque chose comme passable ou bonne, mais dans la personne de Christ, exprimée dans la Bible. Parfois, l'éthique sociale et l'éthique chrétienne coïncident, mais pas tout à fait. Peut-être le meilleur exemple de cette coexistence complète entre l'éthique sociale et l'éthique chrétienne, étaient dans la formation du peuple d'Israël, quand ils ont reçu les dix Commandements de Dieu. Pour le peuple d'Israël, la loi divine, était son droit social. Cependant, au fil du temps, la loi morale, exprimée dans les Dix commandements, a perdu sa pertinence dans la vie quotidienne du peuple Israël ; non pas par la loi elle-même, mais par la décision des mêmes personnes, qui ont commencé à concevoir leurs propres éthique sociale. Cependant, dans l'Écriture, nous trouvons une autre éthique révélée par Dieu, mais ce qui est exprimé dans les dix Commandements et Jésus résume parfaitement le grand commandement, « aimer Dieu et aimer le prochain. » Ce grand commandement a été expliqué par Jésus à travers le Sermon sur la montagne, et a été modélisé publiquement au cours de son temps de ministère. L'un des résultats pour recevoir le salut en Jésus-Christ, c'est que nous sommes maintenant citoyens du Royaume et en tant que tel, notre engagement est de vivre selon l'éthique du Royaume. Un autre résultat pour recevoir le salut c'est que nous comprenons que nous avons des responsabilités sociales, et nous devons chercher le bien pour notre prochain (Matthieu 7 :12). Mais souvent, la recherche pour le bien de notre voisin ne sera pas suffisante pour l'éthique sociale, car le pardon et la miséricorde ne sont pas des valeurs qui abondent dans les lois et les coutumes qui régissent notre communauté.

Voilà pourquoi notre engagement principal est de vivre selon l'éthique chrétienne (Matthieu 5 : 38-48). Que veut dire cela, que nous devons remplir seulement la loi divine et non des règles sociales ? Non, cela signifie que, par suite de la vie selon l'éthique chrétienne, nous cherchons à satisfaire aux règles de la coexistence dans notre communauté, car elles ne sont pas contraires à l'éthique chrétienne.

L'éthique du Royaume est, alors, notre loi suprême, d'abord pour la personne qui donne lieu à des règles de (Dieu), mais aussi par son champ d'application. Alors que le droit social est le seul but de réglementer les relations entre les individus ; la loi divine (éthique chrétienne) vise à rétablir la relation avec Dieu, avec nous-mêmes, avec nos prochains et avec la création.

Quelque chose qui, qui n'est pas nouveau, est promu et défendu avec véhémence aujourd'hui c'est le relativisme moral. Ceci est tout simplement un vrai paramètre compatible unique, pour déterminer ce qui est bon et mauvais, au contraire, cela signifie avoir plusieurs critères de jugement. Peut-être cela est la plus grande contradiction de nos jours, alors que nos systèmes sociaux cherchent à réglementer la coexistence des individus tout en favorisant que tout le monde à son propre dieu et dicte ses propres règles. Le problème c'est que ils ont essayé de vivre en harmonie sans inclure Dieu dans la conception. Lorsque nous nous rendons compte que si nous suivons la volonté de Dieu, alors nous sommes en paix avec notre prochain !

L'histoire nous a clairement fait savoir qu'aucune société n'a résolu le problème de la façon de vivre en harmonie sans inclure Dieu, et cela n'est approuvé qu'aucune éthique sociale qui laisse en dehors de Dieu, qui ne puisse éventuellement survivre. L'explication de ce fait est très simple ; les règles établies par l'homme resteront obsolètes et sont imparfaits. Cependant, dans le cas de l'éthique biblique, nous ne pouvons pas dire qu'il deviendra obsolète, tout comme son fondement en Dieu même comme son Créateur, et Il n'a pas de limites du temps ou de lieu. En fait, Il est le créateur du temps, la connaissance, la sagesse, l'espace et même l'être humain. Qui est mieux que Lui pour déterminer ce qui est bon ou mauvais, ce qui est bien ou mal, ce qui est vrai ou faux !

## Révisez / Application: L'éthique du Royaume

Chaque commandement que Dieu a donné au peuple d'Israël avait un but, qui est toujours valable aujourd'hui. Écrivez chacun des commandements (Exode 20:3-17).

1. *Tu n'auras pas d'autres dieux.*

2. *Tu ne feras pas d'images pour toi-même, ou quoi que ce soit de similaire.*

3. *Tu ne prendras pas le nom du Seigneur en vain.*

4. *Souviens-toi du jour du repos, pour le sanctifier.*

5. *Honorer nos parents*

6. *Ne pas tuer*

7. *Ne pas commettre d'adultère*

8. *Ne pas dérober*

9. *Tu ne porteras point de faux témoignage contre ton prochain.*

10. *Tu ne convoiteras pas.*

Défi: Mémorisez la règle d'or "Tout ce que vous voulez que les hommes fassent pour vous, faites-le de même pour eux, car c'est la loi et les prophètes". Matthieu 7:12 et mettez-la en pratique cette semaine et partagez votre expérience la semaine prochaine.

# Nous avons l'onction

**Objectif :** L'élève doit comprendre la signification de l'union à la lumière de la Bible.

**A mémoriser :** « Pour vous, vous avez reçu l'onction de la part de celui qui est Saint, et vous avez tous de la connaissance » 1 Jean 2 :20.

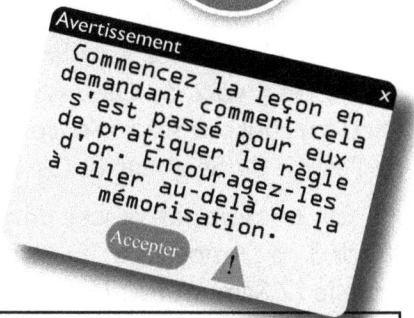

**Avertissement**

Commencez la leçon en demandant comment cela s'est passé pour eux de pratiquer la règle d'or. Encouragez-les à aller au-delà de la mémorisation.

*Accepter*

## Connecter / Télécharger

### Introduction dynamique (12 à 17ans).

- Matériels : Divers objets comme une balle, une douce, un bâton, une robe colorée et un petit récipient avec de l'huile. Ils peuvent être des objets qui sont mentionnés dans la Bible ou d'autres objets.

- Instructions : Mettez les objets sur une table. Demandez à chaque élève de choisir un objet qui est mentionné dans la Bible, et pensez quel sera le thème de la classe. Ensuite, lui demandez-pourquoi il a choisi cet objet. Celui qui choisit l'huile, gagne. Dites-leur le thème de la leçon est l'onction et l'huile qui a été utilisé pour vous oindre dans les temps bibliques.

### Introduction dynamique (18-23 ans).

- Instructions : Demandez à la classe , dans les plus bref délais de penser à quelque chose de matériel qui symbolise l'onction. Prenez note de ce qu'ils disent. Quand quelqu'un dit l'huile, arrêtez.

- Expliquez-les que parfois il est difficile de matérialiser quelque chose si spirituelle, mais les Juifs utilisaient l'huile comme le symbolisme du Saint-Esprit pour consacrer et mettre de côté.

## Connecter / Télécharger

Quand nous écoutons le mot onction, quelle est la première chose qui nous vient à l'esprit ? Laissez à la classe de donner quelques réponses à leurs propres expériences. Peut-être la chose qui vient à l'esprit des campagnes, des conférences, congrès, télévangélistes, des gens de renoms. Mais : Qui a l'onction ? Laissez qu'ils opinent.

## 1. L'onction dans l'Ancien Testament

Le mot onction est actuellement très utilisé par l'église, mais elle a ses origines dans les coutumes du peuple d'Israël. La religion juive, pleine de symbolismes, qui l'a donné sa meilleure splendeur.

Dans l'Ancien Testament l'onction se mentionne le oint des objets et des personnes à consacrer à Dieu ( ; : 25-29 ; 1 Samuel 16 :13, Ésaïe 21 : 5 Exode 30 Genèse 31 :13) Exode 29 : 1-9 révèle le but de l'onction et comment elle se faisait. L'onction a réuni plusieurs caractéristiques :

a. L'objectif fondamental était de consacrer, dédier une personne pour une office sainte (vv.1,9).
b. L'onction était étroitement liée à la sainteté qui doit être gardée devant le Seigneur. Dans l'Ancien Testament la sainteté était liée à l'onction (consécration), le nettoyage, aux vêtements et aux sacrifices (vv.1 4-7, 10,15).
c. Tout le monde ne jouissait pas d´autorité divine pour oindre. Dans ce cas, elle se faisait à Moïse. L'huile était l'élément principal pour oindre (verset 7).
d. Dieu a donné le pouvoir à la personne qui oint les autres (v.1).
e. Quand une personne est ointe, Dieu lui a donné un certain pouvoir dans certaines fonctions. Dans ce passage, Aaron et ses fils auraient le sacerdoce perpétuel (verset 9).

L'onction notée guidance divine. Bien que les éléments matériels sont intervenus la croyance qui était derrière eux était la main du Seigneur et qu'il était présent à l'événement. Seule l'onction prise en charge pour la réalisation d'une grande commission (Esaïe 61 : 1 ; 1 Samuel 16 : 6-13). Le passage dans 1 Samuel 16 : 6-13 nous donne les caractéristiques décrites ci-dessus, mais il nous donne la lumière aux autres qui sont importants, Bien que cette histoire est spécifique. Malgré Samuel était le oint du Seigneur, qui avait l'onction de Dieu, n'a pas été sans erreurs concernant la volonté de Dieu (il a gardé apparence). Mais il était prêt à entendre la voix de Dieu (vv.6-8). Dieu a choisit l'humble, que personne avait à l'esprit (v.11). L'onction de Dieu garantissait sa présence de manière stable sur la personne. L'huile était considérée comme un symbole de l'esprit du Seigneur (v.13).

On ne doit pas cesser de mentionner que l'huile a également été utilisé comme un article de toucher (Ruth 3 : 3 ; Amos 6 : 6). D'autre part, il ne pleura pas le deuil ou faisait une recherche de quelque chose spirituelle (2 Samuel 12 : 19-20 ; Daniel 10 : 2-3).

## 2. L'onction dans le Nouveau Testament

Le Nouveau Testament comme nouvelle alliance que Dieu a établie à son église, Il a modifié et changé quelques concepts anciens testamentaires. L'onction est l'un d'entre eux.

Le Nouveau Testament commence avec la vie de Jésus, qui a reçu le titre de oint (Luc 4 :18 ; faits 10 :38). Le nom de Christ faisait allusion à la mission divine qui devait accomplir, et qui révélait la sainteté de Dieu dans la personne de Jésus. En Lui reposait l'onction, non comme le porteur de la présence de Dieu, mais Il était Dieu incarné, en atteignant ainsi un concept de l'onction jamais vu auparavant, ni après. Le passage de Jean 1 : 29-34, fait la référence claire à l'acte même dans lequel Jésus a été oint par Dieu à travers l'Esprit Saint.

Contrairement à l'Ancien Testament où l'onction était pour les personnes choisies ; dans le Nouveau Testament, elle était prête à tous les croyants et elle n'a pas besoin une personne officialiser l'acte, mais le Saint-Esprit était celui qui les oint.

Le texte le plus claire parle sur le terme en question que nous trouvons dans 1 Jean 2 : 18-29. En lui se manifestent des vérités centrales qui révèlent le sens de la néotestamentaire de l'onction : (1) Il est centré sur la présence de l'Esprit Saint dans la vie des croyants. Notons que les versions comme Dieu parle aujourd'hui et la traduction dans le langage actuel qui substituent l'onction du Saint-Esprit (de vv.20,27). (2) Le fruit qui produit c'est un discernement du bien et du mal, une connaissance de la vérité et le mensonge (vv.20-21,27). (3) Il reste dans les croyants (v.27). (4) Il nous enseigne ce que nous devons savoir, juste dans l'ordre spirituel (vv.20,27).

Après la Pentecôte, le Saint-Esprit était présent dans tous ceux qui acceptent Jésus comme leur sauveur et qui l'ont recherché avec sincérité. Avoir l'onction (le Saint-Esprit) donne autorité divine pour prêcher, témoigner, chasser les démons, guérir les malades, en fin tout dans le livre des Actes a été fait. L'onction représente le travail du Saint-Esprit fait pour les croyants.

Dans le Nouveau Testament, nous trouvons aussi que les disciples ont oint des malades, et ils ont été guéris (Marc 6 :13). Plus tard Jacques l'a recommandé dans sa lettre (Jacques 5 :14). Dans le temps de Jésus, Il a oint les visites, comme un signe de ceux qui ont été honorés (Luc 07 :46). On a également oint pour préparer les corps pour le sépulcre (8, 16 : 1 Mark 14).

## 3. Le terme onction aujourd'hui

Malgré l utilisation de ce terme dâte depuis très longtemps, sa pratique et le concept n'ont pas perdu la vigueur ; peut-être aujourd'hui, nous écoutons plus qu'avant, mais souvent utilisé de manière incorrecte.

Actuellement, il est devenu une onction idéale pour les chrétiens, mais une expérience vécue quotidienne dans l'Esprit Saint. L'onction est considérée comme un privilège que pour certaines personnes. Une expression courante aujourd'hui est : « ce type ne possède pas l'onction ». C'est une phrase qui est éloignée du texte biblique, parce que 1 Jean 2:20 nous dit que nous avons tous l'onction, si nous avons vraiment été rempli de l'Esprit Saint. L'onction est une bénédiction pour tous les croyants qui consacrent leur vie complètement à Dieu, qui cherchent à être rempli de l'Esprit et vivent en reflétant une vie de sainteté. L'onction se reflète dans l'humilité, le service,

La passion pour les gens qui sont perdus et pour la reconnaissance de Christ. Il existe un vrai danger quand une personne est utilisé puissamment par Dieu est fier et ne donne pas la gloire à qui le mérite, le Saint-Esprit (1 Corinthiens 12).

Jean-Baptiste était quelqu'un qui a su garder sa place et décroit pour que Christ grandisse. Seules les personnes qui ont l'onction peuvent le faire : Mettez la gloire, les ambitions, les biens matériels aux pieds du maître.

Tout le miracle qui peut être fait à travers le croyant est parce que cela plaît au Saint Esprit de le faire, mais cela ne devrait pas être une source de fierté, mais l'humilité. L'église devrait se concentrer davantage en voyant l'onction dans la vie chrétienne pour leur comportement de manière à pouvoir le faire.

L'onction n'est pas atteinte par le mérite humain ou par un évangéliste renommé, mais elle est pour la volonté de Dieu pour chaque croyant (1 Corinthiens 12 : 1-11). Maintenant, la question c'est : Ai-je l'onction ou la présence du Saint-Esprit dans ma vie ?

Révisez / Application: Ces phrases peuvent être complétées pendant que vous enseignez la classe, ou vous pouvez leur demander de la compléter à la fin de la leçon. Si tel est le cas, assurez-vous de clarifier les points suivants :

- Dans l'Ancien Testament, il était très courant d'oindre **des objets et des personnes, de les consacrer à Dieu** et l'onction se faisait par **l'huile**.

- Bien que Samuel ait été l'oint de Jéhovah, qui avait l'onction de Dieu, il n'était pas **exempt de commettre des erreurs** concernant **la volonté de Dieu**. J'ai toujours eu besoin de la direction de Dieu.

- Dans le Nouveau Testament, Jésus portait le titre **d'Oint**.

- L'onction dans le Nouveau Testament est considérée comme : **La présence du Saint-Esprit dans la vie du croyant.** Et il est accessible **à tous les croyants**.

- Des versions telles que Dios Habla Hoy substituent **l'onction au Saint-Esprit.**

- Comment l'onction se reflète-t-elle dans l'église aujourd'hui ? **Comme quelque chose de réservé à quelques-uns.**

- Quels paramètres peuvent être utilisés pour définir si une personne est remplie d'onction ? **Si vous avez le fruit de l'Esprit et si vous menez une vie de sainteté.**

Défi: Au cours de la semaine, il interviewe plusieurs dirigeants demandant ce qu'ils croient au sujet de l'onction, et dans le cours suivant, il apporte les réponses à partager avec la classe.

# Les mots qui affirment

**Objectif :** L'élève doit comprendre la signification des termes alléluia et amen à la lumière de la Bible.

**A mémoriser :** « Et les vingt-quatre vieillards et les vingt-quatre êtres vivants se prosternèrent et adorèrent Dieu assis sur le trône, en disant : Amen ! Alléluia » Apocalypse 19 : 4.

Avertissement

Au début du cours, laissez du temps aux élèves pour expliquer les différents concepts appris du terme onction.

Accepter

---

**Connecter**   Télécharger

## Introduction dynamique (12 à 17ans).

- Matériels : Chant de louange connu et couramment chanté dans l'église, qui utilise les mots Alléluia et Amen.

- Instructions : chantez ensemble la chanson sélectionnée, puis générez des questions pour analyser la chanson. Par exemple : À qui est dirigé ce chœur que nous chantons ? Quel est le message central ?

  Quels mots qui se répètent ? Pensez vous les changer pour une autre expression plus claire ? Pourquoi ?

  Dans quels autres contextes que vous utilisez ces mots ?

## Introduction dynamique (18 à 23 ans).

- Matériels : Deux enveloppes avec des lettres découpées. Dans une enveloppe, placez les lettres qui forment le mot Amen et l'autre enveloppe les lettres qui forment le mot Alléluia. Deux feuilles lisses, deux récipients avec de la colle blanche et deux crayons.

- Instructions : Formez deux groupes et donnez à chacun une enveloppe, une feuille lisse, le crayon et de la colle blanche.

  Demandez à chaque groupe de découvrir le mot qui forme avec les lettres qui sont dans l'enveloppe et les coller sur la feuille et d'écrire une définition de celui-ci. Enfin, chaque groupe va donner une brève explication de la définition donnée.

---

Connecter   **Télécharger**

## 1. Signification et utilisation du mot alléluia

Le mot alléluia est une exclamation de la liturgie hébraïque, qui apparaît dans les psaumes et qui équivaux à « louange au Seigneur. »

### a. Un peuple reconnaissant la louange, Alléluia !

La partie importante de notre louange c'est la grâce. Au cours de nos vies, nous avons expérimenté diverses situations, bonnes et mauvaises, et nous utilisons comme paramètre le Psaume 105, nous allons voir comment Dieu peut guider les expériences de vie en notre faveur. Dans les versets 7-24, se résument des moments de tourment et incertains pour le peuple de Dieu et leurs patriarches mais eux- mêmes ont servi comme force et résulté des outils pour voir les merveilles de Dieu. Étant reconnaissant, nous pouvons avoir les yeux spirituels qui nous permettent de voir l'intervention divine même dans les moments les plus difficiles. Donnez du temps pour que la classe exprime pourquoi ils sont reconnaissants à Dieu.

Psaume 105 : 45 conclut en expliquant que les enfants de Dieu, tout a un but. Dans ce cas, Dieu a voulu que l'expérience passée vous amène plus près de Lui et de Sa Parole. Terminez le Psaume en exclamant : Alléluia !, De cette façon, le psalmiste a loué le nom de Dieu pour tout ce qui est arrivé.

Si nous sommes obéissants, toute notre vie sera une louange vivante, non seulement quand nous chantons ou prions. Nous louons Dieu à travers l'obéissance radicale, en reconnaissant qu'il est le maître de nos vies.

**b. Un peuple racheté loue, Alléluia !**

Dans Apocalypse 19 : 1-6 on lit un cri dans le ciel, dans la louange jubilatoire pour l'introduction du royaume de Dieu. Dans ce cas, il représente un hymne où l'armée céleste loue Dieu pour son juste jugement, et son règne éternel ; est plein de fête et de bruit de la foule (v.1). Au milieu de cette célébration apparaît quatre fois le mot alléluia en exaltant Dieu. Cette union glorieuse de l'Église avec Christ est annoncée comme «... le mariage de l'Agneau ... » L'église purifiée par le sang de l'Agneau, vêtue de lin fin (sainteté) sera préparée pour cette union éternelle avec Christ (vv.7- 8). Dans les versets 6 à 8, illustrez ce qui sera dans la présence de Dieu et la louange céleste : les bruits, les tonnerres, la musique, la joie, le bonheur, la foule ... Demandez : Êtes-vous prêt ?

## 2. Signification et utilisation du mot Amen!

Le mot « Amen » vient de l'hébreu « amen » et indique une affirmation forte ou un accord.

### a. La Parole de Dieu confirmée, Amen !

Dieu veut établir une relation significative avec ses enfants, ce qui va conduire l'alliance (union d'un commun accord et l'acceptation de ses lois). Dans Deutéronome 27 : 14-26, le peuple de Dieu était sur le point d'entrer dans la terre promise et Dieu l'a arrêté pour rappeler les lois qui avaient été instituées par Lui et Il les exhorte l'obéissance la plus complète. Dieu a accordé les lois avec son peuple à travers son serviteur Moïse, il a indiqué au peuple qu'il devrait sceller l'acceptation de ses lois en disant « Amen » (vv.15-26).

Quand Dieu parle rien ne peut continuer de la même manière, ou nous acceptons sa Parole ou la rejetons, mais il y aura toujours une réponse de notre part, et à la suite de notre réponse, nous faisons partie d'une alliance, qui marquera notre présent et notre avenir.

Chaque fois que nous disons « Amen » nous ratifions un pacte d'union où nous engageons à remplir notre partie (ceci est l'obéissance), et l'obéissance amène le fruit de bénédiction donnée par Dieu, qui est fidèle dans sa Parole. Demandez : En disant, vous êtes très fidèles « Amen » à la Parole que Dieu vous a donné ?

En répondant « Amen » à Dieu, nous devenons responsables de notre engagement absolu. Dans le livre de Jérémie 11 : 3-5, Dieu a parlé au prophète en souvenant que son alliance n'avait pas une date d'expiration, c'est-à-dire de génération en génération, sa parole ne change pas et avant de ce rappel, le prophète l'a confirmé avec un Amen (v.5).

### b. Gloire à Dieu, Amen !

« Amen », il semble affirmer la grandeur et la gloire divine. Romains 1 :25, nous confronte à la suite le résultat d'avoir rompu l'alliance de l'obéissance à Dieu, où l'homme a changé la gloire et l'image de Dieu pour l'image humaine. Dieu ne change pas, c'est l'être humain qui rompt l'alliance étant infidèle à Dieu.

Dans 1 Pierre 5 :10, nous lisons «... le Dieu de toute grâce, qui nous a appelé ... »  Il nous protegera dans l'affliction, parce qu'à lui appartiennent « ... la gloire et la puissance ... » (5 :11). Ce sera pour l'éternité ce qui est confirmé à la fin du verset avec un « Amen », « Ainsi soit-il ; il est de ce fait ; ainsi sera-t-il » (Commentaire sur la Sainte Bible par Adam Clarke, CNP, USA, 1976, p.657).

## 3. Alléluia! Amen! Son utilisation dans l'église aujourd'hui

### a. Les chansons

L'une des plus anciennes pratiques du peuple de Dieu c'est d'exprimer musicalement l'adoration et louange. Actuellement dans nos églises se développent des cultes d'adoration à Dieu, qui ont un contenu musical important. Parfois, nous concentrons tant sur le plan musical que nous oublions le contenu de ce que nous chantons. En fait, nous utilisons des mots qui n'ont pas de sens et d'expressions qui ne transmettent pas ce que Dieu attend.

Alléluia ! Affirme notre intention d'exaltation à Dieu qui améliore sa grandeur et encourage les autres à le louer. Louer Dieu implique nos remerciements pour ses avantages (Psaumes 103 : 1-2).

Amen, quand nous chantons, il y a un sens large, comme nous l'affirmons dans ce sens que ce que nous chantons, est vrai dans nos vies.

## b. Les prières

Il est connu qu'on nous a appris une façon formelle de la prière, , qui va aider à grandir notre relation avec Dieu, se développe. Ce que généralement qui ne change pas, c'est la clôture de la prière en disant : Amen ! C'est évident Nous ne serions jamais nous priver, en exprimant l'incrédulité à nos paroles. Ne dites pas amen, serait égal de dire : « Seigneur, je sais que vous ne pouvez pas faire ce que je vous demande » ou peut-être « Seigneur, vous ne croyez pas ce que je vous ai dit avant. »

Un ingrédient essentiel dans notre prière c'est « Alléluia » (louant Dieu) et l'autre est « Amen » (en réaffirmant ce que nous avons dit et en nous engageant de notre part).

## Révisez / Application: Laissez-leur du temps pour revoir les passages étudiés et combler les lacunes.

1.  Psaume 105:45

    *   Le dessein de Dieu pour ses enfants est de *(Suivre ses lois et garder ses statuts)*

    *   Alléluia! Ici encourage à louer Dieu Comment? *(dans l'obéissance)*

2.  Psaume 106:1

    *   Le sens impératif *(commande)* d'Alléluia ici est parce que *(Il est bon)* Parce que pour toujours est sa (Miséricorde)

3.  Deutéronome 27:26

    *   L'Amen du peuple de Dieu signifie *(Engagement d'obéissance)*

4.  Jérémie 11:5

    *   Quand le prophète a dit Amen ! Confirmé que c'était (Vrai - Fidèle)

5.  Romains 1:25

    *   Selon ce passage, quand on rompt le pacte d'obéissance à Dieu, on change *(La vérité de Dieu pour le mensonge)*

6.  1 Pierre 5:10-11

    *   Avec l'Amen ! Du verset 11, nous affirmons que *(sa gloire et son royaume sont éternels)*

## Défi: Cette semaine, pensez à écrire vos expressions de louange à Dieu. De quelles manières louez-vous Dieu, quels mots utilisez-vous et comment sont-ils liés à ce que vous avez appris dans cette leçon. Exercez-vous dans vos disciplines spirituelles, commencez un journal spirituel qui enregistre vos rencontres quotidiennes et vos pactes avec Dieu.

# Dieu d'alliance

Tabita González y David González • EUA

**Objectif :** L'élève doit comprendre le sens du terme alliance et l'importance dans sa relation avec Dieu.

**A mémoriser :** « Voici l'alliance que je traitai avec la maison d'Israël, après ces jours-là, dit l'Eternel : Je mettrai ma loi au-dedans d'eux, je l'écrirai dans leur cœur ; et je serai leur Dieu, et ils seront mon peuple » Jérémie 31 :33.

**Avertissement**

Prenez un moment avant de commencer la leçon pour aider les élèves à voir l'importance de développer une relation plus profonde avec le Christ.

*Accepter*

## Connecter | Télécharger

### Introduction dynamique (12 à 17ans).

- Matériels : ballons bleus et jaunes, laine, mouchoirs, feuille blanche et crayon ou stylo.
- Instructions : Formez deux groupes, l'un sera les « jaunes » et l'autre les « bleus ». Distribuez deux couleurs du groupe à chaque élève et demandez de les ficeler l'un dans chaque main et de bander avec le mouchoir. Donnez le signal pour commencer la bataille, qui se compose d'éclater la meilleure quantité de ballons de l'équipe opposée en deux minutes. L'équipe qui gagne plus de ballons et droit préparer un pacte pour cesser la guerre [feuille blanche]. Dans le pacte, il doit être clair que l'équipe gagnante accepte pour ne pas attaquer plus l'équipe perdante, mais en retour, l'équipe perdante doit accomplir aux conditions qu'elle établisse. Un représentant de chaque équipe va signer le pacte.

Dans certains cas, comme dans la guerre, l'une des parties impliquées qui sort avec un profit ou un bénéfice de l'autre. Dans le cas particulier des pactes Divines, Dieu a procuré l'intérêt de ses enfants.

### Introduction dynamique (18-23 ans).

- Matériels : Douces, feuilles et des crayons.
- Instructions : Divisez la classe en deux groupes, femmes et hommes. Posez la question suivante : Quand un couple se marie, quelles sont les promesses ou les vœux qui sont faits pour l'autre ?

L'activité c'est que chaque équipe, en deux minutes, faites une liste de promesses / vœux matrimoniales, en cherchant le vœux le plus original et créatif que possible. L'équipe avec la plus longue liste de vœux et ceux-la qui sont les plus créatifs gagne.

À la fin du temps, chaque équipe va lire les vœux qu'ils ont écrits. Récompensez l'équipe gagnante.

## Connecter | Télécharger

Le mot alliance nous sonne qu'à la fois formelle et, normal, et nous ne l'utilisons pas. Habituellement, nous l'entendons en référence à la signature d'accords avec une autre nation ou avec d'autres dirigeants de même importance. Dans d'autres cas, nous avons entendu d'une manière négative, par exemple quand on parle de gens qui ont fait une alliance avec le diable. Quel que soit le contexte utilisé, nous ne pensons pas que l'alliance comme quelque chose qui fait partie de notre vie. Mais en analysant le sens de ce mot, aussi connu comme alliance ou un accord dont nous percevons quotidiennement, nous vivons selon les engagements auxquels nous sommes liés.

L'alliance est un accord entre deux ou plusieurs personnes qui exigent une réciprocité de bénéfices et les obligations réciproques qui génèrent normalement des conséquences de rupture. Plus souvent ce que nous pensons ou nous sommes conscients, nous établissons des pactes avec les gens autour de nous.

De toutes les alliances que nous connaissons, peut-être quelques-uns des exemples les plus clairs sont l'alliance du mariage,

Les alliances de la citoyenneté à travers laquelle nous sommes obligés d'obéir aux lois du pays établissent également des accords entre nos amis, les écoles, etc. Questionnez sur les types d'accords que les élèves reconnaissent d'avoir (comme les élèves, les membres de l'église, les amis, etc.).

## 1. Dieu a établis son alliance avec les humains

Tout au long de l'histoire, nous voyons que Dieu a établi des clauses restrictives qui cherchaient toujours le bien de l'humanité et qui impliquaient une relation personnelle avec Lui. Une relation d'obéissance et de bénédiction. Lisez Jérémie 31 : 31-33. Ensuite, parlez avec les élèves sur des phrases ou des idées qui attirent leur attention sur la lecture du texte. Écrivez au tableau ce que les élèves disent pour l'utiliser comme référence.

Le texte lu pour cette classe parle d'une nouvelle alliance que Dieu établirait avec les humains. Pour comprendre cette nouvelle alliance, nous devons regarder en arrière un peu. Dans Genèse, Dieu a établi des alliances avec les humains. En prenant Adam en tant que représentant de toute l'humanité, Dieu a commencé à établir une alliance d'obéissance et de récompense de la vie (Genèse 2 :17), mais cette alliance a été brisée et la mort a touché le cœur et la vie des êtres humains. Comme nous pouvons le voir, ce n'est pas Dieu qui a rompu l'alliance, mais les êtres humains. Cependant, en dépit de la décision prise par l'homme, Dieu a continué fermement son engagement pour bénir l'humanité, pour cette raison, Il a fourni des moyens pour rétablir la relation brisée (Genèse 3 :15). Un peu plus tard dans le livre de Genèse, nous voyons que Dieu a établi une alliance avec Noé (Genèse 6 :18) pour sauver sa famille et ainsi préserver la race humaine. Comme dans la première alliance, la foi et l'obéissance ont été la clé. Noé aurait à garder sa foi dans les promesses de Dieu qui ont été accomplies. À la fin de la saison des pluies, Noé, sa famille et les animaux ont pu quitter. Là, Dieu a fait une autre alliance avec Noé et l'a scellé avec un signal visible appelé arc en ciel. Dieu a promis de ne pas détruire les êtres humains à travers l'inondation (Genèse 9 :11)

En fin de l'histoire, Dieu a établi une alliance avec Abraham. Dans cette alliance, où la foi et l'obéissance sont également la clé, Dieu a promis à Abraham une descendance, la possession d'une terre et de la réconciliation de l'homme avec Dieu. Le signe de cette alliance était la circoncision (Genèse 17 :10).

Plusieurs années plus tard, Dieu a confirmé cette alliance avec la nation d'Israël, en la libérant de l'Égypte par Moïse et a donné aux gens les tables de la Loi. Pour la première fois les humains ont une alliance écrite par Dieu même. La même alliance suivie en progression et a été rénové avec David, Dieu lui a promis que de ses descendants serait né le Sauveur promis à Israël et à toute l'humanité.

## 2. Passage à une nouvelle alliance

Cette alliance originale, et la progression des accords qui l'ont suivi, ont été interrompues l'une et une autre fois. Cela nous fait comprendre que Dieu ne nous force pas, mais Il veut le commun accord des personnes concernées. Malheureusement, une fois que la première alliance a été rompue, la nature pécheresse de l'être humain l'a conduit à rompre l'alliance après alliance. Mais la grâce de Dieu et son amour pour l'humanité ont rendu possible la réalisation d'une nouvelle et meilleure alliance, une alliance de rédemption que rien ne pouvait briser et serait scellé dans le cœur des gens (Hébreux 8 : 8-13).

Toutefois, il était nécessaire de préparer l'être humain, et c'est la raison pour laquelle Dieu a choisi un peuple et a établi une progression des engagements. Ces accords visent à réconcilier l'homme avec Dieu. Mais une action interne serait nécessaire pour que l'être humain puisse modifier son comportement. L'une des caractéristiques de l'ancienne alliance était un système sans fin des sacrifices et des offrandes pour que l'homme se réconcilie avec Dieu. Mais la nouvelle alliance ne dépendrait pas de la répétition des sacrifices ; la nouvelle offre d'alliance a offert le pardon complet basé sur le sacrifice unique de Jésus-Christ. Le même Fils de Dieu, le Messie promis, annoncé par les prophètes, serait possible que nous avons une communion avec le Père, sans médiateurs, ni la nécessité de sacrifices continuels d'animaux (1 Timothée 2 : 5).

## 3. La nouvelle alliance

En étudiant chacun des alliances faites par Dieu avec les humains, nous trouvons un élément commun : l'amour de Dieu. Dieu nous aime et le but de ses alliances est de nous permettre de relier à Lui comme ses enfants (1 Jean 3 : 1). Dans la nouvelle alliance, il n'est plus nécessaire de verser le sang d'animal pour le pardon des péchés parce que Christ, l'Agneau parfait, a versé son sang une fois et pour toujours (Hébreux 9 : 13-14). Dieu scelle sa promesse de salut et la vie éternelle, en donnant le Saint-Esprit pour habiter dans nos cœurs, Il nous guide dans toute la vérité et de travailler dans nos vies afin que nous devenions l'image de Christ. Il veut faire une alliance avec chaque personne qui reconnaît qu'il est un pécheur et se repenti de ses péchés. La nouvelle alliance fournit le pardon complet basé sur le sang versé de Jésus-Christ, qui nous réconcilie avec le Père, et à travers cette réconciliation nous avons une chance de le rencontrer personnellement. Que Dieu travaille dans nos cœurs comme Il veut, nous L'aimons de tout notre être et nous sommes obéissants aux règles qui nous aident à maintenir une relation dynamique avec Lui. La récompense c'est la vie éternelle avec Dieu !

## Révisez / Application:

* Quelle est la différence entre l'ancienne alliance et la nouvelle alliance ?

* Réfléchissez et écrivez pourquoi vous pensez qu'une nouvelle alliance était nécessaire, dans laquelle le sacrifice de Jésus était une partie vitale.

* Lisez les citations bibliques suivantes, trouvez les noms de quelques personnages qui ont conclu un pacte avec Dieu, écrivez le nom correspondant dans chaque case et décrivez brièvement en quoi consistait le pacte qu'ils avaient avec Dieu : Genèse 2:15-17 ; Genèse 8 :20-22, 9 :11-13 ; Genèse 12:1-3 ; Genèse 26:1-5 ; Exode 19:3-6 ; 1 Samuel 1:9-11 ; Jean 3:16

Défi: Nous jouissons de la bénédiction de la nouvelle alliance, à travers le sacrifice de Jésus. Dieu vous offre la vie éternelle avec Lui, qu'êtes-vous prêt à offrir ?

Écrivez une liste de cinq choses spécifiques, vous devez donner à Dieu mais vous avez lutté pour les retenir, mais aujourd'hui vous êtes prêt à les donner. Pensez-y pendant la semaine et partagez avec le cours suivant comment cela s'est passé.

# La présence de Dieu

**Objectif :** L'élève doit comprendre la signification de la présence de Dieu à la lumière de la Bible.

**A mémoriser :** « Tu me feras connaitre le sentier de la vie ; il y a d'abondantes joies devant ta face, Des délices éternelles a ta droite » Psaume 16 :11.

**Avertissement**

Discutez du thème du défi de la semaine dernière et comment s'est déroulé votre engagement à respecter votre part de l'alliance.

Accepter

## Connecter | Télécharger

### Introduction dynamique (12 à 17ans).

- Matériels : Les outils qu'on utilise dans certain office, par exemple, charpentier : Un marteau, une scie à main, etc. Une boîte ou un sac où ils peuvent placer les outils afin qu'ils ne voient pas.
- Instructions : Divisez la classe en deux groupes. Demandez à un élève de sortir dans la salle et lui donnez la boîte ou un sac avec des outils. Ensuite, demandez-lui d'y aller et de dire aux groupes de deviner la profession de son partenaire. Chaque groupe aura le droit de montrer un outil à son tour, le premier groupe qui devine la profession va gagner.

  Dites : Tout comme les outils révèlent la profession de la personne, le fruit de l'Esprit révèle la présence de Dieu dans la vie du croyant.

### Introduction dynamique (18-23 ans).

- Matériels : Les signes qui disent la présence de Dieu me fait danser, la présence de Dieu me fait chanter la présence de Dieu me fait tomber. Écrivez toutes les manifestations actuelles indiquant la présence de Dieu, mais qui ne manque pas un signe qui dit : La présence de Dieu me fait changer. Les affiches ont mieux.
- Instructions : Remplissez toute la place avec des affiches et permettez à chaque élève de décider par un seul, et expliquez pourquoi vous avez choisi cette option.

  Amenez-les à réfléchir que dans toutes les options Dieu peut manifester, parce qu'il est Souverain, la première chose que Dieu a fait et continue à faire dans la vie de chaque croyant c'est de transformer, de changer.

## Connecter | Télécharger

## 1. La présence de Dieu dans l'Ancien Testament

La présence de Dieu est manifesté pour l'homme depuis sa création jusqu'à nos jours. Bien que c'est le même Dieu, adoré par le peuple d'Israël et de l'église aujourd'hui, sa manifestation à l'homme n'a pas toujours été la même. Dans Genèse 1 et 2 se détache la présence de Dieu de façon visible et audible pour l'homme, qui a interagi avec Dieu d'une manière directe. Plus tard dans l'ère patriarcale jusqu'à Joseph, des hommes comme Abraham, Jacob et Isaac ont reçu une communication directe de Dieu (Genèse 3 à 50). La présence de Dieu était audible, des phrases comme « Seigneur a apparut à ... » sont communs (Genèse 12 : 7 ; 17 : 1 ; 26 : 2). Dieu se manifestait pour donner des ordres et des promesses, pour faire exécuter et de faire connaître sa volonté.

Au stade de l'Exode, Dieu a manifesté sa présence en parlant à travers des objets inanimés comme un buisson (Exode 3 : 2-7) et en envoyant des plaies à Pharaon (Exode 7 : 14-11 : 10). Ce fut une étape où les miracles de toutes sortes abondent et le peuple connaissait la grande puissance de Dieu.

Dans le voyage à travers le désert sa présence était visible dans une colonne de nuée dans le jour et le feu la nuit (Exode 13 : 21-22). C'était extrêmement important la manifestation de Dieu dans le tabernacle à travers les prêtres dans le lieu Saint. Il y avait l'arche de l'alliance que Dieu leur a parlé (Exode 25 :22).

## 2. La présence de Dieu dans le Nouveau Testament

Dans la période Néotestamentaire la présence de Dieu est devenue tangible par la venue de son Fils dans le monde. Les Évangiles témoignent de sa vie (Matthieu, Marc, Luc et Jean). Dieu est incarné dans la personne de Jésus et a habité parmi les hommes, c'était une présence réelle et directe. Après l'ascension de Jésus (Marc, 16 : 19-20, Luc 24 : 50-53) la présence de Dieu a manifesté à travers le Saint-Esprit qui continue jusqu'à nos jours.

Le livre des Actes contient beaucoup d'histoires qui montrent comment Dieu a révélé à travers la troisième personne de la Trinité. Les Juifs pouvaient vivre ensemble avec les Gentils la présence de Dieu différemment, comme cela est arrivé dans la Pentecôte (Actes 2). Il fut un temps où les miracles abondèrent, les gens ont été intrigués par les merveilles de Dieu, car la simple présence de Dieu a produit la repentance et un véritable changement dans les vies. Dans le premier sermon de Pierre, trois mille personnes se sont tournés vers le Seigneur (Actes 2 :41).

La présence de Dieu produisait plus de joie aux gens ; plus que de les laisser seuls et la mise en service et la commission pour prêcher l'évangile. Dans l'étape que le livre des Actes raconte, la présence de Dieu n'est pas limitée au peuple d'Israël ou aux endroits spéciaux. Dans les lettres de Paul on voit une pensée très révolutionnaire, elle se réfère au corps de l'homme comme un temple du Saint-Esprit, c'est parce que Dieu ne demeure pas dans des temples très bien structurés, mais dans la personne. L'apôtre a combattu avec des concepts juifs au sujet de la manifestation de Dieu dans le temple (1 Corinthiens 6 : 19-20). Dans le Nouveau Testament, Dieu est à travers le Saint-Esprit dans le cœur des gens.

## 3. La présence de Dieu pour nous aujourd'hui

La présence de Dieu dans l'Église aujourd'hui est comprise de différentes manières. Lorsque nous réfé-rons à la présence de Dieu, nous ne parlons pas de la manifestation de Dieu en un seul endroit, à un moment donné, avec une ou plusieurs personnes, mais nous référons à l'expérience réelle qui se reflète dans la vie de chaque chrétien. Certaines églises sont tombées dans l'émotivité, la réduction de la présence de Dieu de ce que vous sentez être dans un culte de louange et d'adoration et non pas en dehors du péché et de vie consacrée.

Beaucoup de croyants prétendent être « touché par Dieu » dans le temple, mais son comportement à la maison, au travail, dans sa vie relationnelle avec les autres, ne reflètent pas la présence de Dieu. De nombreux ecclésiastiques en essayant de toucher les émotions des gens pour simuler la présence de Dieu ; son but est de devenir le croyant à l'intérieur du temple, mais qui ne produit pas de changements spirituels, parce que seulement il reste juste dans cela : Une simple émotion.

En tant qu'êtres humains, nous ne voulons pas de confrontation, nous craignons les changements, mais quand Dieu est présent pour confronter à notre vie et pour changer tout ce qu'on appelle péché et entrave dans notre relation avec Lui. Voilà pourquoi la présence de Dieu, plus que nous émotionnons, Il révolutionne notre vie. Son impact va au-delà d'un moment. Chaque croyant qui vit dans sa présence reflète dans sa vie, le fruit de l'Esprit (Galates 5 : 22-23). Avoir la présence de Dieu n'est pas l'orgueil ou l'arrogance, au contraire, elle nous rend humble parce que quand nous regardons Dieu, nous sommes infiniment petits, et quand nous regardons nos frères, nous les estimons plus important que nous (Philippiens 2 : 3).

Alors il est bon de parler de la façon dont Dieu a été présent pour l'homme à travers l'histoire, la chose la plus importante c'est de nous demander : Est-ce que je sens vraiment la présence de Dieu dans ma vie ? Est-ce que je connais Dieu parce qu'on me l'a enseigné, parce que c'est quelque chose de bien ou parce que je l'ai vraiment trouvé sa présence et elle continue dans ma vie ? Les réponses à ces questions définiront beau-coup de choses pour nous. Il est temps que nous laissions parler des expériences que d'autres ont fait avant que nous commençons à parler de la nôtre, qui est le résultat d'une relation intense avec Dieu. Rappelons ce qu'a dit le Psalmiste : « ... Dans sa présence il y a la plénitude la joie ...» (Psaumes 16 :11).

**R é v i s e z   /   A p p l i c a t i o n :** Demandez-leur de répondre et de compléter les éléments suivants :

1. Faites une liste des façons dont Dieu a manifesté sa présence dans l'Ancien Testament. *Certaines formes étaient visibles, directes et audibles à travers les anges dans le temple.*

2. Demandez-lui d'écrire de quelle manière Dieu a manifesté sa présence dans le Nouveau Testament. *Dieu a manifesté sa présence dans la venue du Christ dans le monde, la venue du Saint-Esprit, dans de véritables changements dans les gens, la repentance et les miracles.*

3. Pourquoi la présence de Dieu n'est-elle pas seulement de l'émotivité ? *Parce que l'émotivité est temporaire.*

4. Expliquez comment la présence de Dieu se manifeste dans la vie du croyant. *Elle se manifeste dans le changement de vie, la repentance et le fruit du Saint-Esprit.*

5. Désirez-vous profiter de la présence de Dieu dans votre vie ? Pourquoi?

**D é f i :** Cherchez plus ardemment la présence de Dieu dans la semaine à venir. Dans le cours suivant, discutez de ce que Dieu fait dans votre vie.

# Qu'offrirez-vous

**Objectif :** L'élève doit comprendre le sens de l'offrande à la lumière de la Bible.

**A mémoriser :** «... Celui qui sème peu moissonnera peu ; et celui qui sème abondamment moissonnera abondamment. Que chacun donne comme il l'a résolu dans son cœur, sans tristesse ni contrainte ; car Dieu aime celui qui donne avec joie » 2 Corinthiens 9 : 6-7.

*Avertissement*
Demandez aujourd'hui des témoignages sur les efforts qu'ils font pour vivre plus près de Dieu, dans une relation plus intime avec Lui.
*Accepter*

## Connecter — Télécharger

### Introduction dynamique (12 à 17ans).

- Matériels : boîtes ou petites boîtes, colle, papier de différentes couleurs, des textures des marqueurs.

- Instructions : Encouragez les élèves à faire une tirelire personnelle. Après avoir décoré le goût de chacun, demandez- les pour que une tirelire se sert, quel est le but de celui-ci

Ensuite, parlez avec eux sur l'utilisation que donnons à l'argent, comment nous investissons et combien nous mettons de coté pour Dieu de tous ces gains.

Encouragez le groupe, après l'étude de la leçon de pouvoir conserver cette enveloppe comme un moyen de retirer les offrandes hebdomadairement pour Dieu.

### Introduction dynamique (18-23 ans).

- Matériels : feuille de papier, crayons, calculatrices.

- Instructions : Donnez à chaque élève une feuille de papier et demandez-les d'écrire trois colonnes. L'une qui est en-tête doit dire les entrées, la dernière doit dire des soldes.

Encouragez au groupe d'écrire sur la feuille (un mode privé) de gestion des finances personnelles. A cet âge, et la plupart des jeunes gens travaillent ou ont une gestion des finances personnelles. Une fois que tout le monde a écrit les entrées d'argent qu'ils ont, les frais fixes et l'équilibre, amenez-les a réfléchir sur les besoins émergents comme base dans chacun. Ensuite, demandez combien de personnes dans votre liste de sortie, ont mis Dieu en dehors.

## Connecter — Télécharger

Donner une offrande est une pratique de la liturgie chrétienne. C'est une « chose qu'on offre. Don ou service en montrant de gratitude ou amour... Contribuer pour un but » (Dictionnaire Karten ilustré, Sopena, Argentine, 1974).

## 1. Offrandes dans l'Ancien Testament

La première mention biblique d'« offrande » est dans la Genèse 4 : 3-4, où les enfants d'Adam et Ève, ont offert à Dieu volontairement le fruit de leur travail. De cette histoire, nous pouvons extraire le détail de l'offre donnée par Caïn ne donne aucun signe d'être quelque chose spéciale, seulement une formalité d' « accomplir » avec Dieu. Mais le verset 4 précise que l'offrande d'Abel était « le meilleur », le premier-né et le plus gros de ses animaux, Dieu regardait avec faveur. Dieu n'a pas été surpris l'offrande d'Abel, mais son cœur généreux et sa foi en donnant. Pour cette raison, dans le livre des Hébreux 11 : 4, on l'a mentionné parmi les héros de la foi.

Dieu n'a pas besoin de notre offrande, ce qu'il cherche c'est qu'en donnant, nous avons une attitude de gratitude et de reconnaissance que tout est à vous (1 Chroniques 29 :14). Il y a des termes liés à l'offrande dans l'Ancien Testament, comme l'offrande elle-même n'était pas une pratique indépendante, mais une partie d'une cérémonie instituée par Dieu. Dans l'Ancien Testament, on offrait à travers les sacrifices. Ces pratiques ont été réalisées dans tous les peuples depuis les temps anciens. Beaucoup d'animaux ont été sacrifiés, bien que certains peuples aient réalisé des sacrifices humains.

Le plan du salut de Dieu a été institué à partir du moment où l'homme a péché. Le livre de Lévitique 1 à 5 donne une description bien détaillée aux formes de sacrifice offert à Dieu pour la purification et le pardon des péchés. C'était le prêtre qui est chargé de recevoir les offrandes du peuple, selon les formes instituées par Dieu, que ce soit des animaux ou des fruits de champs, devraient être selon les caractéristiques indiquées (Exemple : Lévitique 1 : 1-3)

Dieu a dit au peuple qu'il était nécessaire d'obtenir le pardon de Dieu à travers un acte sacrificiel. Plus tard, ce serait Son fils Jésus-Christ qui donnerait une fois pour toutes, pour nous, accorder le pardon des péchés (Jean 3 :16).

Un autre terme qu'on utilise pour l'offrande c'est oblation, à la différence du sacrifice, on réfère à l'idée d'un don fait au Seigneur, donné comme une offrande. Les baltions instituées dans la loi de Moïse sont : Offrande de fleur de farine (Lévitique 2 : 1-4) ; libation de vin (Lévitique 23 :13) ; les premiers fruits de la récolte (Lévitique 23 :10). « C'est un fait que le Seigneur déverse ses bénédictions en réponse à la consécration (Malachie 3 : 7-10).

Les offrandes et les sacrifices qu'Israël devait offrir, ont signalé le fait qu'ils appartenaient à Dieu. Le croyant d'aujourd'hui doit se rappeler ce fait et reconnaître que tout ce qui est et tout ce qui a été donnée par Dieu. Donc, ils ont une raison puissante pour honorer Dieu avec tous ses biens (oblation « New Illustrated Bible DictionnaireVila - Escuain, Editorial Clie, Espagne, 1985. p.831). Une bonne affirmation qui est plus importante que la méthode de donner c'est pourquoi nous donnons.

## 2. L'offrande dans le Nouveau Testament

### A. Offrande à Dieu

Dans Marc 12 : 41-44, nous pouvons voir l'acte d'offrande formelle dans le temple. Dans le temple, il y avait différents secteurs, la situation liée dans ce passage qui succède dans l'appel « cour des femmes » où on a trouvé treize (13) en forme de trompette d'appels « Les trompettes » qui étaient destinées pour réceptionner les offrandes et les contribuables sont tenus de déclarer le montant de leur don et le but. Jésus se tenait juste dans cette scène où Il pouvait voir et écouter les offrandes de tous.

Alors que beaucoup ont donné de grandes offrandes, une veuve a donné le montant minimum d'argent existant (un quadrant). Dans cette occasion, Jésus a minimisé les grandes offrandes des riches, en reconnaissant ce n'est pas le montant que nous donnons qui impacte à Dieu, mais l'attitude du cœur. La véritable offrande à Dieu implique le sacrifice, et non pas ce qui reste, mais ce que coûte et implique de ne pas enregistrer quoi que ce soit pour nous-mêmes, mais pour faire un abandon total. Cette forme d'offrir génère une plus grande dépendance de Dieu.

L'offrande doit être un acte volontaire que l'homme offert sous la forme d'appréciation, de reconnaissance et l'adoration à Dieu. Dieu nous n'émouvons pas avec des actes pieux, Il cherche de vrais adorateurs en esprit et en vérité (Jean 4 :24). Les vrais adorateurs donnent le meilleur d'eux-mêmes, parce qu'ils le font de cœur et pour Dieu, non pas pour être vu.

### B. Offrande aux saints

Dans 1 Corinthiens 16 : 1, l'apôtre Paul distingue ce type d'offrande des autres avant de signaler, ici il réfère à une collecte spéciale à part du reste des offrandes. Il ne mentionne pas la quantité ni le pourcentage seulement il a indiqué qu'elle serait en accord de la façon dont Dieu a prospéré à chacun.

Nous ne centrerons pas sur la gestion ou la forme détaillée par l'apôtre Paul. Ces indications du verset 2 devaient dus à une stratégie qui a facilité la fin, en fonction des revenus de chacun. Ce qui est important ici c'est encore une fois plus l'attitude du cœur du donneur, cette fois en pensant aux frères dans la foi qui seraient les bénéficiaires de ce don, qui traversent une situation difficile.

Aussi important que le résultat, était la bonne administration des offrandes recueillies. Le verset 4 montre la responsabilité qui devrait avoir pour que les offrandes arrivent et le but initial a été rempli.

## 3. L'offrande aujourd'hui

Dieu présente comme quelqu'un qui n'a pas besoin de notre argent ni de biens matériels, mais quelqu'un qui attend de voir notre attitude de gratitude et de dépendance. Dieu veut nous voir livré à Lui, en reconnaissant qu'il est le dispensateur de toutes choses. Dieu veut que nous offrions toute notre vie, tout ce que nous sommes et avons dans ses mains.

Actuellement, il existe un slogan de plantation et la récolte qui réfère les offrandes et ce que nous recevons du Seigneur respectivement. Donner de l'offrande n'est pas un investissement ou une entreprise que nous faisons avec Dieu. Nous ne devons pas penser à l'offrande comme le troc, où nous donnons à Dieu pour recevoir des bénéfices en retour. Cela n'est pas ainsi, Dieu nous donne Sa grande miséricorde de tout ce qui est nécessaire pour notre subsistance, sachant quelle est la bonne mesure (Proverbes 30 : 8-9). Nous devons offrir sans rien attendre en retour parce que Dieu nous a donné le salut à travers son Fils, que pouvons-nous demander ?

Mais ce qui est merveilleux c'est que Dieu ne doit à personne, plus nous donnons, plus nous voyons la miséricorde de Dieu, comme l'histoire de l'expérience de la veuve avec le prophète Elie (1 Rois 17 : 8-16) quand elle a donné alors elle n'arrive jamais à manquer de nourriture dans sa maison.

Qu'est-ce que vous avez dans vos mains pour donner à Dieu ? Quand nous donnons (nous semons) pour le royaume de Dieu, le résultat (la récolte) sera les gens sauvés à la suite de ce que nous avons offert (Matthieu 6 : 19-21).

## Révisez / Application: Laissez-leur du temps pour répondre aux questions suivantes, répondez personnellement :

- Qu'est-ce que Dieu attend de ses enfants quand ils donnent ? *L'offrande doit être un acte volontaire que l'homme offre sous forme de remerciement, de reconnaissance et d'adoration à Dieu.*

- Pourquoi des offrandes ?

- Que t'a enseigné le récit de Marc 12 : 41-44 ? *Jésus a minimisé les grandes offrandes des riches, reconnaissant que ce n'est pas le montant que nous donnons qui a un impact sur Dieu, mais l'attitude du cœur.*

- Quelles sont tes pratiques de don actuelles?

- Penses-tu que tu dois changer quelque chose après ce que tu as étudié aujourd'hui ?

## Défi: Propose cette semaine de réserver un pourcentage volontaire de l'argent que tu manages pour tes offrandes. Lorsque tu donnes tes offrandes dans les cultes, souviens-toi de tout ce que Dieu a fait pour te sauver et donne-le avec joie comme un acte d'adoration à celui qui a tout donné pour toi.

# Le cadeau de Dieu

**Objectif :** L'élève doit comprendre le sens de la grâce à la lumière de la Bible.

**A mémoriser :** « En toi est le pardon, afin qu'on te craigne » Psaume 130 : 4b.

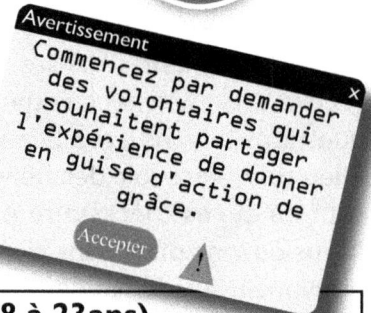

**Avertissement**
Commencez par demander des volontaires qui souhaitent partager l'expérience de donner en guise d'action de grâce.

Accepter

## Connecter | Télécharger

### Introduction dynamique (12 à 17ans).

- Matériels : Crayons et « boîte magique ».
- Instructions : Distribuez les «boîtes magiques » et les crayons et donnez-les les directions pour les résoudre et à la demande d'aide, offrez la
  Essayez de leur donner toute l'aide dont ils ont besoin, aussi longtemps qu'ils le demandent.

Boîte magique

Boîte magique

| 8 | 1 | 6 |
|---|---|---|
| 3 | 5 | 7 |
| 4 | 9 | 2 |

La « boîte magique » doit être remplie de manière suivante :

1. Les numéros 1 à 9 devraient écrire sans répéter les nombres dans la « boîte magique ».
2. Chaque ligne de la table (les horizontales, les verticales et même les diagonales) doit donner comme résultat 15, en ajoutant les trois chiffres.

Ce n'est pas la seule façon de répondre de manière adéquate ; mais une clé qui est dans le centre de cette boite, infailliblement elle doit être le numéro 5, qui est la moitié des numéros demandés et, par conséquent, ce qui provoque un « équilibre » dans ce tableau.

Parfois, Dieu veut accomplir quelque chose, et nous pensons que nous ne pouvons pas. Mais nous ne pensons à demander de l'aide.

### Introduction dynamique (18 à 23ans).

- Matériels : Crayons et « essaim numérique ».
- Instructions : Distribuez les « essaims numériques » et les crayons, donnez-les des instructions pour les résoudre. Aidez à résoudre la dynamique seulement à qui l'on demande.
  Si quelqu'un finit avant les autres, permettez qu'il aide à autre qui lui demande.

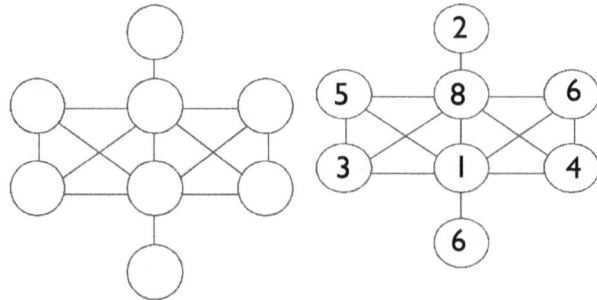

L' « essaim numérique » doit être rempli comme suit :

1. Ils doivent écrire les numéros 1 à 8, sans répéter les numéros dans l' « essaim ».
2. Les chiffres ne doivent pas « être collé » avec le chiffre qui le précède et celui qui vient apès (le numéro 5 ne peut pas « être collé » avec le numéro 4 ou 6).
3. Celui qui arrive à distribuer les chiffres sans les laisser «coller» l'un après l'autre gagne.

Ce n'est pas la seule façon de répondre de manière adéquate ; mais une clé c'est que dans les deux cercles du centre doivent être infailliblement le numéro 1 qui est le seul qui n'a pas le numéro antécédent et le numéro huit qui est le seul qui n'a pas le numéro cohérent dans cet exercice.

Parfois les choses qui paraissent difficiles ne sont pas avec l'aide de Dieu.

## Connecter | Télécharger

Combien d'histoires que nous lisons dans la Bible au sujet des personnes qui ont accompli quelque chose impossible?

Le roi David (2 Samuel 11-12), qui, étant le choisit de Dieu pour gouverner, a commis le péché 'adultère, et pourtant, quand il a demandé pardon, Dieu l'a donné (Psaume 51).

Rahab était une prostituée et a sauvé sa vie et celle de sa famille parce qu'elle a demandé l'aide au peuple d'Israël (Josué 2). Parfois, les choses semblent difficiles comme la dynamique au début, mais avec de l'aide on peut l'atteindre. Dans les histoires que nous avons vues ces personnes ont réussi dans l'impossible, parce qu'ils ont demandé de l'aide.

## 1. La grâce divine

Dieu est amour. Cela signifie que Il est toujours prêt à écouter nos prières et chaque fois que nous l'appelons, Il répond (Psaumes 37 : 5).

La Bible manifeste qu'il nous pardonne chaque fois que nous demandons pardon de tout cœur. Et cette action de Dieu, ce merveilleux acte de justice divine « nous donne ce que nous méritons », nous l'appelons grâce et la grâce est un don.

Nous croyons dans la grâce de Dieu, nous croyons que Dieu ne refusera jamais nier son pardon si nous crions honnêtement. De plus, nous croyons que sa grâce nous vient avant même que nous le cherchons. Avez-vous déjà, avant d'être chrétien, remarqué que Dieu vous a empêché de quelque chose de mauvais ? Quand nous venons à connaître Dieu et a commencé une relation avec Lui, sa grâce continue à manifester dans nos vies, et dans tous les domaines, le simple et le complexe, tous les jours et extraordinaires, permanentes et circonstancielles. La grâce de Dieu se manifeste dans l'activité quotidienne (travail à domicile, sur le chemin du travail, quand on mange ou dort) et dans les cas inhabituels nous savons pourquoi ils se produisent.

## 2. Les histoires présentes de la grâce divine

(Les noms des personnes qui sont changés, mais les histoires sont réelles).

Manuel a été un jeune rebelle. Dès l'enfance, il savait que Jésus l'aimait. Un matin, après avoir terminé une fête où il a but de l'alcool, il a accidenté dans sa voiture. La voiture a resté inutilisable et il était sur le point de mourir. À l'hôpital, il se souvient de dire une prière très simple tranquillement : « Seigneur Jésus, pardonne mes péchés et délivre- moi de la mort. » Ce fut tout. Quelques jours plus tard Manuel a guéri. En quittant l'hôpital, ses parents lui ont dit que les médecins ont été surpris par l'incroyable miracle qui était arrivé ; mais lui, avec calme et étant honnête, pour la première fois dans sa vie il a ouvrit son cœur, et il dit : « Ce ne fut pas un miracle incroyable ; seulement c'est la réponse de Dieu à la demande de mon cœur ». « Quand Pamela a vu les résultats des études médicales qui avaient été faites trois mois plus tard, elle ne pu résister plus : elle baissa la tête, fondit en larmes et tout ce qu'elle pouvait penser a été annoncé par Dieu : « Si vous me guérissez de cette maladie, Je vais me consacrer pour vous servir ». Elle avait assisté à trois cliniques, et tous les trois l'ont donné le même résultat, le VIH (SIDA). Cela ne vaut la peine approfondir dans la cause de sa maladie, il suffit de dire qu'elle était une fille promiscuitée.

Mais la prière honnête de son cœur était suffisante pour Dieu. Et aujourd'hui, quelques années seulement après tout ce qui est arrivé, elle prêche l'évangile de Jésus-Christ dans sa communauté et même au-delà, en portant un sourire sur son visage et les trois certificats de mêmes cliniques médicales, seulement maintenant avec la légende :VIH négative ». La grâce de Dieu est la réponse de son amour pour nous, nos imperfections, nos péchés. Il nous aime. Nous ne disposons pas des informations d'identification pour nous rendre justes devant Lui, mais Il nous aime. Nous ne disposons pas d'une fiche parfaite et avec de grandes qualités, mais Il nous aime (Psaumes 130 : 3-4).

## 3. Nous sommes les instruments de la grâce divine

Jésus a manifesté la grâce de Dieu le Père dans toute sa vie. Cette grâce est avec nous et Dieu nous appelle pour que nous soyons des instruments à travers elle. Mais la façon dont nous exprimons la grâce de Dieu dans nos vies ?

Est-ce que nous pardonnons les gens, même lorsqu'ils ne méritent pas le pardon ? Est-ce que nous restaurons la personne coupable ou condamner ?

La Parole de Dieu defie toujours notre confort, à la fois dans la vie quotidienne et dans nos ministères dans l'Église. Sommes-nous des gens qui imitons Christ, en partageant la grâce de Dieu dans le pardon et la restauration ?

Une façon de savoir si nous manifestons la grâce de Dieu dans notre congrégation, c'est réviser nos tâches de l'église : Comptons-nous avec les ministères aux plus démunis de la société qui ont le plus grand besoin de la « grâce étonnante » de Dieu, ou nous travaillons de préférence pour les membres de l'église qui savent déjà et vivent cette grâce ? Avons-nous un système pour gagner d'autres jeunes pour Christ ou de faire des cultes et des réunions exclusives pour nous ? L'une de nos responsabilités en tant que chrétiens c'est de « donner ce que nous avons reçu du Seigneur » (Matthieu 10 : 8b), pourquoi priver les gens de cette « grâce étonnante » qui continue à chercher à sauver les pécheurs ?

Encourageons-nous à être des instruments de la grâce de Dieu ! Profitons de cette grâce et nous efforçons de la vivre, en le partageant avec tous ceux qui sont autour de nous !

**Révisez / Application:** Demandez-leur d'écrire brièvement le moment qu'ils considèrent le plus important dans leur vie, où la grâce de Dieu s'est manifestée.

Dites-leur ensuite de dessiner deux images : une qui projette ce qu'ils étaient avant, et une qui projette ce qu'ils sont maintenant par la grâce de Dieu, et de partager leurs images avec la classe et de les expliquer.

Terminez par une prière de remerciement pour la grâce de Dieu dans leur vie et invitez-les à s'engager à vivre et à partager cette grâce avec tous ceux qui en ont besoin.

**Défi:** Ecrivez durant cette semaine les passages de votre vie où vous avez remarqué de manière palpable la grâce de Dieu. Pensez ensuite à ce qui aurait pu arriver si vous n'aviez pas décidé pour Christ. Remerciez Dieu pour tout ce qu'il vous a donné dans sa grâce.

# Dieu vous bénisse!

**Objectif :** L'élève doit comprendre la signification du mot bénédiction à la lumière de la Bible.

**A mémoriser :** « Je ferai de toi une grande nation et je te bénirai et je rendrai ton nom, grand et tu seras une source de bénédiction » (Genèse 12 :2).

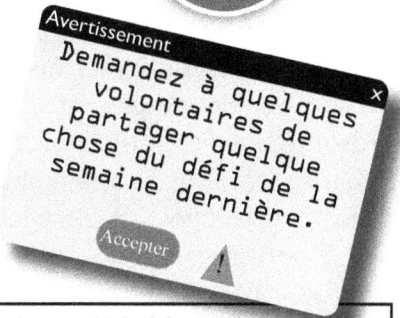

*Avertissement*

*Demandez à quelques volontaires de partager quelque chose du défi de la semaine dernière.*

*Accepter*

## Connecter | Télécharger

### Introduction dynamique (12 à 17ans).

- Matériels : Feuilles de papier, stylos, crayons, tableau et marqueurs.
- Instructions : Séparez le groupe en trois. Distribuez une feuille de papier à chaque groupe et un stylo, en choisissant un secrétaire pour prendre des notes.

    Proposez à la liste du groupe tous les termes qu'ils savent qui son liés avec le mot « bénédiction », que ce soit par conjugaison verbale, par famille de mots ou par sa signification.

    Une fois que le travail du groupe est terminé, les secrétaires vont partager les listes de mots et vont écrire. L'enseignant peut utiliser les résultats comme une introduction à la leçon.

### Introduction dynamique (18-23 ans).

- Matériels : Tableau ou une feuille de papier, marqueurs.
- Instructions : Encouragez la conversation à l'aide des questions suivantes : Est-ce que le mot « bénédiction », un terme relatif ? Dans quel moment, nous l'utilisons ? Comment pouvez-vous définir l'action de la « bénédiction » ?

    Après avoir parlé à ce sujet, séparez le groupe en trois équipes (en fonction du nombre d'élèves qui peut former plus ou moins l'équipe). Demandez à chacun d'élaborer une définition du mot « bénédiction ».

    En terminant de copier ou de coller les définitions de chaque équipe et profiter cela comme contenu initial pour aborder le terme.

## Connecter | Télécharger

Le mot bénédiction apparait dans la Bible dès le début sous la forme d'action de la part de Dieu, qui scelle sa création d'une manière spéciale. Si nous regardons dans Genèse 1 :22, 28 et 2 : 3, nous pouvons trouver que Dieu bénit les êtres vivants et Il a aussi bénit le jour mis de côté pour le repos. Dans tous les cas c'est Dieu qui donne la bénédiction (ou grâce spéciale) aux autres et donc la personne est affectée positivement à la suite de cette action divine. Quand quelque chose ou quelqu'un est béni par Dieu, il a la possibilité de bénir les autres, en définitif, nous sommes « bénis pour bénir ».

## 1. La bénédiction dans l'Ancien Testament

"Dans tous les cas Dieu se montre comme un Dieu juste qui veut le bien-être de sa création et est prêt à rembourser avec une bénédiction pour l'humanité (Proverbes 10 :22).

### A. Un peuple béni

Genèse 12 raconte le début d'un peuple que Dieu a mis de côté à travers un homme appelé Abraham, fils de Taré, qui a vécu à Ur des Chaldéens, un lieu donné à l'idolâtrie (Josué 24 : 2-3). Dans ce contexte, Dieu appela Abraham avec un but définit, former à travers lui une grande nation, un peuple élu par Dieu. L'appellation « peuple de Dieu ». Dieu envoya Abraham à d'autres terres pour tester son obéissance et pour lui enlever de l'idolâtrie (Genèse 12 : 1). Dieu a promis à Abraham de lui donner une grande famille et bénédiction. Ce fut comme une grâce spéciale, une faveur prospère, une promesse de protection et d'assistance permanente en réponse à sa foi (Genèse 12 : 2a). Dans cette bénédiction, Dieu a promis qu'Abraham serait une bénédiction pour les autres (Genèse 12 : 2b). Dans cette bénédiction, Dieu a promis d'étendre pour les générations (Genèse 12 : 3).

## B. Une bénédiction promise

Au fil des ans, la promesse d'une grande famille d'Abraham a été accomplie et cette famille est devenue le peuple d'Israël. Après le passage de plusieurs générations, à travers différentes étapes dans l'esclavage, le pèlerinage dans le désert et l'arrivée dans la terre promise, le peuple de Dieu a connu l'importance de l'obéissance. Dieu était clair avec eux et leur a donné des lois strictes (les Dix Commandements) pour qu'ils se détournent du mal et furent béni. La bénédiction de Dieu n'a pas changé, Dieu reste toujours le même, mais le peuple n'a pas resté comme Abraham en obéissant et avec la foi en Dieu. Deutéronome 28 : 1-14 présente une liste que Dieu a donnée à son peuple, en renouvelant sa promesse de bénédiction à la suite de l'obéissance. Pour cela, les gens devraient : connaître la Parole de Dieu. Obéir à la Parole de Dieu. Ne pas avoir d'autres dieux (vv.1, 9,14). Dieu allait les bénir (vv.1-14) : En tant que nation et ville (vv.1-3). A sa progéniture une économie générale (vv.4-5,8,11-12). Dans leurs activités quotidiennes (v.6). Dieu les débarrassait de ceux qui voudraient faire du mal à eux (verset 7). Ils ont beaucoup de respect (v.10). Ils ont l'autorité spirituelle (v.13).

Dans ces versets, ils sont représentés dans tous les domaines de nos vie. Pouvez-vous voir la bénédiction de Dieu dans votre vie ? Dans quels domaines ? Sentez-vous que vous n'êtes pas profité de cette bénédiction ? Que pensez-vous faire ?

## C. Bénédiction vs. Malédiction

En restant avec la bénédiction divine nous sentons tellement à l'aise que nous oublions qu'il y a aussi des conséquences pour la désobéissance. La malédiction est un mot que nous ne voulons pas, mais elle continue dans l'histoire dans Deutéronome 28 :15 Nous trouvons la justice de Dieu sur le péché. L'être humain réclame toujours la bénédiction, mais oublie sa contribution dans cet accord. Psaumes 62 : 4 montre comment les passions humaines peuvent nous faire perdre l'intégrité de notre cœur. Bénédiction peut être un mot dans notre vocabulaire, si elle n'est pas accompagnée par un cœur droit aux yeux de Dieu. Encore une fois Dieu nous confronte à nous-mêmes. La Bénédiction a un poids de gloire, aussi longtemps que le Saint-Esprit habite dans nos vies.

## 2. Le Concept de bénédiction dans le Nouveau Testament

Le concept de bénédiction est la même dans toute la Bible, un Dieu plein d'amour et de miséricorde qui veut promouvoir ses enfants, en cherchant la relation personnelle avec eux. La désobéissance répétée du peuple choisit, a conduit pour que Dieu renouvelle ses alliances avec eux. Mais ils ont encore et encore faillit en profanant l'alliance, en péchant et éloignant leurs chemins. La question est : la bénédiction de Dieu a terminé ? Non ! Mais il arrive une nouvelle ère d'espoir pour tous, l'accomplissement de la promesse du salut éternel.

### A. La bénédiction se prolonge

Galates 3 : 13-14 nous dit que Dieu par son Fils, nous a retiré la conséquence du péché. La bénédiction que Dieu a promise reste efficace et contextuelle. En Jésus-Christ la bénédiction donnée à Abraham étend jusqu'à nous. La bénédiction de Dieu est agrandie et recréée en la personne du Saint-Esprit. Une promesse pour ceux qui croient.

### B. Une bénédiction spirituelle

Dans Éphésiens 1 : 3, l'apôtre Paul a souligné des aspects intéressants de la bénédiction. Tout d'abord, il bénit Dieu : « Béni soit le Dieu et Père de notre Seigneur Jésus-Christ ...» « Bénit se traduit le mot grec eulogetos », qui est une voix composée par eu, qui signifie « bon » et logetos, qui signifie « parler ».

Deuxièmement, nous recevons la bénédiction de Dieu, «... Il nous a bénis avec toute bénédiction spirituelle ... » Dieu veut toujours nous bénir, Il veut nous donner sa bénédiction. C'est nous qui mettons une limite aux bénédictions spirituelles de Dieu pour nos vies quand nous ne sommes pas obéissants ou nous ne montrons pas la faiblesse en foi. Nous devons nous limiter à des choses matérielles, la plus grande bénédiction donnée par Dieu est le salut.

Troisièmement, Paul mentionne que la bénédiction reçue de Dieu émerge les lieux célestes. Certes, Dieu nous amène à un autre niveau, un royaume approche à l'humanité par Jésus-Christ Lui-même. Un endroit que nous appartenons quand nous avons été sauvés par la foi en Jésus-Christ.

## 3. Le concept de bénédiction aujourd'hui

« Dieu vous bénisse », est ce que c'est une phrase faite que nous utilisons aléatoirement ou une phrase avec poids de gloire ? Il est courant d'entendre aujourd'hui dans les différents domaines de l'expression « Dieu vous bénisse ». Avant c'était presque exclusif pour les chrétiens, mais aujourd'hui qui est en usage populaire. Il donne l'impression que nous étions très bien avec la personne à le dire. Demandez : Pensez-vous que c'est une phrase pour prendre à la légère ? Nous devons rappeler que nous ne pouvons pas donner quelque chose que nous n'avons pas. Combien de bénédiction spirituelle y a-t-il en vous ? Est-ce que le Seigneur vous a béni avec toute bénédiction spirituelle ? Il est temps de recevoir la bénédiction de Dieu dans la foi et l'obéissance, il est temps de bénir les autres et partager la grâce de Dieu. Nous le faisons de mot et nous le faisons en fait. Nous sommes bénis pour bénir comme Abraham.

## Révisez / Application: Laissez-leur du temps pour remplir les blancs (ici en italique).

1. Le choix d'**Abraham** avait pour but de créer **le peuple de Dieu.**

2. Dieu a **béni** Abraham pour qu'il soit une **bénédiction.**

3. Si je suis **béni** par Dieu, je peux **bénir** les autres.

4. La **bénédiction** est le fruit de l'obéissance et de la foi.

5. La **malédiction** est le fruit de la désobéissance.

6. Bénir Dieu, c'est **l'honorer** et **lui rendre gloire.**

7. La **bénédiction** de **Dieu** est ce qui **enrichit** et n'ajoute pas de **tristesse** (Proverbes 10:22).

## Défi: Cette semaine, mets-toi au défi de trouver des façons pratiques et quotidiennes d'obtenir la bénédiction de Dieu et d'être à ton tour une bénédiction pour les autres.

Tu n'as pas à faire des choses bizarres. Chaque matin, prend du temps avec Dieu, consacre ta journée et sois attentifs à profiter de ce qu'Il fera en toi et à travers toi. Partage le cours suivant, ainsi tu béniras sûrement Dieu, en le remerciant pour ses faveurs et tu béniras tes camarades de classe en témoignant de l'œuvre divine en toi.

# 10 + ou 10 - ?

**Objectif :** L'élève doit comprendre l'importance de la dîme dans la vie chrétienne, qui est un bon indicateur de sa relation avec Dieu.

**A mémoriser :** « ... et je te donnerai la dîme de tout ce que tu me donneras » Genèse 28 :22.

**Avertissement**

Saluez les élèves avec un Dieu vous bénisse et discutez de la manière dont Dieu vous a béni au cours de la semaine écoulée. Encouragez-les à transmettre la bénédiction aux autres.

Accepter

## Connecter | Télécharger

### Introduction dynamique (12 à 17ans).

- Matériels : Feuilles de papier coupées en rectangles qui simulent des billets et des crayons
- Instructions : Donnez 10 billets aux élèves. Dans chaque billet, ils vont écrire quelque chose qu'ils doivent acheter (établissez une valeur pour les billets en fonction avec les besoins de votre groupe, 10,100, 1000). Vous devez avoir plus de billets dans les mains et de les avertir que s'ils ont besoin de l'argent vous pouvez les donner plus.

Lorsque vous avez écrit ce que vous achetez avec votre argent, donnez un temps pour qu'ils partagent avec la classe comment ils dépenseraient leur argent. Écoutez avec attention de nombreux élèves qui ont partagé la dîme pour le Seigneur avant de passer à autre chose. Félicitez l'élève qui a pris en compte cet aspect et si personne ne l'a fait pas, commencez avec la leçon.

### Introduction dynamique (18-23 ans).

- Matériels : Feuilles de papier et des crayons
- Instructions : Demandez aux élèves de faire une liste de 1 à 10 en fonction de leurs priorités ou comment ils dépensent ou emploient le salaire de leurs emplois. Si cela ne fonctionne pas, demandez-leur d'imaginer comment ils dépenseraient leurs salaires.

Comparez les réponses ensemble, et observez combien qui ont pris en compte la dîme. Félicitez ce qui a mentionné si personne l'a mentionné commencez avec la leçon

## Connecter | Télécharger

La dîme a été un sujet prêché quand on parle de l'intendance dans l'église. Comme on parle de consacrer les dons, de prendre soin de l'environnement, de sorte que la dîme est un aspect fondamental dans la vie Chrétienne. Parler de la dîme c'est parler de notre relation avec Dieu, c'est un acte de reconnaissance, de notre amour à Dieu qui nous a tout donné.

Parler de la dîme c'est quelque chose très commune, nous sommes familiers avec les enveloppes qui sont à bord d'un temple et sont aussi communs et tant mentionné que vient le temps où nous pouvons les ignorer. C'est quoi la dîme ? Que dit la Bible sur la dîme ? Gardez à l'esprit que seulement de l'argent, qui va au-delà d'un simple de 10 pour cent.

## 1. Origine de la dîme

Dans Lévitique 27 :30-34 Nous trouvons des lois sur la dîme que Dieu a établi, qui devraient accomplir au pied à la lettre. La Bible dit dans Deutéronome 14 :22-23 qui devrait payer la dîme.

Mais dans Genèse 14 :17-20 et 28 :12-22 nous donne des exemples à qui nous devons payer la dîme, et non pour suivre la loi, mais plutôt par un acte d'engagement et de fidélité à Dieu.

Discutez les situations vécues par les personnages, demandez aux élèves de comparer comment était la pratique de la dîme dans chaque cas.

Abraham a donné la dîme quand il retournait d'une guerre, en gratitude pour la victoire obtenue (Genèse 14 : 17-20). Jacob : Après un rêve promis de décimer comme gratitude pour tout ce que Dieu lui avait promis, en plus Il a également érigé un autel, qui indique que c'est un acte d'action de grâces, d'adoration et consécration à Dieu (Genèse 28 : 12-22).

L'enseignement de ces deux personnages est que la raison de leur dîme est allé au-delà de respecter une loi, c'est un acte de dévotion à Dieu.

## 2. Jésus et la dîme

Dans le Nouveau Testament, nous voyons que Jésus ne vient pas pour ignorer ou pour changer la loi, mais pour l'accomplir (Matthieu 5.17). Étant donné que la dîme fait partie de la loi. Comment Jésus a interprété la loi et de la dîme ? Lisez Matthieu 23 :23 et Luc 11 :42, puis demandez à la classe d'exprimer ce qu'ils pensent de ces passages.

Quand Jésus a parlé sur la question qui l'a fait acte d'accusation vers les pharisiens et les interprètes de la loi. Nous devons comprendre que Jésus ne les accusait, parce que si nous lisons bien que les Pharisiens ne manquèrent pas et ont donné plus que ce qu'ils devraient donner. Alors, pourquoi Jésus les accusait ? Voyons le passage :

Nous pourrions dire de donner la dîme jusqu'au minimum, si nous connaissons la rude, la menthe, de l'aneth et le cumin, sont des légumes très petits qui ne sont pas nécessaires pour donner la dîme et pourtant ils avaient le soin de donner la dîme.

Mais qui était derrière tout cela ? Avec la lecture il nous reste clair que l'hypocrisie avait saisi leurs cœurs et ils avaient cessé de faire quelque chose de nécessaire.

Ils avaient cessé de pratiquer la miséricorde, la justice et l'amour. Les détails de cette charge étaient par rapport à l'attitude du cœur de ces personnes. Elles servaient très bien avec ce que la loi disait mais en négligeant le plus important d' « aimer ton prochain comme toi-même ». Jésus leur enseignait qu'ils devaient payer la dîme, mais ce ne fut pas une excuse pour cesser de faire du bien aux autres.

## 3. Dîme : Réponse d'amour ou une loi

Un jour, un frère de l'église a approché au pasteur et lui a commenté une doute : Il dit au pasteur, un ami m'a demandé pourquoi donner la dîme dans cette église parce que si je ne suis pas encore membre je n'ai' aucune obligation de le faire.

Le Pasteur lui répondit : Il est vrai que vous n'êtes pas obligé de le faire, mais si quelque chose vous assure, que lorsque vous avez donné la dîme, Dieu vous bénira. Le frère restait en pensant et sans confirmer ce qu'a dit le pasteur. Et jusqu'à présent, il donne la dîme fidèlement.

Quand nous acceptons Christ comme notre Sauveur, nous déclarons que toute notre vie et même tout ce que nous avons est à Lui. Dieu n'a pas besoin ce que nous avons ; Il veut notre fidélité. D'autre part, nous pouvons nous inquiéter de la quantité, et ce que Dieu se soucie c'est l'attitude.

Ainsi comme nous offrons notre vie dans l'autel du Seigneur, tout ce que nous avons doit être remis à Lui, la dîme est seulement une partie de ce que nous avons et nous l'avons donné à Dieu dans l'adoration. En donnant notre dîme nous déclarons que Jésus est le Seigneur de tous, même de la matière. En donnant au Seigneur nous appuyons son travail et nous montrons notre amour pour lui.

Plusieurs fois, les jeunes pensent qu'ils ont l'obligation de payer la dîme parce que la majorité de gens ne travaille pas ou n'a pas de revenu fixe. Une autre raison pour ne pas donner la dîme c'est parce que les parents le font, cela crée en eux une sorte d'exonération ; Certains vont à l'autre extrême et ne donnent pas la dîme parce qu'ils ont l'idée que l'église pourrait faire un mauvais usage de ces ressources.

Bien qu'il y ait de nombreux groupes de sectaires et amis qui veulent nous abstenir de cette pratique, nous devons nous défendre sur la base du principe de l'amour à Dieu, qui est le maître absolu de tout ce que nous possédons.

Faites deux équipes dans votre groupe, chacun devrait discuter et parvenir à une conclusion en ce qui concerne les questions suivantes : Selon Malachie 3 : 8-9, Que deviennent les gens qui ne paient pas la dîme ? Ils deviennent des voleurs. Qui doit payer la dîme ? Tous ceux qui reçoivent peu ou beaucoup d'argent. Selon Malachie 3 :10,

Que promet Dieu à ceux qui accomplissent à la dîme ? Il promet la bénédiction abondante.

Demandons à Dieu un cœur bien disposé et reconnaissant qui peut donner beaucoup plus que la dîme.

## Révisez / Application:

*   Quelles sont les similitudes que vous trouvez dans la dîme d'Abraham (Genèse 14:17-20) et de Jacob (Genèse 28:12-22) ? *Abraham a donné la dîme en signe de gratitude pour la victoire remportée. Jacob le ferait par gratitude pour ce que Dieu lui donnerait.*

*   Quelle est la relation entre l'autel et la dîme ? *Quand on met quelque chose sur l'autel, comme ici la dîme, c'est pour le consacrer, comme adoration et gratitude à Dieu.*

*   Croyez-vous que ne pas donner la dîme est un péché selon Malachie 3:8-9 ? *Si c'est un péché car selon Malachie, ne pas donner la dîme c'est voler Dieu.*

*   Avez-vous déjà omis de payer la dîme ? Pourquoi ?

*   Savez-vous comment les dîmes sont utilisées dans l'Église du Nazaréen ? *Soutenir le pasteur de l'église et accomplir la grande commission.*

## Défi:
Dieu vous donne la possibilité de payer la dîme si vous ne le faites toujours pas, vous pouvez avec votre groupe et votre professeur former une équipe de fidélité, même si c'est quelque chose de très personnel, ils peuvent vous le rappeler tous les dimanches ainsi que demander une demande de prière. Choisissez une méthode discrète comme signal.

# Titres de l'église

**Objectif :** L'élève doit être clair aux titres ecclésiaux à la lumière de la Bible.

**A Mémoriser :** « ... et quiconque veut être le premier parmi vous, qu'il soit votre esclave ; c'est ainsi que le Fils de l'homme est venu, non pour être servi, mais pour servir et donner sa vie comme la rançon de plusieurs » Matthieu 20 : 27-28.

**Avertissement**

Continuez à parler de l'importance de la dîme. Si quelqu'un l'a fait pour la première fois, félicitez-le ! et imposer tout le monde à le faire.

Accepter

## Connecter | Télécharger

**Introduction dynamique (12 à 17ans).**

- Matériels : Tableau ou trois feuilles de papier blondes et des marqueurs.

- Instructions : Dessinez à la maison les figures suivantes et de les coller devant la classe. Ou vous les dessinez sur le tableau avant que les élèves arrivent.

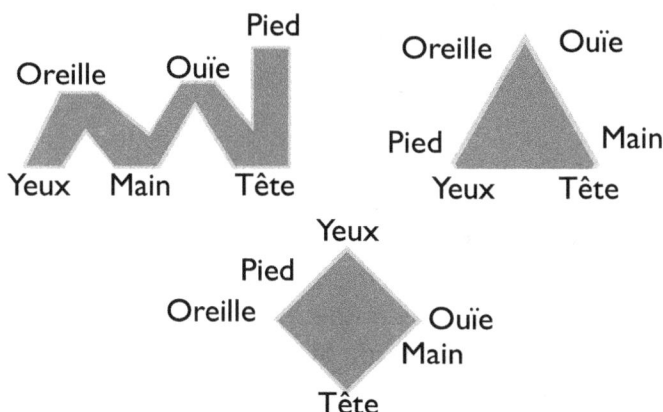

Demandez à la classe pour indiquer quelle est la figure qui décrit le mieux l'importance de ces parties du corps et prenez un moment pour une brève discussion à ce sujet. Ensuite, demandez est ce que vous pouvez vivre sans certaines de ces pièces ?

Bien qu'on puisse vivre sans aucune de ces parties du corps, aucune n'est plus importante que l'autre ; Dieu nous a dotés d'une harmonie anatomique où toutes les parties sont complémentaires. De la même façon le corps chrétien a besoin des dons et des ministères donnés par le Saint-Esprit pour développer en harmonie.

**Introduction dynamique (18-23 ans).**

- Matériels : bandes de papier bristol ou un grand papier blanc, des marqueurs et du ruban adhésif.

- Instructions : Dans les bandes de papier, écrivez tous les systèmes du corps (système nerveux, système digestif, système musculaire, système circulatoire, etc.), par exemple :

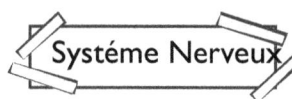

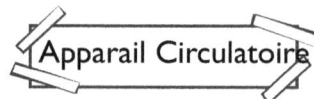

Système Nerveux     Appareil Circulatoire

Le jour de classe commence pour distribuer aux élèves une bande de papier ou un papier bristol (par élève ou par paires) et dites-les de les coller ensemble sur le tableau ou le mur l'un sur l'autre par priorité fondée sur l'affirmation « ce système est le plus important ... » une fois placé dirigez une brève discussion en demandant s'ils sont collés correctement.

En fait, la bonne réponse c'est que tout le monde devrait être collé dans une ligne ou d'une manière égalitaire du cercle. Aucun système est plus important que l'autre, mais tous ont le même importance, cependant ils ont des fonctions différentes. Voilà pourquoi que bibliquement ce chiffre est utilisé pour parler des ministères, il n'est pas les hiérarchies, mais des fonctions ou des tâches qui conduisent les autres à connaître Dieu et son service.

Entre les autres titres ministériels ou ecclésiastiques. Peut-être que nous avons entendu ou fait partie des discussions où de mettre sur la table ce que l'un ou l'autre groupe religieux comprend ou croit à ce sujet. Aujourd'hui, nous allons voir quelques passages de la Bible pour trouver la lumière au milieu de tant de discussions.

## 1. Les titres ecclésiaux dans l'église du Nazaréen

L'Église du Nazaréen en parlant du ministère dit que « tous les chrétiens doivent considérer les ministres du Christ » (Manuel de l'Église du Nazaréen 2005-2009 paragraphe 402), c'est-à-dire, tous les sauvés par Christ, nous avons le ministère pour proclamer ce que Jésus a fait pour nous. Ce pendant l'église reconnaît également que certains sont spécialement appelés par Dieu pour exercer de manière plus officielle et le ministère public de la prédication. Sur la base de l'Écriture et de l'expérience, nous voyons que Dieu appelle également certaines personnes au ministère, mais pas spécifiquement pour prêcher. Fondamentalement, ces deux assertions découlent les deux ordres ministériels que l'Église du Nazaréen gère.

Presbytère : « Nous reconnaissons seulement qu'un seul ordre ministère de prédication- celui du Presbytère. Ceci est un ordre permanent dans l'église. Le presbytère doit bien gouverner l'église, prêcher la Parole, administrer les sacrements du baptême et la sainte scène, célébrer les mariages, tous dans le nom de Jésus-Christ, le chef de l'église, et sous réserve à Lui » (Manuel de l'Église du Nazaréen 2005-2009, paragraphe 429.1). Diacre : Le diacre ne donne pas témoignage d'un appel spécifique à prêcher. L'Église reconnaît, sur la base des Écritures et l'expérience que Dieu appelle les individus à consacrer sa vie au ministère, même s'ils ne témoignent pas pour avoir reçu l'appel spécifique à prêcher, et croit que les gens appelés à ces ministères devraient être reconnus et confirmés par l'église, qui doivent répondre à certaines exigences et qui devraient être attribuées des responsabilités établies par l'église. Ceci est un ordre permanent du ministère » (Manuel de l'Église du Nazaréen 2005-2009 paragraphe 428.1).

En dehors de ces deux ordres permanents l'église reconnaît l'appel de Dieu aux prochaines fonctions ministérielles : ministre laïc, le personnel pastoral, administrateur, aumônier, diaconie, éducateur, évangéliste, ministre de l'éducation chrétienne, ministre de la musique, missionnaire, pasteur, évangéliste de chant, services spéciaux.

## 2. Les titres ecclésiaux actuels

Actuellement, des titres ecclésiaux existent comme, « apôtre », « prophète » « prêtre » et « ancien ». Dans certains pays inclusif on a même détaché seulement certaines personnes avec des titres qui prennent en charge l'autorité sur tous les autres. Le problème radical de cela né pour transformer ces dites titres ecclésiaux dans les hiérarchies mal comprises. Fondamentalement, c'est l'idée que le monde donne au « succès » ou « la gloire » d'un « chef de file », étant l'exercice du pouvoir pour obtenir le plus grand ou mieux. Comme on le voit, l'un des grands problèmes de l'homme c'est le pouvoir qui vient de la hiérarchie. Depuis les temps anciens l'homme a voulu avoir la domination ou le pouvoir sur tout (Genèse 11 : 1-4). Si nous revenons à la Bible cela vient de Dieu qui nous a donné la capacité d'exercer le pouvoir à partir du moment de la création (Genèse 1 :26). Dans le texte il a référé à une traduction plus littérale qui dirait « Faisons l'homme (au singulier) ... et qu'ils dominent (pluriel) ... » (Abdon Santaner, Marie. L'homme et le pouvoir. L'Église et le ministère, Salamanque, 1984). C'est-à-dire réellement nous exerçons le pouvoir quand nous le faisons dans la communauté, pour un bien commun. Plusieurs fois, nous perdons de vue ce et nous sommes intoxiqués par le pouvoir que nous pouvons agir en tant qu'individus, ce pendant le sens exact du pouvoir dans le Royaume est l'exercice en tant que communauté pour le bien commun. Dans l'église on ne doit pas exercer le pouvoir pour un bien personnel, mais pour le bien de la communauté (Philippiens 2 : 3-4) et si nous voulons être plus nous devons servir (Matthieu 20 : 26-28).

## 3. Les Titres ecclésiaux bibliques

Dans Éphésiens 4 :11, Paul donne un certain nombre de titres ecclésiastiques qui donnent une idée de la façon dont l'église a été organisée dans les premières années. La plupart des spécialistes conviennent que l'apôtre ici ne cherchait pas de donner une liste exhaustive des ministères au sein de l'église, mais une référence de l'évolution que l'organisation avait jusqu'à présent. Beaucoup de ces frais ne sont pas confirmés à un site particulier, mais qui étaient itinérants. Certains de ces titres étaient :

- Apôtres : Pour être considéré comme apôtre au moins deux exigences sont nécessaires (1) être envoyé par Jésus, (2) avoir été témoins de la résurrection ... d'où l'argument de Paul pour défendre son apostolat (1 Corinthiens 15 : 7-9). L'apôtre a parlé de Jésus après sa résurrection et a été envoyé par Lui (Actes 09 :17 ; 26 : 12-18).
- Prophètes : « Celui qui parle à la place de l'autre ». Tous les croyants sont des prophètes. Non prédire l'avenir, mais pour annoncer ce qui se passera si on ne respecte pas Dieu.
- Évangélistes : Ce sont les prédicateurs itinérants (Actes 21 : 8 ; 2 Timothée 4 : 5).
- Bergers - Enseignants : C'est un double Office, expliquer la foi chrétienne aux convertis et nourrissent le troupeau du Seigneur.

Maintenant, pour clore ce point, nous devons souligner que l'objectif des titres mentionnés ici ne mettent pas en évidence son importance, mais de les présenter comme des dons de l'Esprit « ... la vérité dans l'amour, nous grandissons en lui tout ce qui est à la tête, qui est, Christ » (Éphésiens 4 :15).

## Révisez / Application : Certains ministères dans l'église.

**Verticales**

1. Voyage prêchant l'évangile *(Évangéliste)*
2. Sert dans un établissement d'enseignement chrétien *(Éducateur)*
3. Servir de manière interculturelle *(Missionnaire)*

**Horizontal**

4. Son appel et son ministère lui permettent d'exercer son ministère avec beaucoup de mélodie *(Ministre de la musique)*
5. Sert dans des institutions militaires, civiles et industrielles *(Ministre)*

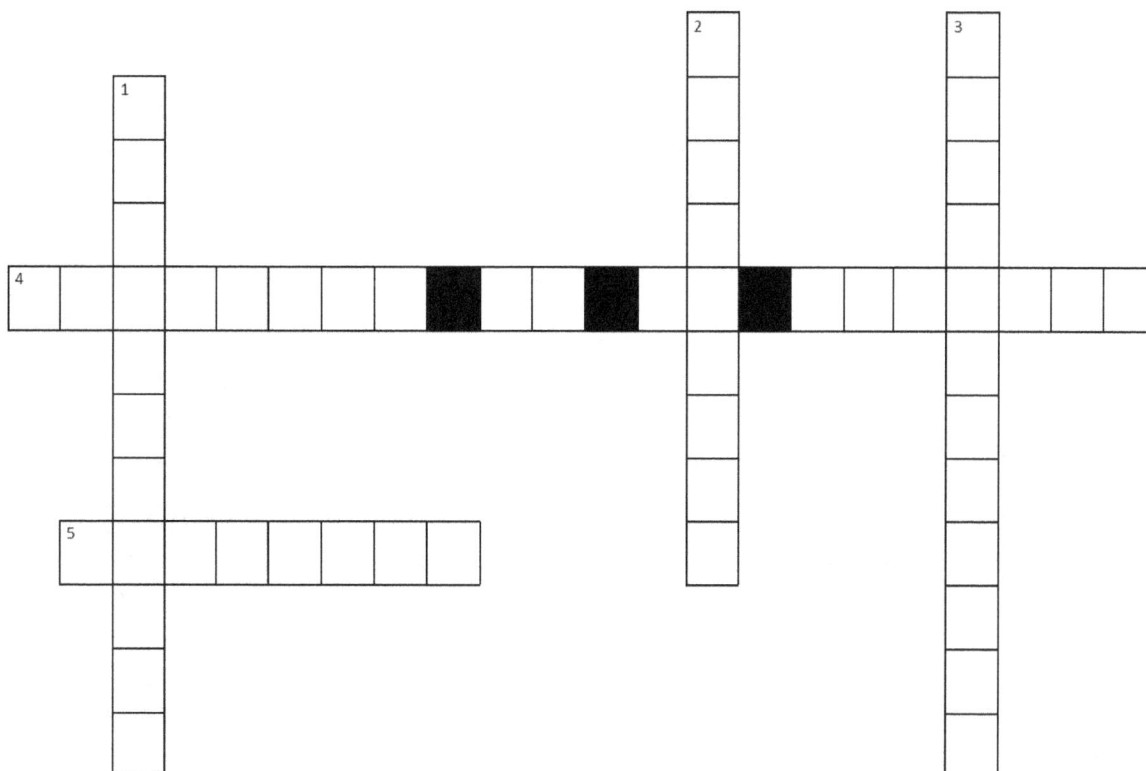

**Défi :** Nous vous invitons à réfléchir sur vos capacités et les dons que Dieu vous a donnés et à réfléchir à la manière dont vous pouvez les utiliser dans le travail de votre église locale. Un bon début serait de choisir un partenaire de prière aujourd'hui, une personne avec qui vous pourrez passer les trois ou quatre prochaines semaines en prière. Peut-être découvrirez-vous un nouveau cadeau dans votre vie.

# Quelle célébration !

**Objectif :** L'élève doit comprendre le sens de cette célébration et l'importance de cet événement dans l'accomplissement des prophéties sur le Sauveur.

**A mémoriser :** « Dites à la fille de Sion : Voici, ton roi vient à toi, plein de douceur, et monté sur un âne, sur un ânon, le petit d'une ânesse » Matthieu 21 : 5.

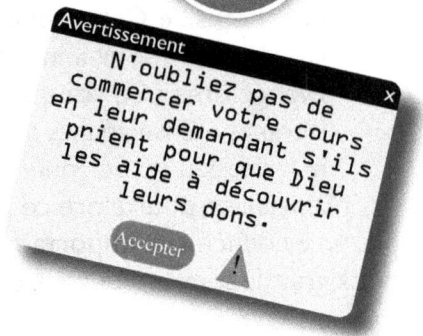

**Avertissement**

N'oubliez pas de commencer votre cours en leur demandant s'ils prient pour que Dieu les aide à découvrir leurs dons.

Accepter

---

Connecter | Télécharger

## Introduction dynamique (12 à 17ans).

- Matériels : Papier et crayon pour chaque élève. Tableau et des marqueurs.

- Instructions : Présentez aux élèves la situation suivante : le président du pays arrive dans la ville et les élèves ont été choisis pour organiser la réception. Dites-leur d'écrire des idées sur ce qu'ils pouvaient faire. En fin de compte d'écrire sur le tableau les idées présentées et d'élaborer un plan, de transport, des hôtels, des visites de sites touristiques, etc.

  Dites aux élèves comment Jésus a été reçu dans la ville de Jérusalem ce dimanche spécial, connu aujourd'hui comme dimanche de rameau. Parlez de la façon dont tout a été conçu et planifié par Dieu pour que ce moment soit significatif dans la vie et le ministère de Jésus et aussi des gens qui l'ont reçu.

## Introduction dynamique (18-23 ans).

- Matériels : Tableau et des marqueurs.

- Instructions : Avec ses élèves, choisissez quelque chose qui mérite d'être commémorée dans leur pays, une ville ou une église. Peut-être un moment fictif quelque chose qui aspire ou un événement important dans l'histoire du pays, la ville ou dans la vie de l'un des élèves.

  Une fois choisi l'événement, le dialogue avec la classe sous la façon ils doivent préparer et célébrer l'événement.

  Ensuite, parlez avec les élèves de la célébration du dimanche des Rameaux. Ce fut une grande fête à Jésus comme Seigneur et Sauveur. Chaque détail de ce qui est arrivé, faisait partie du grand plan divin pour donner un Sauveur au monde.

---

Connecter | Télécharger

Inoubliable ! Une grande entrée ! Après avoir remporté aux tirs au but contre l'Italie dans la Coupe du Monde 1994 l'équipe brésilienne a tourné dans sa maison comme vainqueur. Dans une grande voiture ouverte, les joueurs défilaient à travers les rues du Brésil. Des milliers de personnes se sont rassemblées en criant huileusement pour accueillir leurs héros. Les chaînes de télévision ont interrompu leur programme habituel pour transmettre ce moment historique dans la vie de la nation. Il serait très difficile que quelqu'un n'a pu remarquer quelque chose qui se passait dans les rues. C'était un moment inoubliable !

Dans presque tous les pays, quand il y a une occasion de grande fête les gens descendent dans les rues pour célébrer ensemble. Il y a plus de deux mille ans, dans un événement historique, les gens sont descendus dans les rues de Jérusalem pour célébrer. Lisez Matthieu 21 : 1-11.

## 1. L'entrée à Jérusalem

À partir du chapitre 10 de Matthieu, Jésus commença à enseigner à ses disciples de ce qui arriverait à Jérusalem. Son arrivée dans cette ville, le centre de la vie religieuse du peuple juif, a déclenché une succession Des événements qui ont abouti à sa mort. En moins d'une semaine après son entrée à Jérusalem,

Jésus a été trahi et crucifié comme s'il était un criminel. Là, il fait face à la plus douloureuse et cruciale de sa vie et le ministère du temps. A cette époque, l'opposition à Jésus par les dirigeants juifs était grande. Sûrement entrer à Jérusalem, la ville la plus importante pour les Juifs, qui a signifié une menace pour les dirigeants du village. C'était un grand risque ; mais au courant de cela, pour accomplir le plan divin pour l'humanité, Jésus l'a fait. Il aurait pu choisir une entrée plus calme, peut-être caché aux gens, surtout les dirigeants religieux qui se trouvaient en permanence, mais au lieu de l'éviter, Jésus a fait une entrée triomphale, aux yeux de tous.

Dans le passage lu nous pouvons voir la réaction de la foule avant l'arrivée du roi. C'était la joie et l'allégresse ; il y avait une grande euphorie dans les rues de Jérusalem. Avec ses manteaux et les palmiers conçus par les gens et décorés par le chemin dont le roi passerait. La raison de cette réaction, nous la voyons dans Luc 19 :37 ; qui dit : «... toute la foule ... se mit à louer Dieu à haute voix pour tous les miracles qu'ils avaient vus. » C'était des gens qui avaient marché et connu Jésus, des gens qui avait vu ses miracles : la multiplication des pains, la guérison des malades, expulsion des démons et le pardon des péchés. Les gens avaient vu et vécu comment Jésus avait changé leur vie.

Il approchait maintenant dans la ville de Jérusalem, la ville où les grands rois avaient précédemment gouverné, où la vie religieuse a été réalisée, et qui était un symbole de la présence même de Dieu. Dans leur cœur c'était le grand espoir qu'il était le Messie promis, le Roi qui libérerait son peuple. Ce fut une grande source de joie, le roi, le Messie était venu à Jérusalem !

Arrêtez-vous et demandez aux élèves de parler d'un moment de grande célébration qu'ils ont eu dans la ville, dans leur pays, dans leur propre vie. Demandez si l'un d'entre eux est venu pour célébrer avec les gens. Au cas où ils n'ont pas connu ou ne souviennent pas quelque chose comme ça dans leur ville, demandez-les la célébration qu'ils ont vu sur les nouvelles.

Aujourd'hui, il est difficile de trouver des politiciens qui font vraiment le bien pour son peuple. Il est plus fréquent de voir des gens dans les rues, qui marchent, protestent et faisons de la grève pour les mauvais traitements qu'ils ont reçus, que pour reconnaître le bon travail de leurs représentants. Mais à Jérusalem, ce ne fut pas l'occasion ; le murmure, les paumes et les salutations étaient en reconnaissance de Jésus, le Messie attendu, qui avait fait beaucoup de bien aux gens.

## 2. Prophétie accomplie

Malgré la grandeur du moment, tout était très simple. Habituellement, lorsque les rois ou les personnes importantes dans notre société font leurs défilés dans les rues, ils les font avec glamour et de paillettes. A cette époque, nous attendions à l'arrivée de Jésus dans une voiture tirée par des chevaux puissants ou même par les gens eux-mêmes. Mais Jésus est allé d'une manière opposée à celle décrite. Il a décidé d'aller avec humilité plutôt que présomptueusement et la gloire humaine. En effet, parce qu'il est le Maître, son humilité n'a pas été surprise, Il avait déjà quitté sa gloire, en devenant comme la création. La simplicité était son style de vie ; mais l'arrivée en montant sur un poulain a révélé un fait très important sur sa personne, et certainement la foule pouvait identifier.

La façon dont il est venu, montré l'accomplissement de la prophétie du prophète Zacharie, en annonçant le Messie (Zacharie 9 : 9). Entrer à Jérusalem sur un âne était la preuve qu'il était le Sauveur promis par Dieu pour sauver son peuple et le monde.

Les Juifs vivaient sous une grande pression des Romains. Bien qu'ils les laissaient à ses pratiques religieuses, ils ne sont pas considérés comme des citoyens, ils n'ont aucun droit politique, ni un gouverneur qui intercédait à leur faveur. Le peuple aspirait à l'arrivée du roi promis de les délivrer de l'oppression. Si Jésus était venu à Jérusalem différemment de celui qui est arrivé, ce serait seulement une fête pour quelqu'un qui avait bien fait aux gens. Mais au moment de choisir un poulain, il met le sceau de l'accomplissement de la promesse : Jésus était le Messie promis par Dieu à son peuple.

## 3. Qu'est-ce que nous disons de ce qui est arrivé aujourd'hui?

Pour ceux qui ont vraiment cru en Jésus, ils savent que le royaume de Jésus est venu d'établir était bien au-delà d'un règne politique pour une nation. Jésus est venu pour construire un plus grand royaume, un règne éternel dans le cœur des êtres humains. Ceci est le royaume de Dieu, que toi et moi faisons partie. En ce qu'alors les gens sont descendus dans les rues louant Dieu, apportant des palmiers et laissant leurs propres robes pour que le chemin dont Jésus passera soit un moyen digne d'un roi.

La venue de Jésus dans nos vies devrait être une célébration similaire. Certes, elle devrait être quelque chose à célébrer tous les jours. Le dimanche des Rameaux, nous nous souvenons de la célébration qui a eu lieu il y a plus de deux mille ans dans la ville de Jérusalem. Mais aujourd'hui, comme les gens qui l'ont accueilli à l'époque, dans nos cœurs il y a gratitude pour les bénédictions et la vie éternelle que nous avons reçues de Lui.

**Révisez / Application:** Divisez la classe en deux groupes ou plus, et répartissez les questions entre les équipes pour y répondre. Après leur avoir laissé du temps, demandez-leur de partager leurs réponses avec tout le monde. Ci-dessous, nous écrivons les réponses possibles.

1. À votre avis, que ressentaient les disciples quant à l'obéissance aux instructions de Jésus ? Qu'est-ce que cela nous apprend sur l'obéissance ? *Un peu étrange ou peut-être confiant que la parole que Jésus avait annoncée serait accomplie. Cela nous enseigne que nous devons obéir à ce que Jésus nous demande.*

2. Pourquoi pensez-vous que Jésus leur a dit : «Et si quelqu'un vous dit quelque chose, répondez-lui : "Le Seigneur a besoin d'eux, mais alors il les rendra" ? *Parce que Jésus savait ce qui arriverait et ne voulait rien empêcher que la tâche soit accomplie.*

3. Que nous montre l'attitude de la foule, décrite au verset 8, sur l'attitude que nous devrions avoir envers Jésus ? *Que nous devrions honorer Jésus avec ce que nous avons.*

4. Que signifiait l'accomplissement de la prophétie du verset 5 ? *Que Jésus était vraiment le messie promis.*

5. Que nous dit la prophétie sur la personne de Jésus pour nous aujourd'hui ? *C'était une personne humble.*

6. Pensez-vous que tous ceux qui ont reçu Jésus à l'entrée de Jérusalem ont cru en lui ? Selon vous, quels types de personnes se trouvaient dans la foule ? *Il y avait des gens qui croyaient vraiment en Jésus en tant que fils de Dieu. A cet endroit se trouvaient des pharisiens qui cherchaient à l'attraper et des gens qui n'étaient là que pour les miracles qu'il accomplissait.*

**Défi:** Puisque nos vies sont le lieu où vit Jésus, comment pouvons-nous en faire un lieu digne d'un Roi ? Pendant la semaine, pensez aux domaines que vous devez changer pour que votre vie soit digne de ce nom.

# Revivre

**Objectif :** L'élève doit apprendre l'importance de la résurrection pour notre salut.

**À mémoriser :** « ... Nous qui étions morts par nos offenses, nous a rendus à la vie avec Christ (c'est par grâce que vous êtes sauvés), et il nous a ressuscités ensemble ...» Éphésiens 2 : 5-6a.

**Avertissement**
Demandez à quelques volontaires de partager quelque chose du défi de la semaine dernière.
Accepter

## Connecter | Télécharger

### Introduction dynamique (12 à 17ans).

- Matériels : tableau et craie (plâtre ou craie), ou marqueur.

- Instructions : Pour démarrer la conversation à propos de l'importance de la résurrection, il est nécessaire de comprendre le concept de la mort et ses conséquences. S'il est approprié pour votre groupe, demandez à vos élèves de partager au sujet de quelqu'un qu'ils connaissaient et qui est mort.

  Selon ce qu'ils racontent, écrivez sur le tableau une liste sur les sentiments d'une personne expérimentée pendant cette circonstance.

  Il serait bon d'avoir une histoire préparée si les étudiants n'avaient aucune.

### Introduction dynamique (18-23 ans).

- Matériels : tableau et craie (plâtre ou de la craie), ou marqueur.

- Instructions : Demandez à vos élèves de se séparer par groupes, pour écrire une définition de la « mort » , et certaines caractéristiques et les conséquences de cette dite condition (par exemple : La mort est l'absence de vie, où les signes vitaux laissent de fonctionner ; une personne morte ne mange pas, ni boit, ni communique avec le milieu. Écrivez dans le tableau ce qu'ils expriment. Avoir la sensibilité pendant le temps où les jeunes partagent leurs réponses et être prêts pour consoler quelque étudiant qui, pour une raison quelconque, a vécu cette expérience avec quelque être cher récemment.

## Connecter | Télécharger

Depuis tôt dans l'histoire de notre trajectoire scolaire nous a enseigné que le cycle de l'existence d'un être vivant est : Naître, grandir, se reproduire et mourir ; dans cette dernière phase, c'est quand nous cessons d'être des « êtres vivants ». La mort est une partie naturelle de la trajectoire humaine, mais malgré cela, beaucoup de gens vivent avec une certaine crainte ou l'anxiété produite par l'idée que l'on cesse un jour pour être dans ce monde.

Notre vie ici sur terre c'est une occasion pour apprendre davantage sur les deux types de mort : la mort physique et la mort spirituelle.

## 1. Marie dans le tombeau

Lisez Jean 20 : 1-10. Au verset 1, dit que Marie Magdala se rendit au tombeau ou tombe où était le corps de Jésus. Elle était l'une des femmes pardonnée par Jésus et qui L'ont suivi pendant son temps de ministère sur la terre. Nous pouvons être sûrs qu'elle était très triste par la mort de Jesus qu'elle avait appris tant et aidé.

Le verset 1, nous donne aussi des détails intéressants au sujet de cette première découverte de la résurrection de Jésus, dit que « le premier jour de la semaine ... matin, étant sombre. » En lisant avec attention Ces détails, nous rendons compte que Marie-Madeleine était la première personne à réaliser les nouvelles merveilleuses que Jésus était ressuscité, parce qu'elle était à l'endroit correct, dans le moment.

Dans la tradition juive, à l'époque où Marie-Madeleine a vécu, il était interdit de faire toute sorte de travail au cours de la journée du repos. Marie obéit à la loi et a gardé le sabbat, mais le premier jour de la semaine elle n'était pas paresseuse, elle se levait tôt et est allé voir le corps de son maître.

Dans l'Évangile de Luc 24 : 1, dit que les femmes portaient « ... les épices aromates qu'elles avaient préparés ... » Ces épices, étaient des ingrédients qu'on préparait pour soigner et maintenir un corps fraichement décédé pour le plus de temps possible. C'est intéressant de noter l'amour qui a motivé Marie-Madeleine à prendre soin du Seigneur Jésus, même après sa mort. Elle n'a pas été distraite avec aucun autre détail ni problème personnel, mais a travaillé avec diligence pour servir Jésus. Marie-Madeleine ne laissa pas la paresse ou profonde tristesse de rester à l'écart de l'expérience de la bénédiction de Dieu. Elle savait ce qui était nécessaire et elle l'a fait.

## 2. Les disciples devant le tombeau

Marie-Madeleine « a couru » et elle a avisé aux deux disciples au sujet de la disparition du corps de Jésus. Comme détail important le passage exprime exactement qui étaient les deux disciples : Simon Pierre et l'autre qui est mentionné comme « celui que Jésus aimait. » Selon les commentaires bibliques, on entend que « celui que Jésus aimait » ou « le disciple bien-aimé » était Jean (Jean 21 :20).

Si nous continuons à lire le passage, nous allons voir que les deux disciples, comme Marie-Madeleine, sortaient sans hésiter ni attendre, vérifier ce qui leur avait été dit.

L'histoire nous fait mentionné que Jean est venu avant tout simplement parce qu'elle « a couru plus vite » (Jean 20 : 4). Lorsque Jean a reçu la nouvelle, rapidement il a couru pour recevoir toute évidence, ce serait des informations vitales pour sa vie, surtout parce qu'il était en relation avec Jésus. Bien que Jean soit arrivé le premier dans le tombeau, c'était Pierre qui « a entré » sans savoir ce qui se trouvait à l'intérieur. En Pierre, nous voyons une attitude de courage, il n'était pas disposé pour laisser que rien lui a interrompu dans son but pour savoir plus sur ce qui était arrivé à Jésus. Tant attitude de diligence de Marie-Madeleine comme Pierre la valeur qui devrait nous identifier en tant que chrétiens.

Dans Jean 20 : 6-7 nous dit que Jean et Pierre ont trouvé les tableaux dans lesquels étaient enveloppés le corps de Jésus et le tissu qui avait été placé sur sa tête, enroulé dans un endroit séparé. Notez que si le corps de Jésus avait été volé, comme certains critiques ont voulu mentionner ou les dirigeants de l'époque voulaient expliquer, ils avaient trouvé ces choses avec cet ordre ou même qu'ils avaient trouvé parce qu'ils avaient tout pris.

Enfin, le verset 8, explique que « l'autre disciple a également vu et cru ». La réponse de Pierre et Jean, était claire et décisive, ils étaient quand ils ont été appelés, et ont vu de leurs propres yeux les preuves que Jésus a vécu à nouveau, comme nous l'avions dit avant sa mort (Luc 09 :22 et Luc 18 :33).

## 3. Nous sommes devant la tombe

Jean 20 :10 déclare : « Et les disciples s'en retournèrent chez eux. Il est très probable que les disciples immédiatement ont commencé à raconter à leurs amis et les familles à propos de ce qu'ils avaient vécu. La résurrection de Jésus avait changé leur vie. Ils n'étaient pas tristes ni confus parce que Jésus était vivant, la mort n'a pas été en mesure de les séparer de leur enseignant.

Au début de la leçon, nous parlons de deux concepts très importants : la mort spirituelle et la mort physique. La mort physique est l'absence de vie dans notre corps humain, c'est aussi quand notre cœur cesse de battre, et nous ne pouvons pas vivre les choses de la vie dans ce monde : Comme une étreinte, un sentiment d'amour ou un sourire. De façon parallèle, la mort spirituelle est une situation dans laquelle notre âme est morte, et nous ne pouvons pas vivre l'amour, la présence et les bénédictions de Dieu.

Un être humain peut être physiquement vivant ; votre cœur peut battre, peut marcher, manger, et être avec nous ici sur la terre ; mais en même temps, cette personne peut être morte spirituellement ; ce qui signifie non distraire une vie pleine ni une relation avec Dieu. Quand une personne meurt physiquement, et n'a pas la vie spirituelle, elle mourra éternellement et elle va être séparée de la présence de Dieu.

Les chrétiens vont mourir physiquement, mais grâce à la résurrection de Jésus, ils n'auront pas la mort spirituelle. Quand nous avons la vie spirituelle, nous pouvons recevoir et sentir l'amour parfait de Dieu et de chercher leur direction pour vivre une vie pleine. Cette vie spirituelle nous permet de parler avec Dieu, pour exprimer nos sentiments, pensées, et surtout, expérimenter sa présence unique qui nous remplit de sa paix.

Dans 1 Corinthiens 15 : 20-22, Paul nous donne la confiance que, tout comme le péché d'Adam, tous méritent de mourir, par la résurrection de Jésus nous pourrons ressusciter tous (1 Corinthiens 6 :14), cela signifie que la vie spirituelle prendra fin, ce sera éternelle dans la présence de Dieu.

Pour mettre fin à la leçon, prenez un moment pour réfléchir avec la classe : Jésus a transformé leur vie ? Si vous ne l'avez pas déjà fait, est ce que vous permettez la transformation aujourd'hui ? Voulez-vous partager ce que Dieu a fait dans votre vie avec d'autres jeunes ?

## Révisez / Application: Demandez à la classe de trouver les passages suivants dans leur Bible, et après les avoir lus, écrivez ce qu'ils enseignent sur la résurrection de Jésus et comment cela se rapporte à leur résurrection. Ils peuvent inclure ce qu'ils ont appris dans la leçon d'aujourd'hui.

Demandez-leur ensuite de partager leurs réponses avec le reste de la classe.

- Luc 9:22 : **_Jésus a parlé de sa résurrection._**

- Luc 18:32-33 : **_Jésus a annoncé sa résurrection._**

- 1 Corinthiens 6:14 : **_La puissance de Dieu pourra aussi nous ressusciter._**

- 1 Corinthiens 15:20-22 : **_La résurrection de Jésus nous donne l'espérance de la vie éternelle._**

- Colossiens 2:12 : **_La puissance de Dieu nous relève de notre mort spirituelle._**

- Colossiens 3:1 : **_Une fois que nous sommes ressuscités, nous devons chercher à faire ce qui plaît à Dieu._**

## Défi: La priorité de Dieu est que tu aies l'opportunité de "revivre" et dans cette vie, de profiter pleinement de la présence de Dieu et de son amour parfait pour toi.

Pendant la semaine, écris une prière exprimant leur gratitude et leur amour pour Dieu. Tu dois savoir que tu peux remercier Dieu chaque jour pour ta nouvelle vie en Christ ! Il aime entendre ta voix lui parler chaque jour. Partage-le avec la classe la prochaine fois que vous rencontrez.

# Super pouvoir

**Objectif :** L'élève doit comprendre que, pour avoir une vie vraiment réussie, il doit être rempli du Saint-Esprit.

**A Mémoriser :** « Mais vous recevrez une puissance, le Saint-Esprit qui viendra sur vous Actes 1 : 8A.

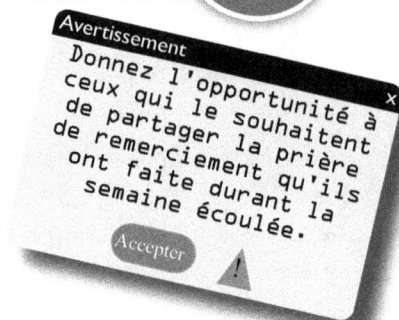

**Avertissement**

Donnez l'opportunité à ceux qui le souhaitent de partager la prière de remerciement qu'ils ont faite durant la semaine écoulée.

*Accepter*

## Connecter | Télécharger

**Introduction dynamique (12-17 ans).**

- Matériels : Ruban adhésif ou la craie et une corde.

- Instructions : Divisez la classe en deux groupes. Avec la craie ou le marqueur pour tracer une ligne droite sur le sol. Ensuite, chaque groupe prendra une extrémité de la corde. Lorsque vous indiquez, chaque groupe devrait commencer à tirer la corde à son côté. Le groupe qui passe du côté opposé de la ligne de démarcation va perdre.

**Introduction dynamique (18-23 ans).**

- Matériels : Une petite table et deux chaises.

- Instructions : Divisez la classe en deux groupes avec un nombre égal de participants. À son tour, passez à un membre de chaque groupe pour effectuer une épreuve de force. Les participants doivent rester chacun dans son fauteuil, joindre la main droite avec l'adversaire et le coude doit être fixé à la table. Tout le monde devrait essayer de battre l'autre seulement avec la force de bras, sans lever le coude sur la table. Celui qui arrive à plier le bras de l'adversaire de son coté gagne. Le groupe avec plus de gagnants des membres sera le gagnant. A la fin, ils devraient analyser pourquoi un groupe a gagné et qu'est ce qu'il manque à l'autre pour gagner.

  Le facteur déterminant dans cette activité est la force exercée sur l'autre.

## Connecter | Télécharger

Souvent nous trouvons des moments critiques, et, nous ne savons quoi faire, ou nous sentons que nos actions ne sont pas correctes ou que notre force n'est pas suffit. Aujourd'hui, à travers la vie des disciples, nous découvrirons qui peut nous aider.

## 1. Une vie sans pouvoir

Commencez à lire dans les Actes 2 : 1-13. Il y a des gens qui sont caractérisés par des attitudes négatives et par moyen de leur attitude, ils nous affectent pour éviter d'être près d'elles. Les attitudes négatives sont le résultat de ce qui est dans le cœur. Voici quelques exemples.

Égoïsme : Dans Marc 10 :37, nous trouvons deux frères qui vont penser à obtenir un bénéfice personnel en raison de l'amitié avec Jésus. Demandez à vos élèves leurs opinions sur ce passage et demandez : Pouvez-vous donner quelques exemples de cette attitude aujourd'hui ?

La peur : nous pouvons nous considérer souvent des vaillants jusqu'à une situation difficile qui nous effraie. Dans Marc 14 :50 et 14 :54, nous trouvons les disciples de Jésus, qui face à la possibilité d'être arrêté comme leur maître, ils préfèrent de fuir. Avez-vous déjà eu peur de dire aux autres que vous êtes un chrétien ?

Colère : Une courroucé est une personne qui ne peut pas contrôler la colère et réagit souvent sans raison de ce qu'il fait ou les conséquences de ses actions. Dans Jean 18 :10, nous trouvons Pierre sous un sentiment de colère qui l'a poussé à attaquer une autre personne en prétendant de faire sa propre justice sur la situation.

Avez-vous déjà perdu le contrôle ?

Lâcheté : Parfois, nous sommes surpris de nos propres réactions, non ? Le même homme qui, à un moment tira son épée pour défendre son maître, plus tard lâchement il a renié Jésus, Marc 14 : 66-72. Avez-vous refusé quelque fois, ouvertement ou par vos actes, à Jésus ?

Est-il vrai que nos réactions ne sont pas toujours les meilleures ? Est-il vrai que nos attitudes bientôt nous apportent la honte ? Qu'est-ce qui nous arrive ? Pourquoi nous sommes ainsi ? Qu'est-ce que nous avons besoin pour être différents et pour agir correctement, dans des attitudes appropriées au-delà des circonstances ?

## 2. Une puissance explosive

Dans la vie, nous éprouvons des déceptions, des frustrations, des peurs, de déception, de l'insatisfaction, etc. Nous sommes tous exposés d'une manière ou d'une autre pour passer des moments de difficulté. Que pouvons-nous faire ? Y at-il une solution ?

Quand Jésus a fait ses adieux à ses disciples avant de monter au ciel, Il les a promis qu'il arrive le jour qu'ils recevront la puissance. Puissance pour quoi ? La puissance que Jésus a promise, ne changerait pas les circonstances, mais elle pourrait les aider à faire face et à passer à travers les difficultés à venir. Dans cette occasion, les disciples de Jésus ont montré les caractéristiques suivantes : Après la résurrection de Christ, ils ont obéit à l'ordre de Jésus, ils demeurèrent ensemble dans une maison et prièrent en cherchant la direction de Dieu pour leur vie (Actes 1 : 4, 12 à 14). Comme ils se tenaient unis dans la prière, Dieu a manifesté dans une façon extraordinaire, surnaturelle (Actes 2 : 2-4) C'était la manifestation de la présence de Dieu ! La promesse de Jésus a été accomplie ! Oui, le Seigneur Jésus a accompli sa promesse de les remplir de la puissance du Saint-Esprit. La forme visible de la plénitude du Saint-Esprit de Dieu, fut l'apparition des langues fourchues comme de feu, qui se sont installés sur chacun d'eux. Ils ont aussi commencé à parler en d'autres langues selon ce que l'Esprit leur donnait. Les gens qui sont venus à Jérusalem pour célébrer la Pentecôte ont été surpris de cet événement surnaturel, jamais vu. Ils ne comprenaient pas ce qui se passait, mais la chose intéressante c'est que beaucoup d'entre eux étant de nationalités différentes, enfin chacun dans leur propre langue a entendu le message de l'amour de Dieu. Les disciples furent remplis du Saint-Esprit, et étaient connu devant leur communauté. La venue de l'Esprit Saint produit des changements qui peuvent être remarqués.

## 3. Une vie super puissante

Le témoin de la foi en Christ peut provoquer des réactions différentes chez les personnes : Dans certains il produit la reconnaissance et la crédibilité, et d'autres le rejet et la ridicule ; cela est arrivé depuis le début du christianisme.

Après la venue du Saint-Esprit cette situation n'a pas blessé le cœur des disciples, ils ont donné la preuve d'un changement radical dans leurs attitudes et humanité ; et ils ont connu le pouvoir pour rendre témoignage de Christ sans crainte et avec courage.

C'est intéressant l'exemple de Pierre, qui, avant était furieux et lâche, il se leva avec un grand courage au milieu de la foule des spectateurs, pour diriger un puissant discours sur l'amour de Jésus-Christ (Actes 2 : 14-40). Plus tard, quand il a été arrêté et interdit de parler de Jésus il ne laissait pas intimider, mais au contraire, il a continué à donner un témoignage courageux de Jésus (Actes 4 :20).

Le livre des Actes raconte comment les croyants, même quand ils ont été persécutés, ils n'ont pas refusé de parler de l'amour du Christ. Et ils ne sont pas égoïstes, ni recroquevillé parce que leur cœur était rempli de la puissance du Saint-Esprit. Cette puissance les rendait courageux et leur a donné la force, la sécurité dont ils ont besoin, non seulement pour résoudre les problèmes, mais pour faire la volonté de Dieu.

Si nous estimons que notre vie est vide, insatisfaite et triste, nous devons reconnaître que nous avons besoin, (ainsi que les disciples) de Dieu qui nous permet de faire face aux difficultés de la vie. Demandez à la classe :

Comment ils se trouvent aujourd'hui ? Peut-être ils sont malheureux avec eux-mêmes, peut-être ils n'aiment pas la famille qu'ils ont, ils ne savent pas s'ils doivent plaire à leurs amis, ou de ne plus supporter le lieu d'étude. Ils ont besoin de courber les genoux et crier au Seigneur pour le baptême du Saint-Esprit. Voilà tout ce qu'ils doivent être en mesure d'obéir à Dieu, pour profiter de la vie chrétienne et à aimer les autres.

La Bible dit que si les hommes sont mauvais, ils savent donner de bonnes choses à leurs enfants, combien plus le Père céleste donnera l'Esprit Saint à qui le demande (Luc 11 :13).

## Révisez / Application: Donnez-leur du temps pour répondre aux questions suivantes, ou si vous le souhaitez, ils pourront y répondre pendant le cours.

1. Pourquoi les disciples étaient-ils égoïstes, craintifs, en colère et lâches ? *Parce qu'ils n'avaient pas reçu le Saint-Esprit.*

2. Qu'est-ce que Jésus a promis à ses disciples (Actes 1:8) ? *Qu'ils recevraient une puissance lorsqu'ils seraient remplis du Saint-Esprit et seraient ses témoins.*

3. Où les disciples étaient-ils réunis le jour de la fête de la Pentecôte ? *A Jérusalem, au dernier étage d'une maison.*

4. Que faisaient les chrétiens dans cette maison ? *Ils étaient réunis, priant et attendant.*

5. Comment la venue du Saint-Esprit s'est-elle manifestée ? *La venue du Saint-Esprit s'est manifestée avec un son fort comme un vent fort, avec des langues comme du feu, déployées sur la tête de chacun et leur a donné le pouvoir de parler en d'autres langues.*

6. Quels changements se sont produits chez les disciples suite à la réception du Saint-Esprit ? *Les disciples qui étaient auparavant égoïstes, craintifs, colériques et lâches, sont devenus de courageux prédicateurs de l'évangile de Jésus-Christ.*

7. Quels sont les domaines de votre vie qui ne vous rassasient pas ?

8. De quoi avez-vous besoin pour profiter de la vie avec Christ ? *La venue du Saint-Esprit sur moi.*

## Défi: Cette semaine, remerciez Dieu pour les changements qu'il a apportés dans votre vie. Et priez pour que son Saint-Esprit continue à renforcer vos points faibles. Ne cessez pas de témoigner de ce que le Seigneur continue de faire dans votre vie.

# Que célébrons-nous ?

**Objectif :** L'élève doit comprendre la signification de la fête Noël.
**A mémoriser :** « Et elle enfantera un fils, et tu lui donneras le nom de Jésus, c'est lui qui sauvera son peuple de ses péchés » Matthieu 1 :21.

**Avertissement**

Au début du cours, demandez à vos élèves si pendant la semaine ils ont pensé aux changements que le Saint-Esprit opère en eux.

Accepter

## Connecter | Télécharger

### Introduction dynamique (12 à 17ans) .

- Matériels : une boîte de carton, papier pour envelopper des cadeaux, un gros chignon, une grande feuille de papier (ou bristol) enroulé comme parchemin, marqueur (fibre ou marqueur) et un stylo.

- Instructions : Dans une grande feuille (ou bristol) écrivez la citation d'Esaïe 7 :14 et 9 : 6-7. Roulez la feuille sous forme de parchemin et mettez-la dans la boîte de carton et fermez-la. Décorez avec le temps la boîte de carton avec du papier de cadeau et de mettez un grand arc sur elle. Prenez-la à la classe et placez-la dans le centre de la classe avant que ses élèves atteignent. En commençant la classe, dites-les que c'est un cadeau de Noël pour eux. Demandez à votre classe qu'est ce qu'ils aimeraient voir en elle. Laissez qu'ils participent librement et veillez à ne pas se moquer aucune des réponses. Ne faites pas de commentaires quand un élève donne sa réponse. Après un certain temps, sélectionnez l'un de ses élèves pour ouvrir la boîte de cadeau, retirez le contenu et lisez ce que dit le parchemin. Ensuite, demandez à la classe si c'est ce qu'ils attendaient à l'interieur de la boîte et comment ils se sentent à ce sujet.

  Dites-leur que dans cette classe ils comprendront quel est le meilleur cadeau qu'ils peuvent recevoir ou donner dans cette fête de Noël.

### Introduction dynamique (18-23 ans) .

- Matériels : feuilles de papier, des crayons ou des stylos.

- Instructions : Donnez à vos élèves les feuilles de papier et donnez un stylo ou un crayon à chacun. Dites-leur d'écrire là, quel sera à votre avis le meilleur cadeau que vous pourriez leur donner ce Noël et pourquoi. Donnez-leur quelques minutes pour répondre. Ensuite, demandez à plusieurs volontaires de partager leurs réponses et de dire pourquoi ils ont demandé ce cadeau. Ne faites pas de commentaire ; ne qualifiez pas comme bon ou mauvais, aucun des cadeaux que ces élèves demandent.

  Expliquez-les que la Noël a certainement à voir avec un cadeau dans cette classe et ils verront quel est le cadeau de Dieu pour l'humanité.

  Cette activité fera réfléchir ses élèves dans la réalité que nous oublions souvent Jésus- Christ, lorsque nous pensons dans les cadeaux de Noël. Ils seront prêts à commencer la classe à l'esprit le merveilleux cadeau du salut que Dieu nous a donné en envoyant Jésus au monde.

## Connecter | Télécharger

Chaque année en approchant de Décembre, les magasins sont remplis de lumières et des arbres de Noël. Certains promotionnent les articles en offre. La télévision commence à transmettre la publicité avec des thèmes de Noël : Ils montrent les familles assises autour de l'arbre en ouvrant des cadeaux achetés dans tel ou tel lieu, ou elles assises à la table en riant et en profitant un délicieux dîner avec de la nourriture d'une marque particulière.

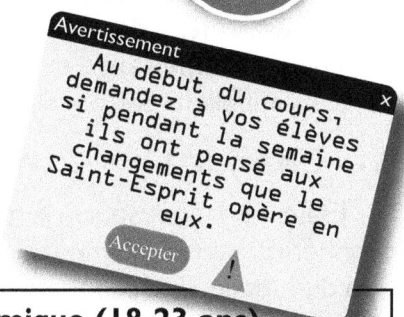

Certains obtiennent la mélancolie et ceux qui ont passé du temps à chercher l'occasion sans être trouvée ou d'une réconciliation. La Noël pour beaucoup est un temps pour être heureux, de vivre comme une famille, en donnant des cadeaux et rien d'autre. Mais, est-ce qu'est-ce vraiment nous célébrons la Noël ?

Demandez à un volontaire ou deux dans la classe de lire Esaïe 07 :14 ; 9 : 6-7 et Matthieu 1 : 18-24. Vous pouvez également demander à un adulte qui est considéré comme le prophète Ésaïe et un autre qui est considéré comme l'ange et chacun va réciter une partie de l'Écriture qui lui convient. Demandez s'ils savent ce qu'ils appellent ces portions bibliques.

## 1. Emanuel : Dieu avec nous

Esaïe a prophétisé sur la naissance de Jésus dans les années 700s av. J. Il prophétisa en Juda, bien que ses prophéties aient également atteint le royaume du nord, Israël. Une partie de ses prophéties incluse la question du Messie. Ces prophéties ont leur accomplissement à la naissance de Jésus. Esaïe a parlé d'une vierge ou d'une jeune fille qui donnerait naissance à un fils. Il y a plusieurs interprétations au sujet qui serait la femme et l'enfant qu'elle ferait. Mais Matthieu 01 :23 cite le prophète en indiquant que les paroles de l'ange à Marie étaient l'accomplissement de cette prophétie ancienne mentionnée dans Ésaïe 07 :14.

Emanuel est un mot d'origine hébraïque qui signifie « Dieu avec nous ». L'enfant qui serait né (et qu'avait parlé Esaïe) dans son nom indiquerait que Dieu était avec son peuple, comme la présence de Dieu lui-même serait dans l'enfant.

Dans Matthieu 1 :21, l'ange de Dieu a dit à Joseph que l'enfant qui serait né de Marie porterait le nom de Jésus. En effet, Il accomplirait une fonction spéciale : pour sauver son peuple. De lui sauver de quoi ? Israël n'était plus en guerre, mais ils ont souffert sous le joug des Romains. Est-ce que cet enfant est venu pour les sauver de l'oppression romaine ? Beaucoup s'attendaient une autre. Cependant, le plan divin de Dieu, orchestré depuis des siècles en Genèse 3 :15, juste après la désobéissance d'Adam et Ève, Il a eu son point culminant dans la naissance de cet enfant nommé Jésus. Après la chute d'Adam et Ève, la race humaine a vécu en dehors de Dieu, sans cette communion qui avait éprouvé depuis sa création. Mais ce petit qui serait né a montré que Dieu était avec le peuple et le plan de Dieu pour restaurer et sauver l'humanité du péché serait accompli. Cette naissance, le don du salut pour l'humanité, serait le début de ce siècle plus tard, le monde devrait célébrer la Noël.

## 2. Quatre titres pour un bébé

Quand un bébé naît, généralement la première chose qu'on demande aux parents est le nom qu'ils lui donnent. Le nom de Jésus a été donné bien avant sa naissance (Esaïe 07 :14). Et quand la date de naissance approche, l'ange dit à Joseph qu'il devrait l'appeler Jésus, ou « Sauveur » parce qu'il sauverait son peuple.

Cet enfant avait quatre autres noms ou titres, quelque chose habituel dans la proclamation des rois, une indication de la nature de cet enfant. Les noms sont les suivants (Ésaïe 9 : 6) :

« Admirable conseiller » sera extraordinaire et ses conseils seront sages et unique car Il sera omniscient. « Dieu puissant » se réfère à l'attribut de Dieu de son omnipotence. Rappelons que Jésus aurait la présence de l'Esprit Saint et aussi Il serait Dieu. Parler du « Père éternel » c'est de parler de l'omniprésence de Dieu. « Désigner quelqu'un comme « de l'Hébreu et de l'Arabe veut dire qu'Il est lui-même la source de la chose désignée comme son attribut ... Il est partout, parce qu'il n'y a pas un point dans le temps ou l'espace dans lequel Il est présent » (Commentaire Beacon Bible, le volume IV. CNP, 1984, p.65).

La plupart des auteurs conviennent que « Prince de paix » désigne le gouvernement du Messie qui serait la paix et la justice. En hébreu la paix signifie le bien-être, la prospérité, la santé, quelque chose de complet, solide et non pas seulement l'absence de guerre.

Demandez aux élèves s'ils connaissent d'autres noms qu'on a donné à Jésus et dans quelles occasion on l'a utilisé.

## 3. Le cadeau

La première partie d'Ésaïe 9 : 6 « Car un enfant nous est né, un fils nous est donné. » Quel enfant ? Le Fils du Très-Haut ! (Luc 1 :32), Emmanuel, Dieu avec nous (Matthieu 01 :23). Ceci est le plus grand et le meilleur cadeau que nous pourrions recevoir, un cadeau annoncé et attendu depuis des siècles.

Il est important de noter que le centre de la célébration de Noël tombe sur la figure de Jésus. Dieu lui-même nous a donné son fils pour que nous puissions avoir cette communion que l'être humain a perdu dans la chute décrite dans Genèse 3. Nous avons pourquoi vivre dans l'obscurité. Les lumières qui décorent les magasins au moment de Noël ne sont rien par rapport à « la lumière véritable qui éclaire tout homme » (Jean 1 : 9). Cette lumière c'est Jésus et Il est venu pour chacun de nous.

Nous achetons des cadeaux qui n'ont pas la comparaison avec le cadeau de Dieu. Il n'y a pas de cadeau plus cher que Dieu nous a donné. Et personne d'autre ne peut nous donner le cadeau merveilleux du salut. Si les vacances ne sont pas axées sur la figure de Jésus, ce qu'on fait dans la Noël n'a pas de sens.

Demandez aux élèves de partager quelques expériences de ceux qui ont participé à ceux qui sont rassemblés dans la fête de Noël dans les maisons des non-chrétiens et qui expliquent comment ils sont et qu'est ce qu'ils font. Quelle est la différence entre ces réunions et les réunions des chrétiens dans la Noël ? Demandez des exemples spécifiques.

**Révisez / Application:** Noor et Sahid sont deux frères qui viennent du Yémen en tant qu'étudiant d'échange dans une université de votre ville. La période de Noël est proche et ils ne comprennent pas pourquoi tout ce remue-ménage avec les lumières, le sapin, le dîner et les cadeaux. Ils ont découvert que vous êtes chrétien et sont venus vous demander ce qu'est Noël. Sachant qu'ils sont issus d'une culture musulmane où ils ne fêtent pas Noël, que leur répondriez-vous ?

Divisez-vous en groupes pour discuter de ce que vous diriez à Noor et Sahid et écrivez votre réponse dans l'espace ci-dessous. En fait, la réponse est gratuite mais elle devrait inclure certains points comme :

1.  Qu'est-ce que Noël ? *Noël est la célébration de la naissance de Jésus, le Fils de Dieu.*

2.  Quelle est la particularité de cette naissance contrairement aux autres ? *Sa naissance a été annoncée il y a de nombreuses années par les prophètes et s'est accomplie lorsqu'une vierge a donné naissance à un garçon. De plus, cet enfant apporterait le salut à l'humanité.*

3.  Pourquoi ce nom a-t-il été choisi pour cet enfant ? *Cet enfant s'appelait Jésus, ce qui signifie «sauveur» car il est venu sauver le monde de ses péchés.*

4.  Quel est le rapport avec le fait d'offrir des choses à Noël ? *Il n'y a pas de relation. Dieu est celui qui nous a donné le salut et nous devons transmettre ce message aux autres.*

**Défi:** Fais un petit sondage avec tes amis sur ce qu'ils pensent être le sens de Noël. Place leurs réponses dans un cahier. Compare-les avec ce que dit la Bible. Médite là-dessus, puis écris ce que tu crois. Partage tes réponses lors du prochain cours.

# Quelque chose nouveau!

**Objectif :** L'élève doit comprendre que Dieu veut faire quelque chose de nouveau dans leurs vies cette année qui commence.

**A mémoriser :** « Ne pensez plus aux événements passés ; et ne considérez plus ce qui est ancien. Voici je vais faire une chose nouvelle ! Sur le point d'arriver, ne la connaitrez-vous pas. » Ésaïe 43 : 18-19a.

**Avertissement**
Commencez le cours en leur donnant l'occasion de partager les différentes significations de Noël qu'ils ont trouvées.
Accepter

## Connecter | Télécharger

**Introduction dynamique (12 à 17ans).**

- Instructions : Demandez sur quelque chose qui ont fait du mal et quel était la conséquence. Par exemple, je n'ai pas fait le lit quand ma mère m'a demandé, et en conséquence elle m'a châtié en me privant de sortir. L'élève doit comprendre que chacune des actions ont des conséquences.

-

**Introduction dynamique (18-23 ans).**

- Instructions : Demandez deux ou trois choses qu'ils ont faites l'année dernière, mais qu'ils ne veulent pas répéter l'année qui commence. Les choses qu'ils ont fait mais qui ont mal terminé ou qui ont de mauvaises conséquences ou qui n'ont pas terminé. Par exemple, J'ai quitté l'école, je n'ai pas accompli mes devoirs, je n'étais pas fidèle au Seigneur, etc.

## Connecter | Télécharger

Dans quelques occasions il m'est arrivé que je commence à marcher et je me suis laissé tellement distraire en écoutant la musique ou parler avec mon mari ou regarder par la fenêtre, quand je me rends compte que j'ai déjà marché plus de ce que je devrais avoir et je suis très éloigné de la maison. Et je me demande, « Comment suis-je arrivé ici ? » Quelque chose de très semblable se produit à moi quand Décembre arrive. Tout à coup, je me sens comme l'année est terminée de façon si éphémère que ni je ne rendais pas compte ce que je vivais. Et en arrivant en Décembre, je me sens, j'analyse et je pense, comment ai-je arrivé ici ? Cela me permet de réfléchir sur ce qui est arrivé ; (les échecs, victoires, erreurs, déceptions, triomphes) et de réfléchir pour faire des améliorations dans ce qui va venir. Mais il contribue également à m'aider à concentrer, que si je veux arriver quelque part, je dois continuer à marcher !

## 1. De ce qui est arrivé : Qu'ai-je appris ?

« Pour quoi tant de souffrance pour rien ? Si c'était vraiment du tout » (Galates 3 : 4). Il ne nous servira à rien de tout ce que nous vivions, si nous ne pouvons pas apprendre de lui. Donc, nous allons commencer cette nouvelle année, en tenant compte de ce qui est arrivé et ce que nous pouvons apprendre. Cela dépendra de nous, faire que les expériences de l'année dernière n'ont pas été en vain et nous pouvons sauver quelque chose qui va nous aider à améliorer notre avenir.

Dans la jeunesse, nous sentons tellement dynamique et autosuffisants que nous ne donnons pas l'importance aux trois aspects suivants : Planifier meilleur et mesurer les conséquences : Plusieurs fois, nous faisons l'erreur de prendre des décisions sans réfléchir et sans tenir compte des conséquences (Proverbes 27 :12). Est ce qu'il pleuvait quand Noé a commencé à construire l'arche ? Non ! Mais il a entendu la voix de Dieu et a commencé à planifier pour construire l'arche. En fait, il a fallu plus de 120 ans pour la construire. Si nous ne parvenons pas à planifier, nous planifions l'échec ! Tenez compte de l'avis : Une autre erreur c'est que nous ne recevons pas les conseils des autres (Proverbes 15 :22). Nous devons apprendre à regarder, écouter et analyser les conseils.

Pourquoi nous ne voulons pas écouter les conseils ? Peut-être, parce que nous pensons que nous ne les avons pas besoins, ou nous pensons que nous savons tout, ou qu'il est préférable de les apprendre dans le chemin (Proverbes 12 : 15). Le conseil de ceux qui sont passés pour ce que nous pensons peut nous être utile. Il est sage de tenir compte de l'avis des autres ! Ne pas abandonner : Il est très facile de nous décourager et de nous abandonner quand quelque chose va mal ou quand il y a « opposition » et cela montre que nous ne sommes pas suffisamment persistants (Proverbes 24 : 10). Quand quelque chose va mal ou lorsque nous ne parvenons pas à quelque chose, c'est le temps d'évaluer et de changer les choses ou recommencer. Très peu obtiennent ce qu'ils veulent sur le premier essai. Plusieurs fois, nous sommes vaincus juste au moment où nous sommes sur le point de l'obtenir. À l'école, ils me coûtaient les mathématiques. Un jour, je décidai que je voulais, et même si elle était encore difficile pour moi encore, je ne renonce pas, et j'ai terminé l'année avec la meilleure note de la classe. Il est toujours trop tôt pour abandonner !

## 2. Ce qui commence : Sur quelles ressources nous comptons ?

Nous comptons sur l'expérience. Plusieurs fois, nous ne sommes pas au courant, mais à la fin de chaque année, nous avons de nombreux aspects dans nos vies, plus d'expérience que celle que nous avions l'année précédente. Utilisons-le !

Il est important de penser à l'échec, les victoires, les bénédictions, les pertes, etc. l'année qui vient de passer. Ensuite, nous devons analyser ce qu'il est vraiment. Exactement ! Nous avons l'expérience de ce que nous avons vécu. Aujourd'hui, il a beaucoup plus d'expérience que hier, et beaucoup plus d'expérience que l'an dernier. Donc, nous commençons cette année grâce à l'expérience que nous avons acquise. Paraphrasant ce que dit Galates 3 : 4, « Avez-vous tant souffert en vain ? » Espérons que non ! Dieu veut que nous utilisions les expériences de nos vies pour grandir. Il y a des expériences différentes : Expériences éducationnelles : Nous avons plus de connaissances que l'an dernier. Nous ne les gaspillons pas ni profitons les possibilités d'étude (école, université, église, etc.).

Les expériences spirituelles : Nous avons grandi et mûri dans la foi. Nous avons participé à l'église, les cultes juvéniles, les retraites, les camps, si nous profitons chaque instant avec Dieu et Sa Parole devait rester quelque chose de nouveau. Bien que nous ayons les temps sociaux, mais nous devons aussi saisir les opportunités que Dieu veut nous parler.

Les expériences familiales : La relation et les responsabilités à la maison. Nous prendrons soin de la vie de notre famille. Rappelons-nous que cela fait partie de la formation et la croissance.

Les expériences douloureuses : Dieu utilise les expériences difficiles de notre vie pour façonner notre caractère. Les pertes de la mort, la perte d'amis, la perte financière, la perte d'emploi, etc.

Dans l'année à venir, nous décidons de commencer et terminer chaque projet en utilisant l'expérience acquise au cours de l'année écoulée. Si nous avons eu des échecs, nous avons maintenant l'expérience pour les éviter. Si nous sommes passés d'une victoire, nous avons l'expérience pour continuer sur le même chemin. Ce que nous pensons, nous allons faire ce que nous avons : Expérience.

## 3. Ce qui viendra : Que ferons-nous ?

Etre chrétien ne signifie pas loin des autres. Il n'y a rien de mal à s'entendre avec les amis de l'école et le travail. Au contraire, nous devrions essayer de s'entendre avec eux pour s'occuper de leurs besoins, mais nous ne devons jamais oublier que nous appartenons au royaume de Dieu. Il nous demande de sages décisions et selon sa volonté. Il nous aide à rendre cela possible, et par la façon dont nous vivons, inviter d'autres personnes à le suivre et à l'aimer.

Dieu veut faire quelque chose de nouveau dans chaque jeune cette année. Quelque chose jamais vu. Quelque chose spéciale. Quelque chose qui ne peut pas ni doit perdre. Mais pour eux ils doivent :

Ne limiter pas Dieu : Même notre limite imaginaire limite le travail de Dieu dans nos vies. Parfois, le haut de ce que Dieu veut faire c'est notre propre esprit. Les paroles d'Ésaïe 43 : 18-19 ont été écrites de nombreuses années avant qu'ils étaient vraiment nécessaires. Ésaïe prophétisait un peuple qui allait bientôt être en captivité, loin de sa terre. Dieu voulait qu'ils sachent que quand ils crient pour la délivrance, Dieu leur donnerait quelque chose de nouveau. Le peuple d'Israël ne pouvait pas attendre que Dieu travaille avec eux comme il avait fait dans le passé. Et si le passé était merveilleux, Dieu a voulu faire quelque chose encore plus extraordinaire ! (Esaïe 43 : 16-21). La même chose arrive avec nous, en pensant que Dieu doit agir d'une certaine manière, selon notre raisonnement, nous limitons ce qu'il veut vraiment faire avec nous. Dieu va faire quelque chose de nouveau à travers les jeunes qui ne limitent pas leur pensée, leur imagination et leur rêve. Dieu veut faire quelque chose de nouveau, mais Il ne le fera pas si nous continuons avec nos limitations. Laissons Dieu mettre ses rêves en nous !

Confier en Dieu : C'est important de confier en Dieu et non dans nos propres capacités. Dans Luc 18, nous voyons que Jésus parlait avec le jeune homme riche, et ceux qui ont entendu la réponse de Jésus, ils disent :

« Car qui peut être sauvé ? « C'est impossible ! Et Jésus les répondit : « Ce qui est impossible aux hommes est possible à Dieu » (Luc 18 : 24-27).

Quand nous cessons de faire confiance à Dieu et nous commençons à confier dans nos propres capacités, les connaissances et les forces, nous allons marcher à l'échec ou de gaspillage inutile des ressources.

Actualiser avec la foi : La foi est indispensable si nous voulons entreprendre quelque chose de nouveau. Nous avons besoin de la foi cette nouvelle année que nous allons entrer dans un nouveau territoire inexploré. Nous ne savons pas ce que Dieu a à l'esprit pour nous, mais si nous laissons Dieu de faire quelque chose complètement nouvelle dans nos vies, nous devons avoir la foi.

Jésus a dit dans Matthieu 09 :29, « selon votre foi que ce soit à vous. « Ceci est une phrase simple, mais très puissante. Cette nouvelle année, Dieu veut faire quelque chose spéciale dans votre vie, ne le limitez pas avec vos doutes, confiez uniquement en Lui et donnez à chaque pas dans la foi, et Il fera le reste sûrement déjà Il le fait !

## Révisez / Application: Demandez-leur de répondre aux questions suivantes :

1. Qu'ai-je appris de mes erreurs de l'année dernière ?

2. Quelles attentes ai-je pour la nouvelle année ?

3. Quels sont les trois objectifs que je veux atteindre l'année prochaine ?

4. Quelles choses du passé qui ne m'aident pas dont devrais-je abandonner ?

## Défi: Répond aux questions suivantes et conserve-les.

• Quelles sont tes attentes pour ce nouvel an?

• Qu'est ce que tu attends de Dieu pour cette nouvelle année ?

• Qu'est-ce que tu attends de toi-même en ce nouvel an ?

Passez en revue les questions et tes réponses tout au long de l'année et tu verras comment est-ce que tu avances vers le progrès.